教育部高等学校管理科学与工程类学科专业
教学指导委员会推荐教材

基础工业工程

刘洪伟　齐二石　主编

化学工业出版社

·北京·

本书作为教育部高等学校管理科学与工程类学科专业教学指导委员会推荐教材,详细介绍了工业工程概述、经典工业工程理论体系、程序分析、操作分析、动作分析、作业测定、学习曲线、标准作业、生产线平衡与持续改善、现场管理等内容。教材结构清晰,内容与时俱进,各章还设计了典型案例,用以强化学习效果。

　　本书可作为管理科学与工程类的工业工程本科专业的教材,也可供企业相关工作人员参考。

图书在版编目(CIP)数据

基础工业工程/刘洪伟,齐二石主编 . —北京:化学工业出版社,2011.7(2020.1 重印)

教育部高等学校管理科学与工程类学科专业教学指导委员会推荐教材

ISBN 978-7-122-11610-9

Ⅰ. 基…　Ⅱ. ①刘…②齐…　Ⅲ. 工业工程-高等学校-教材　Ⅳ. F402

中国版本图书馆 CIP 数据核字(2011)第 122904 号

责任编辑:杜　星　唐旭华　　　　　　文字编辑:张　赛
责任校对:徐贞珍　　　　　　　　　　装帧设计:刘丽华

出版发行:化学工业出版社(北京市东城区青年湖南街 13 号　邮政编码 100011)
印　　装:三河市延风印装有限公司
787mm×1092mm　1/16　印张 16　字数 393 千字　2020 年 1 月北京第 1 版第 5 次印刷

购书咨询:010-64518888　　　　　　售后服务:010-64518899
网　　址:http://www.cip.com.cn
凡购买本书,如有缺损质量问题,本社销售中心负责调换。

定　　价:45.00 元

前　言

FOREWORD

　　自 1992 年教育部批准天津大学、西安交通大学首批招收工业工程本科生，而后重庆大学、清华大学、上海交通大学等也先后开设了工业工程专业。时至今日，全国开设工业工程专业的院校多达 186 所。高校的工业工程专业人才培养规模已经位居世界前列，工业工程专业毕业生已由最初无人认知，逐渐发展到现在供不应求的局面。工业工程专业教育呈现出勃勃生机。

　　《基础工业工程》（Fundamental Industrial Engineering）是教育部管理科学与工程类教学指导委员会规定的工业工程本科专业的主干课程之一，是进入专业课程培养阶段的第一门必修课，也是工业工程专业区别于管理学科其他专业和工程学科其他专业的标志，同时也是连接管理学科与工程学科的纽带。因此，《基础工业工程》这门课程以及课程教材的结构、内容和质量对专业人才培养有很大影响。

　　《基础工业工程》有独立而完备的知识体系。对这门课程的学习，首先，需要理解工业工程的系统性思维和持续改进的理念，需要从全貌去认知和学习。其次，它将工业工程理念和工作研究技术体系结构清晰、层次分明、图文并茂地展现出来。学习者应能够在理论和方法之间、方法与应用对象之间建立起有机的联系，学而达其所用，用而达其所图。第三，工业工程是一门应用技术，对象是各类社会组织生产和服务的效率、质量、成本、柔性、安全等问题，是将管理和工程技术转化为现实生产力的独特技术，贵在它的应用特性。

　　本教材是基于以下五方面的考虑来编写的。

　　第一，我国改革开放 30 多年来，经济和社会发展的速度快、质量和效益低的状况长期没有得到改观，国家一直要求和倡导实现经济增长方式的转型。从本质上讲，作为制造业和服务业，经济增长方式的转型，首先是价值创造流程的转型，是朝着高效率、高品质、低成本、快速反应的价值流程的设计、构建、评价和持续改善方向发展的。

　　第二，从 1990 年中国机械工程学会工业工程分会成立以来，在推动工业工程理论研究、学术交流和应用成果转化方面开展了积极而有效的工作，分析了我国工业经济和服务体系对工业工程的客观需求，探索了我国工业工程应用发展的特性，专家学者和实业界人士概括总结了我国工业工程的理论内容和基本特点。

　　第三，至今，近两百所高校开设了工业工程本科专业。由于各高校的学科背景不同、师资条件不同、生源特点不同等，各高校在教学内容安排和教学手段支持方面也存在一定的差异，工业工程发展的最新成果和应用需求尚未在教学中得到必要的体现。

　　第四，近年来，按照教育部的要求和部署，各高校不断调整课程设置和教学计划，《基础工业工程》教学课时已由早期的 54～60 学时调整为现在的 32～36 学时，对课程教材的结构及具体知识内容提出更高的要求，需要体现全面、精良和应用性价值。

　　第五，作为《基础工业工程》国家级精品课的负责人，作者通过一定的理论研究、大量的企业实践和长期的课程教学，有一些心得体会，希望通过编写这本教材与同仁们做些沟通。

结合上述五个方面，本教材在结构设计和内容安排上有一些变化，主要特点如下。

（1）教材结构清晰、明了

教材内容分为三篇。

第1篇内容为工业工程导论，包括3章，第1章绪论，介绍工业工程的产生、演进历程和其在我国港台地区以及其他一些国家和地区的发展和应用。第2章是工业工程概述，重点介绍工业工程的概念、内涵、特征、功能及其知识体系，重点增加了我国工业工程（CIE）的理论体系内容。第3章着重介绍经典工业工程理论体系，对工作研究的技术、方法和相关概念进行综述，对方法研究、作业测定等概念性内容做了说明，反映了完整的工业工程知识结构，并对各组成内容之间的相互关系做了系统阐述。

第2篇内容为工作研究技术，包括方法研究和作业测定，共4章，是教材的核心和重点。从第4章至第7章，分别对程序分析技术、操作分析技术、动作研究技术和作业测定技术做了详细的介绍和分析。

第3篇内容是工业工程应用与发展，共4章。第8章学习曲线、第9章标准作业、第10章生产线平衡和第11章现场管理。这4章内容是第2篇工作研究理论、技术和方法的具体应用体现，也是当前企业可以普遍应用的基本内容。

（2）章节结构和学习思维的创新

在各章前安排了【开篇案例】；开篇案例后设置了【讨论题】，每章正文前设置了【学习目的和要求】，【学习目的和要求】包括【学习目的】、【学习重点】和【学习难点】；各章设置了【本节案例】和【复习思考题】。

通过这种启发式、应用式、训练式的学习方法，对学习过程进行引导、强化，提高学习效果。

（3）知识更新

除了经典的工作研究内容外，在方法研究和作业测定部分，现代工业工程软件的应用在相关章节中有所体现。根据最新的企业调研成果，相比于已有教材，调整和更新了大部分应用事例和分析案例。另外，在第3篇，对方法研究和时间研究开展了卓有成效的综合应用分析，具体体现在学习曲线分析、生产线平衡、标准化作业制定和现场管理四个方面，其中标准化作业制定在此前的教材中没有出现过，却是企业生产管理中最为重要的内容。

（4）系统化的案例应用

在本教材中，案例贯穿所有章节。通过开篇案例引出各章学习内容；针对各节重要知识点，相应设计了典型应用事例，用以强化学习效果；在每章节最后设置了【本节案例】用以总结和综合分析本章节的知识重点。

本书由刘洪伟、齐二石主编。刘洪伟负责教材的章节结构设计和第2篇、第3篇的编写。齐二石负责第1篇的编写，并对全书内容做了订正。本教材参编者还有黄佳、张宝存、孔令浩、李姗姗、修立斌等。其中，黄佳、李姗姗、修立斌参与编写第1篇和第2篇内容，提炼并完成部分章节的案例。张宝存、孔令浩参与第3篇的编写，完成部分案例的整理工作。熊立华对教材内容进行了校对。在此，对以上参编人员的辛苦工作表示衷心感谢。

由于作者知识水平的局限性，对某些问题的探讨和表达存在不妥之处，请读者批评指正。

本书相关电子课件可免费提供给采用本书作为教材的院校使用，如有需要请联系 duxingchina@163.com。

编者

2011年2月

目 录

CONTENTS

第3篇　工业工程应用与发展

第1篇

工业工程导论

1

第1章

绪　论

【开篇案例】

　　"科学管理之父"弗雷德里克·温斯洛·泰勒（Frederick Winslow Taylor，1856—1915）1898年在伯利恒钢铁公司担任顾问时，曾经进行过著名的"搬运生铁块试验"和"铁锹试验"。"搬运生铁块试验"是在这家公司为五座高炉服务的产品搬运班组的75名工人中进行的。工人负责把每块92磅重（约41.7千克）的生铁块搬运到30米外的铁路货车上，每人每天平均搬运12.5吨，日工资为1.15美元。泰勒找工人进行试验，研究搬运的姿势、行走的速度和持握位置对搬运量的影响以及休息多长时间为最优。经过分析，确定了搬运生铁块的最佳方法和57%的时间用于休息的最优时间，使每人的日搬运量达到47～48吨，同时工人日工资提高到1.88美元。

　　"铁锹试验"进行于一个堆料场（堆有铁矿石和煤炭），几英里长、半英里宽，每天有400～600个员工铲料。铁矿石很重，一铁锹铁矿石重约38磅（约17千克），而煤炭很轻，一铁锹煤炭只有3.5磅（约1.6千克），而且大家用的铁锹大小形状均不相同。泰勒找了两名优秀工人做试验，分别采用不同大小和形状的铁锹，每次铲料重量也不同，用秒表记录每种组合的时间，结论是每一铁锹的铲料量在21.5磅（约10千克）时日铲料量最大。针对不同物料设计不同的标准铁锹，铲轻料用大铁锹，铲重料用小铁锹，保证每锹都在21.5磅，结果平均每人每天的铲料量从16吨提高到59吨，堆料场工人由400～600名减少到140名，日工资从1.15美元提高到1.88美元，每吨的运费从7.5美分降低到3.3美分。除去研究费用，工厂每年能够节约78000美元。

　　此外，他还开展了优化生产计划、改善基层管理干部的管理范围等一系列管理实践活动。主要著作有《计件工资制》（A Piece-rate System，1895）、《工厂管理》（Shop Management，1903）、《制造业者为什么不喜欢大学生》（1906）、《论金属切削工艺》（On the Art of Cutting Metals，1906年）、《科学管理原理》（Principles of Scientific Management，1911年）、《在美国国会听证会上的证词》（1912年）。伟大的马克思主义导师列宁曾经在《苏维埃政权的当前任务》一文中，对泰勒的科学管理作了全面评论："一方面是资产阶级剥削的最巧妙的残酷手段，另一方面是一系列最丰富的科学成就，应该在俄国研究和传授泰勒制，有系统地试行这种制度，并且使它适应下来。"

　　泰勒是对企业生产运作进行系统科学研究的第一人，晚年一直致力于科学管理的推广，在世时却得不到世人的理解，但是他的理论已得到广泛运用，还影响了流水线的诞生，在管理学历史上做出了杰出的贡献，被誉为"科学管理之父"。他提出的工作定额、标准工具等方法能大幅提高作业效率，为工业工程的产生和发展奠定了基础，因此又被称为"工业工程之父"。

【讨论题】

> 1. 泰勒的主要成就是什么？
> 2. 早期工业工程的主要分析方法有哪些？
> 3. 你认为工业工程对社会、企业和员工有什么作用？

【学习目的与要求】

学习目的：通过本章的学习，了解工业工程在国内外的发展历程，各阶段主要成果及主要人物（特别是泰勒）的贡献，掌握中国工业工程（CIE）的基本结构和内容，对工业工程有概要性了解和理解。

学习重点：工业工程萌芽的思想基础、诞生的标志、发展的特定阶段和突出成果，工业工程在国内的发展概况。

学习难点：CIE 的结构体系和内容。

1.1　工业工程的演进历程

1.1.1　工业工程的历史背景

1776 年，亚当·斯密（Adam Smith，1723—1790）的著作《国富论》(全名：国民财富的性质和原因的研究，An Inquiry Into The Nature And Causes Of The Wealth Of Nations)出版，该书较为系统地论述了劳动分工的作用：与每一个人都担当一件产品从头到尾的制造相比，把制造过程分为若干个工序，每个人都只担当其中的一个工序，由于熟练度提高，可大大提高工作效率，而且有利于机器的使用与推广。亚当·斯密的劳动分工理论成为近代产业革命的起点，极大地促进了工业的发展和工业化进程，是近现代工业的里程碑。

瓦特（James Watt，1736—1819）通过对蒸汽机的不断改良，丁 1782 年发明了具有广泛实用价值的双向式蒸汽机，极大地促进了工业生产，推动了第一次产业革命。蒸汽机的不断完善也促进了生产机械大型化、复杂化，促使生产复杂程度越来越高，科学管理的需求日趋强烈。

1798 年惠特尼（Eli Whitney，1765—1825）提出规定各零件的公差、使零件具有"互换性"的理念。该理念在美国毛瑟枪制造中初次得到运用，后来在南北战争中得到广泛运用。互换性促使了劳动进行专业化分工，从而有利于大批量生产。与此同时，在德国兴起的标准化，为企业迈向大量生产之路奠定了基础。

英国剑桥大学教授查理·巴贝奇（Charles W. Babbage，1792—1871）基于对工厂的深入考察，在 1832 年出版《论机器和制造业的经济》(On the Economy of Machinery Manufactures) 一书，论述专业分工、工作、方法、机器与工具的使用和成本管理等，提出了时间研究的重要概念，进一步论证分工不仅可以提高效率更能够降低成本等，推动亚当·斯密的劳动分工理论向前发展。

19 世纪中后期内燃机的发明促使制造业逐步走向以汽车制造为代表的大批量生产时代，企业的规模和复杂性大幅度提升，简单的经验已不能保证生产系统有效地运行，因而急需具有时代性的科学管理水平和理论的支持。伴随着生产实践的不断深入、分工理论的发展，企业生产和管理上的变革将迟早发生。

20 世纪初期，福特汽车公司的创始人亨利·福特（Henry Ford，1863—1947）率先将分工理论大范围运用于实践，创立了"福特制"。福特制的主要内容包括生产自动化和生产标准化两个方面。生产自动化废弃了由技工单独负责组装全车的做法，将生产过程分解为不同的作业，让每个员工只负责其中的一项或少数几项作业，然后利用高速传送的运输系统，把全部作业组成流水作业线，全部作业同时进行，连续不停地运作。生产标准化包括以下内容：①产品标准化；②零件标准化；③车间专业化；④机器和工具专业化；⑤作业标准化。以福特所创立的"福特制"为开端，几乎所有的企业或行业都在机械化和自动化的基础上采用了劳动分工的方法。随后，这种劳动分工的思想又进一步扩展到企业内部的其他管理部门，使这些部门也按照专业分工的原则设立机构与安排职务，产生了诸如计划、财务、技术等专业管理部门及其相应的专业技术管理人员。福特公司的成功极大地促进了劳动分工理论的发展，对整个社会造成了空前的影响。

"劳动分工"、"零件互换性"以及"时间研究"等理念的产生、发展与实践，极大地促进了科学管理与工业工程（Industrial Engineering，简称 IE）的诞生。

1.1.2　工业工程的产生与发展

伴随着生产力的持续发展，生产系统日益复杂，改变传统的缺少科学的计划与组织的生产状况的需求越来越强烈，科学管理思想应运而生。1911 年，泰勒在总结自己一生管理实践经验方法后，出版了《科学管理原理》一书，系统地提出劳动分工、制定科学的作业方法、科学地选择和培训工人、实行有差别的计件工资制等理论，彻底完善了分工理论的同时，还首创了生产现场的时间研究法。《科学管理原理》的发表标志着工业工程的诞生，泰勒被称为"科学管理之父"，同时也被尊称为"工业工程之父"。

从科学管理开始，工业工程的发展经历了四个相互交叉的阶段。

（1）科学管理阶段（20 世纪初至 20 年代末期）

这是 IE 产生的萌芽与奠基期。主要内容包括：劳动专业分工理论、泰勒提倡的"时间研究"、吉尔布雷斯夫妇（Frank Bunker Gilbreth，1868—1924；Lillian Moller Gilbreth，1878—1972）创造的"动作研究"、福特发明的流水装配线、甘特（Henry Laurence Gantt，1861—1919）发明的"甘特图"（Gantt Chart）等。这些技术的发明及应用极大提高了劳动效率，开创了 IE 发展的先河，是 IE 发展的第一阶段。

（2）工业工程时代（20 世纪 20 年代后期至 40 年代后期）

这一时期，IE 开始作为一门单独的学科出现并不断充实其内容。随着 1908 年美国宾夕法尼亚州立大学根据泰勒的建议创办工业工程系，1911 年美国普渡大学开设了工业工程选修课，1917 年美国成立了美国工业工程师协会（American Society of Industrial Engineers，ASIE），20 世纪 30 年代工业工程在美国得到全面应用，越来越多的大学开始设立工业工程专业，同时工厂中出现了专门从事 IE 的职业。随后的 1948 年，美国工业工程学会（American Institute of Industrial Engineers，AIIE）成立，标志着工业工程体系系统化地建立起来。

　　这一时期产生了一系列经典的 IE 原理和方法，如 1924～1931 年美国的休哈特（Walter A. Shewhart，1891—1967）创立了"统计质量控制"；1924～1932 年，美国哈佛大学教授梅奥（George Elton Myao，1880—1949）通过霍桑实验（Hawthorne Studies，1927～1932）首创人际关系学说；1947 年麦尔斯（Lawrence D. Miles，1904—1985）在通用电气公司创立"价值工程"（Value Engineering）技术，同年在《美国机械师》杂志发表《价值分析》一文，总结了一套保证在同样质量前提下降低成本的科学方法。此外进度图、库存模型、激励理论、组织理论、工程经济、工厂布置和物料搬运等方法的产生和应用，使管理有了真正的科学依据。

　　（3）工业工程与运筹学（Operational Research，简称 OR）结合时期（20 世纪 40 年代后期至 70 年代）

　　这是 IE 进入成熟的时期。第二次世界大战以后，计算机和运筹学的出现，为工业工程引入了定量分析的手段和工具。数学规划、优化理论、博弈论、排队论、存储论等理论和方法，可以用来描述、分析和设计多种不同类型的运行系统，寻求最优结果。计算机的使用为数据处理和对人系统进行数学模拟提供了有力手段，工业工程开始进入定量分析和系统化阶段。

　　（4）工业与系统工程（System Engineering，简称 SE）结合时期（20 世纪 70 年代至现在）

　　以运筹学为理论基础产生的系统工程，从 20 世纪 70 年代开始应用于 IE，就使 IE 的发展开始具备更加完善的科学基础与分析方法。SE 既重视系统哲学思想的培养和系统分析方法的训练，又包含有较丰富的自然科学和社会科学的知识，这正是 IE 所需要的一种"统帅"学科。传统 IE、系统工程和运筹学三者开始逐步融合，形成新的工业工程体系，如图 1-1 所示。

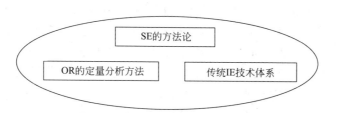

图 1-1　传统 IE 与系统工程、运筹学的三者融合

　　自 20 世纪 70 年代以来，特别是近 20 年来，由于信息技术的蓬勃发展，IE 的发展出现了一些新的动向：研究对象和应用范围扩大到了系统整体，面向企业经营的全过程；采用计算机和管理信息系统（Management Information System）为支撑环境和资源管理平台；重点转向集成制造（Integrated Manufacturing），产生了诸如计算机集成制造系统（Computer Integrated Manufacturing System）、大规模定制生产（Mass Customization Production）、企业资源计划（Enterprise Resource Planning）、同步工程（Simultaneous Engineering）和并行工程（Concurrent Engineering）、准时制（Just In Time，简称 JIT）这样的新管理技术，诞生了丰田生产方式［Toyota Production System，简称 TPS，又名精益生产（Lean Production，简称 LP）］、六西格玛（Six Sigma）管理和敏捷制造（Agile Manufacturing，简称 AM）等理论；并从最初应用于制造业现场普及到交通、建筑、服务和行政管理等多种产业中等。总之，由于 IE 的跨学科性质、兼收并蓄的优点以及应用的广泛性，随着现代科学和

技术的高速发展，社会生产日新月异，IE 必将朝着更加现代化的方向取得巨大进展。

1.2 工业工程在国外和我国港台地区

1.2.1 工业工程在美国

美国质量管理专家朱兰（Joseph M. Juran，1904—2008）博士评价工业工程时这样表述："美国值得向全世界夸耀的东西就是工业工程，美国之所以既能打胜第一次世界大战，又有打胜第二次世界大战的力量，就是因为美国有工业工程。"

美国是工业工程的发源地，其工业工程是有着近百年历史的专业，对美国的国民经济有着重要影响。工业工程是工学院的七大学科之一（机械工程、电子工程、土木工程、化工工程、计算机工程、工业工程、航空工程），它与数学、人因工程、经济管理、各种工程技术等学科有着密切的联系。在美国，古典工业工程与制造工程密不可分，至今仍有许多学校将工业工程与制造工程等同看待，但现代工业工程已将应用面扩展到了服务业、金融业、物流业甚至政府，几乎所有的有组织的社会生产活动都成为现代工业工程的主要服务对象，通过工业工程方法，提高这些组织的运行效率和效益。

随着工业工程作为一门科学迅速向世界传播和交流，美国工业工程学会已经发展成为一个国际性的组织即工业工程师学会，总部设在美国亚特兰大。工业工程师学会按学科和应用领域分为 21 个专业学会。从 1948 年 2 月成立的美国工业工程学会（AIIE），1949 年会刊《工业工程杂志》问世，到 1981 年，AIIE 的会员已遍及世界 80 个国家。后来通过会员投票，将 AIIE 改成 IIE，去掉代表美国的 A 字，表明工业工程已是世界性的学科。

截止到 1990 年美国有 150 所大学的工学院设有工业工程系，每年本科毕业 3500 人左右，其中 92 所经美国工程技术资格评定委员会（ABET）论证通过，可招收硕士生。1933 年，康奈尔大学授予从事动作研究的学者巴恩斯（R. M. Barnes）工业工程历史上的第一个博士学位（他的论文《细微动作的时间和理论》后来改编成为动作研究的经典著作《动作与研究》），但是 1960 年前，IE 专业毕业的博士总共不到 100 人。IE 真正达到快速发展是近 30 年的事情，到 1990 年，每年有 175 名 IE 博士生入学，当然现在更多了。

美国一流的大学大都有着很强的工业工程专业，如佐治亚理工学院、密西根大学、普渡大学、加州大学伯克利分校、斯坦福大学、西北大学、哥伦比亚大学和宾州大学等。各个大学由于地理位置的不同，其研究侧重点与当地的经济特点相吻合。前四名的学校中，佐治亚理工学院以物流与运输服务业为特长，密西根大学以机械制造业为特长，普渡大学以人因学和农业为特长，而加州大学伯克利分校的工业工程则以电子制造业为特长。由此可见，工业工程往往与地区经济和国家经济紧密结合，力求为地区发展提供服务的同时壮大自己。另外，斯坦福大学在工学院也设立了以工业工程为核心的系，麻省理工学院则成立了跨院系的与工业工程相关的研究中心。

截止到 2000 年底，美国工程院（NAE）拥有 1991 名院士。NAE 下设 12 个学部，其中有两个学部涉及工业工程：第 8 学部（产业、制造和运营系统工程学部）有 102 名院士，专业领域为管理、组织、计划、控制和运行系统、人员、材料、工艺、设备、工具和设施来生产产品和提供服务；第 12 学部（特殊领域和跨学科工程学部）有 150 名院士，其中跨学科专业领域包括经济、教育、法律、管理和系统工程等。以上工业工程的学科划分和职业设定，在美国和其他国家都被普遍采用。美国国家研究院提出的 2020 年制造业的 6 大挑战和10 项技术，有一半与工业工程的研究领域有关，如并行工程、可重组制造、企业建模与仿真、人员的教育和培训等。

然而工业工程在美国的发展并非一帆风顺。20 世纪初，美国国内很多人反对实行泰勒制，1912 年泰勒曾出席美国国会听证会；1915 年美国国会通过法律，军工厂禁止实行泰勒制，就在这一年，终日忙于为科学管理辩解而奔波的泰勒在郁郁寡欢中去世；1917 年美国国会又把这个法律扩大到政府各部门。直到 1920 年，美国工会才对科学管理（工业工程）表示理解和支持，一直到 1929～1933 年的经济危机中，美国企业为了渡过危机，才全面地使用了科学管理（工业工程），至此工业工程终于在美国稳定下来，并开始迅速发展。

在当今的美国大中型企业里，都设有工业工程部，并设有工业工程师职业岗位。工业工程师是美国劳工部认可的 19 种工程师职业之一，1999 年职业编号为 17-2112 的工业工程师总数为 15.6 万人，另外还有职业编号为 17-3026 的 5.2 万名工业工程师，其中 60％ 的工作与制造业相关。2006 年美国劳工部对未来 10 年的不同种类工程师的需求进行预测，其中工业工程师是需求增长最快的工程师之一。虽然美国已经形成了完整的本科、硕士、博士、在职教育和成人继续教育等培养工业工程师的体系，但是工业工程师数量仍然可能无法满足社会需求。

工业工程在美国得到迅速大范围运用，成就了福特、通用、克莱斯勒等汽车巨头，波音、洛克西德·马丁等航空巨子，通用电气、摩托罗拉等大型装备制造商，IBM、苹果、戴尔等电子产品制造商。工业工程在提高生产效率方面不只是运用在制造业，还广泛运用在服务业（如麦当劳、肯德基）。美国的劳动生产率长期领先于欧洲与日本（日本制造业劳动生产率高于美国，但是物流、餐饮等领域生产率远低于美国），是美国经济长盛不衰的基础。

1.2.2　工业工程在日本

著名的丰田生产方式创始人大野耐一（Taiichi Ohno，1912—1990）在评价丰田生产方式的本质特性时说："20 世纪 50 年代全日本都在研究工业工程这种赚钱的技术……所谓丰田生产方式就是丰田式的工业工程"。

工业工程诞生于美国，发展在日本。早在 1935 年，早稻田大学即向日本文部省申请开办工业工程系，但是未获得批准。二战后各大学纷纷在工学部开办工业工程，包含工业工程内容的有 80 多所大学，如早稻田大学开设工业管理系统工程系，北海道工业大学开设工业工程系。

1950 年成立的日本经营工学会，是以学校为主的 IE 学术性组织；1955 年成立的日本生产型本部（Japan Productivity Center），是日本通产省领导下的社团法人，应用 IE 技术为企业服务，推进企业和全社会生产力的发展，尤以人员培训教育和协调劳资关系的成功较为突出；1955 年成立的日本 IE 协会（JIIE），是以企业为主体的社团法人；此外还有日本能率协会（Japanese Management Association 简称 JMA），主要工作之一是应用 IE 技术开展企业诊断、改善作业现场等。正是这些组织，极大地推进了工业工程在日本企业运用的广度和深度，在读者进一步学习工业工程知识过程中，这些机构的名称将会反复出现。

第二次世界大战结束时日本劳动生产率不及美国的 1/9，产品质量低劣（相对于美国），生产管理水平远远落后于西方发达国家，日本人虚心学习昔日击败自己的敌人（美国）的先进科学管理方法。1950年前后美国质量方面专家戴明（W. Edwards. Deming，1900—1993）和朱兰受邀前往日本指导质量改善与效率提升，从教育和培训着手，大力推广和普及科学管理，帮助日本建立完善的质量改善与效率提升体系。通过20多年的努力，日本逐步建立了以全面质量管理为特征的质量体系。以丰田生产方式为代表的拉式精益体系，在1973年的石油危机中脱颖而出，并逐步风靡全球。终于在20世纪80年代，在汽车、家用电器、造船、钢铁和机械等诸多领域全面超越美国，造就了索尼、松下、佳能和东芝为代表的电子信息产业，丰田、本田、日产为代表的汽车制造业，以三菱为代表的大型制造业。日本制造成为高品质和高效率的代名词。日本的成功轰动了世界，日本的工业工程，尤其是工业工程在汽车行业的成功运用，从20世纪80年代开始，一直是包括美国在内的世界各国纷纷学习的榜样。

1985年美国麻省理工学院组织一批专家和教授，开展对包括日本在内的全球汽车企业的生产管理历时5年的深入考察和研究，将日本汽车生产的管理方法定名为"精益生产"（Lean Production），并结合制造资源计划的经验，提出了一整套管理改革的建议方案。经过10年的努力，美国反败为胜，到20世纪90年代后期在汽车、微电子和计算机等行业再次领先。

日美竞争的事例，证明了管理技术是决定国际竞争成败的关键武器。研究证明，20世纪90年代美国生产率平均每年递增2.5%，其中劳动力因素为0.5%，资金因素为0.4%，管理因素为1.6%，管理是主要因素。

1.2.3 工业工程在我国台湾及香港地区

中国台湾的工业工程教育始于1955年成功大学工管系开办了工业工程课程，1963年台北工专、成功大学和东海大学分别开设IE专科和本科，随后台湾交通大学和台湾清华大学于1974年设置工业工程本科。台湾清华大学1985年开始招收硕士，1991年起开始招收博士。到1997年为止，在大专院校中共计有13所大学、28所专科学校设置有工业工程学科，其中有10所院校设置的工业工程研究所招收硕士生，有5所院校设置的工业工程研究所招收博士生，形成了完整的工业工程教育与培训体系。当前工业工程专业在校人数3万多人，每年毕业的工业工程专业博士约600人，相对于台湾人口而言，工业工程专业人才培养规模已经相当庞大。

如今工业工程在台湾已经是一个独立的学科（门），台湾工业工程教育的发展促进了台湾制造业的蓬勃发展，以鸿海精密集团（又名富士康，2001年聘请美国休斯顿大学IE系主任陈振国担任IE学院院长、兼任富士康副总裁，对IE的主要宣传口号有：模具是工业之母，IE是工业之父；IE无处不在、无所不能）。

香港大学的工业及制造系统工程系成立于1973年，是香港地区第一个开设工业工程学科的系，接着也有几所大学先后开设工业工程系。工业工程广泛运用于电子制造、供应链与物流管理（典型的公司如香港利丰集团）等行业。

中国澳门地区实业发展规模相对较小，总体情况与香港类似，本书不作展开。

1.2.4 工业工程在其他国家和地区

在德国，工业工程称为生产工程，学生除在其传统的强项——工程领域内学习和实践外，还要在运筹学、物流或后勤学和系统工程等方面进行学习。在欧洲其他国家（如英国、法国等）一样，工业工程师是十分受企业欢迎的，工业工程师在系统分析、系统优化、系统集成方面发挥着重要的作用。

亚太地区经济发展较快的韩国、新加坡及泰国都已建立了工业工程的研究、教育、开发和推广体系。韩国约有 7 所大学设立工业工程系，如汉城国立大学、釜山国立大学、蔚山大学和浦江大学等。新加坡国立大学与新加坡南洋理工大学均设有工业工程系，其中新加坡国立大学的工业工程系在整个东南亚地区都具有一定的代表性。这些国家和地区的经济发展相当迅速，与工业工程的研究与应用有密切关系。可以说工业工程的研究与发展水平，在一定程度上反映一个国家或地区的经济和管理发展水平。

1.3　工业工程在国内的应用

1.3.1　工业工程国内发展概述

工业工程一词最早出现在 1921～1922 年度上海交通大学机械工程科（系）工业管理（专业）大四下学期课程中。民国初期，马寅初等留学归国人士即对工业工程有所介绍，在国民党执政期间一些高校设置有工业管理课程（传授包括工业工程在内的科学管理知识），并派学生前往美国学习工业工程。1930 年 6 月成立以孔祥熙为理事长的"中国工商管理协会"，在 1930 年 11 月召开的"全国工商会议"上，也将"科学管理"列入重要的议题，并在"康元制罐厂"（1928 年开始运用并成为典型企业）和"商务印书馆"得到一定的运用。

新中国成立后，我国工业工程发展可以分为两个阶段。

第一个阶段是 1949～1979 年，全国工业企业学习前苏联的工厂设计、生产计划与作业计划、组织设计、质量管理、材料管理及技术管理等，在推动我国生产的发展方面起了一定的作用。1960 年，贯彻《鞍钢宪法》，开展技术革命，大搞群众运动，开展社会主义劳动竞赛，组织青年突击队，推行"两参一改三结合"，这个其实就是质量改善小组的雏形；同时涌现出大批新方法，如郝建秀工作法、苏长有砌砖法、王崇伦万能工具胎等，这些方法对工业工程也起到了很大的推动作用。"文革"期间生产组织受到极大破坏，但是很多大型企业依旧在寻求更有效的方法，其中的优选法其实就是工业工程的范畴。由于工业工程类学科在院系调整中被取消，这一阶段缺乏系统的工业工程思想指导，没能形成制度更谈不上成体系。相对于国外的快速发展，我国的工业工程理论与方法基本处于停滞状态，国内企业生产效率及质量水平总体依旧很低。

第二个阶段是改革开放后，随着国门打开，国人逐步意识到工业工程的重要性。首先开始学习工业工程的是实业界。早在 1979 年第一汽车厂厂长带队前往日本丰田对工业工程系统学习半年，1981 年工业工程实践大师、改善大师大野耐一（日本人，出生在中国大连，1912～1990）曾亲临第一汽车集团指导改善，推进工业工程；1978 年全国各大企业（主要是国有企业）开始推进全面质量管理等质量管理工具，对工业工程的发展也起到一定促进作用；沿海开放地区随着外资工厂的设立，逐步学习工业工程的方法与工具。20 世纪 80 年代在理论研究与教育方面发展缓慢，直到 80 年代后期理论界才开始较大范围地研究工业工程。1989 年 8 月 23 日至 8 月 25 日在北京举行工业工程座谈会，决定建立机械工程学会工业工程分会筹备组，着手中国工业工程的发展，这是中国工业工程发展史上一个重要的里程碑。

1990年6月3日至6月5日在天津召开了我国第一次IE学术会议，同时成立中国机械工程学会工业工程研究会（现已更名为机械工程学会工业工程分会），学会秘书处设置在天津大学管理学院（现已更名为天津大学管理与经济学部），这标志着中国工业工程学科的正式诞生。同年12月，上海机械工程学会成立了IE分会。我国工业工程进入了系统发展的时期。

我国工业工程的发展已经形成了一定的规模，并产生了较大影响，具体来说可以归纳为以下几个方面。

（1）工业工程学会日益成熟、壮大

工业工程学会（Chinese Institute of Industrial Engineers，简称CIIE）建立至今，已经有20年的历史，是目前中国最早，规模最大，拥有专家、学者和会员最多的工业工程学术团体，是我国在国际上以国字学会名义出现的IE学会。现有会员6000多人，团体会员136个，全国有20多个地方工业工程学会。20年来工业工程分会先后组织12次全国性的学术会议，18次国际学术会议以及港澳和海峡两岸工业工程论坛、研讨会、举办培训班100多次，参加人员达数千人次。多年来，由于广大的IE工作者积极努力地推广应用工业工程，在经济建设和为企业服务方面，取得了显著成效，与此同时，工业工程分会形成了拥有300多人的专家队伍。

（2）工业工程学术活动异常活跃

从1991年3月，工作研究与效率专业委员会成立，中国大陆第一个全国性工业工程学术团体就此诞生，基本上每年或每两年召开一次全国性学术会议。1993年的学术会议还邀请了中国台湾工业工程学会和中国香港工业工程学会等学术团体的代表团以及日本工业工程专家参加。从1994年开始，我国大陆或香港地区每年召开一次工业工程国际研讨会。

1996年，上海交通大学与德国施普林格出版社主编并出版了《工业工程与管理》杂志；不久，广东工业大学也主编并出版了《工业工程》杂志。

（3）工业工程人才培养已经形成规模

在高等教育方面，1992年9月30日，经原国家教委批准（考委字［1992］33号文件），天津大学和西安交通大学成为全国首批招收IE专业本科生的院校，并于1993年正式招生；1993年批准天津大学、西安交通大学和清华大学开始招收硕士研究生（1994年开始招生）。此后上海交通大学、华中科技大学、重庆大学、同济大学、武汉理工大学等纷纷成立IE系，开始IE专业的学科建设。当前已建立较为完善的本科、硕士、博士和成人教育为一体的培养体系。2002年，国务院学位办批准部分高校在博士（硕士）学位授权一级学科内设置工业工程学科（专业）。截至2009年底，全国有186所高校设置了工业工程专业，部分设置在管理学院（占34%，以天津大学和西安交通大学为代表），部分设置在机械学院（占66%，以清华大学、上海交通大学、华中科技大学、重庆大学和同济大学为代表）。

（4）工业工程在企业的应用及影响正在逐步扩大

从20世纪80年代开始，外资企业的进入使工业工程在一定行业领域的应用得到推广，历经近30年的发展，取得了显著的成就。据不完全统计，在我国已有上百家大型企业不同程度地应用工业工程，获显著效果的已达30余家，这些企业均设有工业工程科或者工业工程部门。这些应用涉及汽车、钢铁、机械制造、家电、建材和资讯等十几个行业，包括一汽、东风、上汽、科龙、美的、华为、三一重工、潍柴、海尔、海信、成飞、宝钢、鞍钢、沈阳机床厂、东方电气以及东南沿海的许多企业都已经将应用工业工程作为提高企业管理水平的重要手段，并取得了显著的效果。如第一汽车集团旗下的一汽轿车股份有限公司，从中国国情和自身情况出发，学习、推广以"准时化生产方式"和"均衡化"等管理方法为核心的"丰田生产方式"，并吸收奥迪、马自达等公司工业工程的经验，变"推动式生产"为"拉动式生产"，取得了明显的管理、技术、经济和社会效益，并逐步建立了自己的红旗生产方式（Hongqi Production System，简称 HPS）；鞍山钢铁公司早在 1984 年即提出应用工业工程，并在 1986 年开始广泛应用工业工程技术，普遍修订岗位作业标准，取得明显效果。

外资的进入也为国内企业起到示范作用，并带动工业工程在其供应商中的推进，如丰田、本田、日产、通用、大众、摩托罗拉和通用电气进入中国，极大地促进了工业工程的发展。2000 年以后，随着中国企业对工业工程的需求日益增加，以工业工程、精益管理咨询为导向的专业咨询公司也蓬勃发展，诸如 3A、天津爱波瑞和北京知为先等，推进了工业工程在各行业领域的构建和系统化应用，在提高生产效率、降低成本和提高产品质量的同时，也为广大工业工程人员提供了更广阔的舞台。

工业工程已在国内得到了长足的发展，但是总体水平还不高，仅在汽车制造业和电子装配制造业等得到系统的运用，在整个制造领域还没有全面深入的运用，在服务业等第三产业的应用广度与深度还不够，更重要的是整个社会还没有建立普遍的工业工程师制度，在某种程度上阻碍了工业工程的快速发展。随着社会竞争的日益激烈，中国企业越来越多地意识到工业工程的重要性，近年来接受工业工程咨询的企业（尤其是大型国有企业）越来越多，逐步建立工业工程组织和管理制度，很多企业开始点名招聘工业工程类人才，在未来的一段时间内工业工程必然会得到快速的发展，工业工程人才的教育、发展和培养将进入到一个快速、规范和市场化时期。

1.3.2　CIE 简介

通过近 20 年的摸索，我国逐步建立了中国工业工程体系，编者在早期中国工业工程概念的基础上，结合中国对工业工程的需求特征、发展过程和应用趋势，总结提出一套符合我国国情的中国工业工程（Chinese Industrial Engineering，简称 CIE）的理论和技术体系：即一个概念、两种技术、三大专业技术体系、四项重要特征、五种关键意识和六项基本功能，也称"一二三四五六理论"，其相互关系如图 1-2 所示。

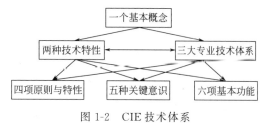

图 1-2　CIE 技术体系

这个理论即为工业工程的概念，管理与工程两种技术特性，基础理论体系、专业技术体系、支撑技术体系构成的三大技术体系，累积性、创新性、发展性和满意度四大特性，问题与改革意识、质量、成本和效率意识、工作简化和标准化意识、整体优化与持续改进意识、以人为中心意识等工业工程师的五种意识，分析、规划、设计、实施、评价、创新六项功能，具体将在第 2 章详细阐述。

虽然已经逐步构建 CIE 体系，但是我国仍处于工业工程知识的普及和应用转化的基本阶段，不仅需要全面推广工业工程技术与方法，提升工业工程意识与思维，还需要深入地学习、研究工业工程的思想与方法，让中国企业接受并学习成熟的工业工程技术体系，改造那些不适合中国国情的技术管理方法后再实施，同时对 CIE 体系逐步完善。

【复习思考题】

1. 简述工业工程萌芽时期的主要人物及理论。
2. 简述工业工程的四个发展阶段。
3. 简述工业工程在国外发展概况。
4. 简述工业工程诞生的时间和标志，我国工业工程诞生的时间和标志。
5. 简述 CIE 的内容体系。

第2章

工业工程概述

小王是某大学工业工程本科毕业生，刚刚加入某生产装配型企业。厂长早已听说工业工程能够帮助企业提高生产效率、改善产品质量和全面提升企业生产服务水平，于是在他入职不久即找他谈话："工厂新上一条生产线，当前质量偏低，天天加班还无法完成订单，希望你能够运用工业工程的方法解决这些问题。"小王满怀信心地接受了厂长的任务。

可是当接受任务以后小王发现：工厂没有明确的生产计划，每天早上八点开会时生产部长制定一个大致目标，晚上下班前若发现没有完成即决定加班；员工工作期间嬉笑打闹，常常暂停手头的工作，到处跑着借用工具，工具箱内物品五花八门、乱七八糟；早完成分配工作的人会被再派任务，但不增加报酬，所以工作懒散；每个工序需要多少时间完成，班组长也只能估计，估计误差大约半个小时；想学习泰勒那样测定工时，却发现员工警惕性很高，故意放慢动作，不知道工时定为多少合适，而且工人操作随意，每次作业顺序都不一样；实际没有形成连续的生产线，产品固定装配，工人根据工序轮番前往工作；切割机每天都会因为故障停工，员工倒认为停了不用干活，很高兴，质保部门总是和生产部门争执，生产部门认为质保部门是有意刁难；产品工艺复杂，图纸难以看懂；生产时产生的各种垃圾散落一地，下班前集体清扫；运料小车相撞事件时有发生等情况。

【讨论题】

1. 什么是工业工程，工业工程涵盖哪些内容？
2. 工业工程师应掌握哪些知识和技能？掌握到什么程度？
3. 工业工程师应有哪些意识？
4. 建议小王该怎么做？

【学习目的与要求】

学习目的：通过本章的学习，理解工业工程的定义，领会工业工程的内涵，掌握 CIE 体系下的"一个概念、两种技术、三大专业技术体系、四项重要特征、五种关键意识、六项基本功能"。

学习难点：工业工程的定义，工业工程的意识与功能。

学习重点：CIE 体系的"一二三四五六理论"。

2.1　工业工程概念与内涵

2.1.1　工业工程的定义

工业工程诞生于美国，发展在日本，且已在世界各国广泛推广使用。本书从美国和日本对于"工业工程"的定义出发对其概念进行阐述，然后结合中国工业工程的发展状况给出中国关于"工业工程"的定义。

工业工程产生与发展迄今已有百年历史，它涉及范围广泛，内容不断充实和深化。在 IE 形成与发展的过程中，不同国家、不同组织和学者在不同时期对工业工程给出了许多定义。其中，美国工业工程学会（AIIE）1955 年提出的定义最具有权威性，几经修改，至今仍然被广泛采用，其表述如下。

"工业工程是对有关人员、物资、设备、能源和信息所组成的集成系统进行设计、改善和设置的一门学科。它综合运用数学、物理和社会科学方面的专业知识与技术，并且使用工程分析的原理和方法，对上述系统可能取得的成果予以确定、预测和评价。"

这个定义已被美国国家标准学会采用为标准术语，收录为美国国家标准 Z94 及工业工程术语标准。它被认为是工业工程的基本定义。该定义表明 IE 实际是一门方法学，它告诉人们，为把人员、物资、设备和设施等组成有效的系统，需要运用哪些知识、运用什么思维分析问题、采用什么方法研究问题和运用哪些特定的技术手段解决问题。此定义明确指出了工业工程研究的对象、方法、内容和学科性质，不足之处是没有明确指出工业工程的核心目标。

《美国大百科全书》（1982 年版）对工业工程做出了定义："工业工程是对一个组织中的人员、物料和设备的使用以及费用情况的详细分析和研究，这种工作由工业工程师完成，目的是使组织能够提高生产率、获得更高利润和整体效率。"这一定义直接反映了工业工程及工业工程师的目的、功能和实现的途径。

日本工业工程协会（JIIE）根据 AIIE 的定义，定义 IE 为："工业工程是把人员、原材料、设备作为一个整体系统去发挥其功能的科学，它是进行经营管理系统方面的设计、改善与设置工作的学科。为了规划、预测、评价经营管理系统的成果，运用数学、自然科学、社会科学中的特定知识，同时使用技术分析与归纳的原理和方法。"

这一定义基本继承了美国工业工程师学会的定义内容，将物理学和社会科学改为自然科学和人文科学。

丰田生产方式的实践者，被誉为"改善之神"的前丰田副社长大野耐一，对工业工程的一句话简单而精炼地定义为："直接涉及经营管理的全公司性生产技术。"

美国著名的工业工程专家希克斯（Philip. E. Hicks）博士（1988 年）指出：工业工程的目标就是设计一个生产系统及该系统的控制方法，使它以最低的成本生产具有特定质量水平的产品，并且这种生产必须是在保证工人和最终用户健康与安全的条件下进行的。

随着工业工程在中国的发展和应用，中国工业工程学会（CIIE）针对中国的需求特性和社会文化基础对于工业工程进行定义："工业工程是一门工程技术与管理技术相结合的综合性工程学科，是将科学技术转化为生产力的特定技术体系。它以降低成本、提高质量和生产率为导向，综合运用多种专业工程技术，对人员、物料、设备、能源和信息所组成的集成系统进行设计、实施和改善，使之成为更加科学、高效的综合优化系统，并对系统取得的成果进行鉴定、预测和评价。它从生产系统应用中产生，但可以广泛而有效地应用于多种产业部门。"

中国工业工程（Chinese Industrial Engineering，简称 CIE）的定义考虑了中国工业化进程与欧美、日本等发达国家工业化进程的明显差异性，借鉴了经典工业工程定义的内容和方法，但更充分地体现了中国现在和未来发展对综合管理技术的需求特性。CIE 概念从四个方面作了表述。第一，CIE 是多种专业工程技术与管理的结合，是具有管理属性的工程技术体系；第二，CIE 有自身的结构、内容、方法和工具，是系统化、专业化和科学化的知识，自成体系，可以学习和传授；第三，CIE 有明确的目的，是以低成本、高质量和高效率的方式提供产品、生产和服务，是将各类科学技术转化为生产力的综合技术；第四，CIE 有明确的对象和方向，是对人员、物料、设备、能源和信息所组成的系统及过程进行分析、设计、运行、控制、评价和优化的体系，覆盖所有行业产品和服务领域，其社会应用价值更高。

CIE 概念在内容上涵盖了美国和日本对工业工程的定义，并结合中国国情给出了清晰的指向，赋予更深刻的内涵，是适应所有行业需求的管理技术。CIE 的诞生，旨在通过这套体系实施对我国各类企业和社会组织的诊断、设计、改进和创新，建立起适于自身基础、立足产品、生产与服务质量需求和满足未来一定时期发展的工业工程能力，从而帮助企业建立起应用方法创新和管理模式创新的系统能力。

中国机械工程学会工业工程分会理事长、天津大学教授齐二石先生在多年研究和应用的基础上指出："工业工程是运用自然科学、工程学和社会学知识所构成的管理技术体系，是对人员、物料、设备、能源、信息等所构成的生产和服务系统进行规划、设计、评价和创新的学科。"

工业工程虽然有许多不同的定义，但是都在说明工业工程的系统性或工程方法，或两者兼而有之。

现代工业工程在原有依存于大规模工业生产背景的基础上，已经逐步转化为将工业生产系统、社会经济系统和公共服务系统作为研究对象，在制造工程学、管理科学和系统工程学等学科基础上逐步上升到战略管理、组织设计和面向几乎所有社会组织的一门普适性的工程技术学科。工业工程作为一门交叉的新兴学科所涉及的内容日益增多，几乎涉及企业所有的经营、管理和技术活动，受到社会关注和重视的程度也越来越高。所以，给工业工程下一个确切、固定的定义很难。国内外一些学者和专家比较一致认为，不必拘泥于定义的文字，而应力求简单、明了。

2.1.2　工业工程的内涵

准确把握工业工程的内涵，需要从工业（Industry）和工程（Engineering）两个基本概念来说明。首先，Industry 不仅仅包含中文所说的工业的含义，还包含产业的含义，所以 Industry 包含工业、交通和服务等诸多产业领域。因而，工业工程是起源于工业部门，应用于以工业为主的包括国家与社会多种产业的工程技术。Engineering 是指人类将自然科学知识、原理应用于工业、农业及多种产业甚至社会科学领域中，为使物质、能源和信息转换为另外一种对人类有用的物质、能量和信息，而有目的地使用各种技术的活动过程。在此过程中，应用分析、设计及实现转换的技术方法与实践经验，经过理论上的加工与概括，形成工程学。工程学还可被分为专业工程（学）与一般工程（学），现代工程学比较强调其创新功能。

早期形成的工业工程（也称其为"经典工业工程"或"基础工业工程"）可以定义为以制造企业生产过程或生产系统为研究范围，以具体生产活动为研究对象，为提高单机、单人劳动效率为目的，在技术与管理之间起着桥梁作用的学科。其科学理论是以当时泰勒的"科学管理"为基础，进一步形成了包括吉尔布雷斯夫妇的"动作研究"、"时间研究"、"疲劳研究"，埃莫森的"效率学说"，甘特的"甘特图"和休哈特的"统计质量控制"等在内的较为系统的理论和方法。现阶段，随着研究对象和内容的扩展，研究方法和手段的丰富与现代化，基础工业工程可以被认为是由工业工程学中最本质的学科目标、最基础的研究思想和方法所组成，其内涵是研究提高管理和技术相关联的劳动工效的解决方案问题。这里的"劳动"概念不仅包括体力劳动，还包括脑力劳动；不仅指单人劳动，还指组织的整体工作。这里的"工效"概念包含了效率和效果两方面的含义。对于基础工业工程的外延应是一切社会组织中的运营活动，包括制造业和服务业等营利性企业组织，也包括医院、学校等非营利性事业组织以及政府机关部门等行政组织。

通过工业工程定义的分析，工业工程直接反映以下六方面的内涵。

① 从学科性质看：工业工程是一门自然科学、专业工程学、管理学与人文社会学相结合的交叉学科。

② 从研究对象看：工业工程是由人员、物料、设备、能源和信息组成的各种生产系统、经营管理系统以及服务系统。

③ 从研究方法看：工业工程是基于管理学的基本思维，运用数学、物理学的基本方法和工程学、计算机科学等的专业技术，结合社会学、心理学等特定知识和环境因素，形成独特的系统理论与方法。

④ 从任务方面看：工业工程是将人员、物料、设备、能源和信息等要素整合为一个高效率、集成化的功能系统，并不断对其进行持续改善、创新，从而具备更强的竞争力。

⑤ 从目标方面看：工业工程是提高生产率和系统整体效率、降低成本、保证质量和安全、提高环境水平，获取理想综合效益的方法。

⑥ 从功能方面看：工业工程是对生产系统和服务系统进行分析、规划、设计、控制、评价和创新，以保障目标和任务的实现。

工业工程不仅是理论上不断发展和扩充的基础学科，同时也是实践性很强的应用学科。国外工业工程应用和发展情况表明，各国都根据自己的国情形成富有自己特色的工业工程体系，甚至名称也不尽相同。美国工业工程突出体现在技术、方法上的优化，理论的成分很高，突出的是技术创新对组织能力提升的重要性，应用中更强调工业工程的工程性。而日本从美国引进工业工程后，经过半个多世纪的发展，在充分吸收美国工业工程技术方法基础上，紧密结合本土的资源特征、文化特征和需求特征，将丰富的管理思想和文化理念融入技术体系中，更加注重人的潜能发挥，创新并形成了富有日本特色的工业工程体系。丰田生产方式是最有代表性的范例。然而，无论哪个国家的工业工程，尽管特色不同，其本质内涵都是一致的。

2.2 工业工程的内容体系

2.2.1 工业工程的两种技术特性

在人类生产活动中实际上使用了两种重要技术：一种是关于产品、设备、材料和工艺的"硬"技术，用于解决生产过程基本能力的专业工程技术，如机械工程、化学工程、材料工程、电气工程、土木工程等，是分类的产品设计技术、产品加工技术等；另一种是关于生产要素（厂房、设备、物料、工具、能源、信息）、人员和环境等的资源组合、配置的"软"技术，如生产系统结构设计、生产计划制订、物料配送、人机作业方法和存货控制等，是解决有关生产效率、质量、成本的问题和改善工作环境的能力技术，即工业工程技术。

IE 是将管理与专业工程技术相结合的体系和方法，因此在体系中包含一定程度并不是很清晰的专业工程技术内容，所以按照学科分类，国外一般把 IE 划入工程学的范畴，和其他工程学科一样，IE 具有利用自然科学知识和其他技术进行观察、实验、研究和设计等功能。由于 IE 起源于科学管理，为管理提供了方法和依据，具有管理特征，常被看作管理技术范畴，JIIE 即如此定义工业工程的概念。IE 是一门工程学科，同时包括社会科学以及经济管理知识的应用，所以，IE 是一门交叉的边缘学科。

只有通过 IE 将"软"、"硬"两种技术进行有效的匹配，才能将各类组织的有限资源按照其实现产品或服务的目的性进行高效的配置和利用，进而实现效率和效果的体现。这个过程是所有组织追求的核心环节，恰恰是工业工程知识和技能的充分体现。我国企业在工业工程技术方面和发达国家相差较远，这也是全面引进发达国家的先进产品、工艺和设备却不能获得理想效益之原因所在。因为没有工业工程，专业技术与管理则是分离的，技术和设备所能达到的最大生产力不能得以充分地实现。台湾清华大学陈茂生教授曾形象地以水桶对此进行了比喻（如图 2-1 所示）：将生产力比作水桶中的水（D），专业工程技术比作水桶的一个提耳（A），而工业工程应是另一个提耳（B），C 为管理。管理目标是多提水，但如果缺乏工业工程，水桶只有一个提耳（A），技术上再下功夫，最多也只能提出半桶水，不可能提满水。

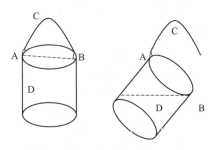

图 2-1 工业工程作用提耳比喻

简单来说，工业工程学科的性质与特点，就是专业工程技术特性与管理技术特性兼而有之，具体说来，IE 具有以下几个基本特点。

（1）IE 的核心目的是提高生产率

美国《工业工程手册》指出："如果要用一句话来表明工业工程师的使命，那就是提高生产率。"也就是说，提高生产率是工业工程的出发点和最终目的，是工业工程师的第一使命。该手册在 1989 年版中进一步说明工业工程师的职业重点是提高生产率和质量。

汽车业是应用工业工程非常成功的行业之一。在 19 世纪中后期就发明了汽车，但是由于成本高，汽车产品只能作为贵族的奢侈品，到 1903 年福特汽车创办时，仅年产几千辆。而从 1908 年福特改进生产方式后，1916 年美国汽车销量突破 100 万辆，1920 年达到 200 万辆。到第二次世界大战之前，汽车已成为美国普通老百姓的大众消费品。20世纪80年代日本汽车的腾飞更是工业工程应用的完美体现。与传统的大批量生产相比，丰田生产方式只需要"一半的人员、一半的生产场地、一半的投资、一半的生产周期时间、一半的产品开发时间和少得多的库存"就能生产品质更高、品种更多的产品。今天中国企业在数量和规模上的迅速发展也为工业工程师提供了广阔的发展舞台。

从诞生之日起，工业工程就将减少浪费、降低成本和提高效率指定为自己的奋斗目标。只有为社会创造并提供质量合格的产品和服务，才能获得有效的产出。否则，以较大的投入而获得低效或有瑕疵的产品，一方面产生巨大的社会资源浪费，包括人力、物力、资金、能源和时间的浪费；另一方面直接降低了产出效率，而增加了成本，导致产品效益的低下。所以在提高生产效率的同时还需要保证产品质量。

把降低成本、提高质量和生产率联系起来综合研究，追求生产系统的最佳效益，是反映IE性质的一个重要特点。在保证产品质量的同时，生产效率提高多少是衡量工业工程成功应用的关键指标。

生产率（Productivity）是产出（资源量或价值）与投入（资源量或价值）的比，用来描述上述转换功能的效率。

$$P = O/I \tag{2-1}$$

式中，P（Productivity）为生产率；O（Output）为产出；I（Input）为投入。

假定某一企业用5天时间生产了100单位产品，则其生产率为每天20单位；一个提供社会服务的工人4个星期（20个工作日）生产了750个纸箱，则其生产率为每天37.5个纸箱；一个企业用20千克的原材料生产一单位产品，而另一企业用25千克相同的原材料生产一单位的相同产品，则前者的生产率更高。

生产率作为生产系统产出与投入比较的结果，依据所考察的对象、范围和要素的不同，具有各种不同的表现形式，因而有不同类型的生产率及其相应的测评方法，如图2-2所示。

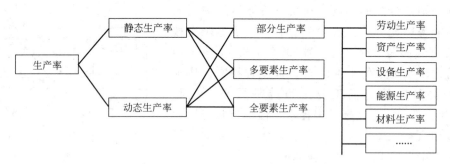

图 2-2　生产率测评的种类

按生产率测评方式分类可将生产率及其测评指标分为静态生产率和动态生产率。

静态生产率（Static Productivity Ratios）：某一给定时期的产出量与投入量之比，也就是一个测评期的绝对生产率。比值法和系统评价法等是静态生产率测评有效的基本方法。

$$静态生产率 = \frac{测定期内产出量}{测定期内要素投入量} \tag{2-2}$$

动态生产率反应的是不同时期静态生产率之间的关系，用动态生产率指数（Dynamic Productivity Indexes）表示。动态生产率指数：一个时期（测评期）的静态生产率被以前某个时期（基准期）静态生产率除后所得的商，它反映了不同时期生产率的变化。比值法与基于统计学和计量经济学原理的各种方法等是动态生产率指数测评的基本方法和常用技术。

$$动态生产率指数 = \frac{k\text{ 时期产出量}/k\text{ 时期投入量}}{j\text{ 时期产出量}/j\text{ 时期投入量}} \tag{2-3}$$

（2）IE 是综合性的应用知识体系

工业工程的定义清楚地表明，工业工程是一个包括多种学科知识和技术的综合体系。其本质在于综合地运用这些知识和技术，特别体现在应用的系统性上，这是由工业工程的目标——提高生产率所决定的。因为生产率不仅体现各生产要素本身的使用效率，而且还取决于各个要素之间、系统的各部分（如各部门、车间）之间的协调配合。

企业要提高经济效益，必须全面运用工业工程以便系统的解决生产和经营中的各种问题。这里既有技术问题，又有管理问题；既有物的问题，还有人的问题。因而，必然要用到包括自然科学、工程技术、管理科学、社会科学及人文科学在内的各种知识。这些领域的知识和技术不应是被孤立地运用，而要围绕所研究的整个系统（如一条生产线，一个车间，整个企业等）的生产率提高而有选择、综合地运用，这就是整体性。

工业工程的综合性集中体现在技术和管理的结合上。通常，人们习惯于把技术称作硬件，把管理称作软件，由于两者的性质和功能不同，容易形成管理与技术分离的局面。工业工程从提高生产率的目标出发，不仅要研究和发展硬件部分，即制造技术和工具，还要提高软件水平，同时需要改善各种管理方法与控制程序，使人和其他各种要素（技术、机器、信息等）有机地协调，使硬件各部分发挥出最佳效用。所以，简单地说，工业工程实际是把技术和管理有机地结合起来的学科。

（3）注重人的因素是 IE 区别于其他工程学科的特点之一

生产系统的各组成要素之中，人是最活跃和最不确定性的因素。工业工程为实现其目标，在进行系统设计、实施控制和改善的过程中，都必须充分考虑到人和其他要素之间的相互依存、相互作用，突出以人为中心的理念和特点。整个生产系统的运行程序设计、工作地设计、每项作业的具体流程和操作方法、岗位和职务设计、作业的基本动作和时间规范，直到整个系统的组织设计，工业工程都十分重视研究人的因素。如研究人机关系、环境对人的影响、人的工作主动性和创造性、薪酬与激励机制等，寻求合理地配置人和其他因素，建立适合人的生理和心理特点的机器和环境系统，使人安全、健康、舒适地工作，充分发挥能动作用和创造性，提高工作效率，并能最好地发挥其他各生产要素的作用。

在工业工程继续发展的进程中，工效学的出现、人因工程的兴起就是此特点的反映。

（4）IE 的重点是面向中观和微观管理

为了提升一个行业或产业的生产率水平，可以运用综合运用 IE 的系统规划、设计、控制、改善和创新的方法，实施对行业的整体提升，如汽车行业通过学习和实施精益生产方式获得行业能力的提升。为了达到减少浪费、降低成本的目的，IE 可以重点面向微观环节，解决各环节管理问题或管理与技术交叉的问题，从制定作业标准和劳动定额、现场管理优化直至各职能部门之间的细条和管理改善，都需要 IE 发挥作用。

（5）IE 是系统优化技术

工业工程强调的不仅是某种生产要素或某个局部（工序、生产线、车间……）的优化，而且是系统整体的优化，最终追求的是系统整体效益的最佳。所以，工业工程从提高系统生产率的总目标出发，对各种生产资源和环节做具体研究、统筹分析和合理配置；对各种方案做定量化的分析比较，以寻求最佳的设计和改善方案，充分发挥各要素和各子系统的功能，使之协调有效地运行。所以，IE 强调的优化是着眼于系统总体层面的优化，所以工业工程师需要逐步培养自己的系统观。

系统的运行是一个动态的过程，具有各种随机因素。社会的前进及市场竞争的日趋激烈，对各种生产都提出了越来越高的要求，需要进一步提高生产率；而科学技术的高度发展也为 IE 提供了更多的知识和方法去实现这个目标。所以，生产系统的优化不是一次性的，IE 追求的也不是一时的优化，而是经常的、持续的改善。

制造业一直是工业工程主要开发与应用的领域。制造工程作为一种专业工程或工程专业的一个分支，它要求具有了解、应用和控制制造过程中各个工程程序和工业产品的生产方法所必需的教育和经验，还要求具有规划制造程序、研究与开发新的机器设备和新的工艺过程，并将之系统化的能力，以达到用最少费用提供高质量的产品与服务的目的。工业工程则是在制造工程等专业工程的技术条件下，对有关制造产品或提供服务的人员、资金、原材料、能源和信息等，在一定的环境下进行最佳的规划、设计、组合、评价、控制、改进和创新，以使制造和生产资源得到最有效的利用，达到生产过程及制造系统高效化的目的。因此，制造工程是工业工程研究、开发与应用的重要内容，两者之间还具有相互依托、相互包含的密切关系。

系统工程是从整体出发，合理开发、设计、实施和运用系统的工程技术。它根据总体协调的需要，综合应用自然科学和社会科学中有关的思想、理论和方法，利用计算机等信息技术工具，对系统的结构、要素、信息和反馈等进行分析，以达到最优规划、最优设计、最优管理和最优控制的目的［《中国大百科全书（自动控制与系统工程卷）》，1991］。系统工程作为迄今最普遍的工程技术，为现代工业工程及管理工程、现代制造工程等提供了重要的方法论和基本方法。

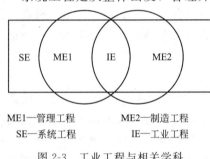

ME1—管理工程　　　　ME2—制造工程
SE—系统工程　　　　IE—工业工程

图 2-3　工业工程与相关学科
的关系示意图

工业工程（IE）与管理工程（ME1）、制造工程（ME2）和系统工程（SE）的关系如图 2-3 所示。

2.2.2　工业工程的学科范畴与技术体系内容

工业工程是一门综合性学科，具有鲜明的工程属性与管理属性，也就决定了工业工程学科的广泛性。

2.2.2.1　国外工业工程的学科范畴及运用领域

工业工程的最终目的是提高生产效率，通过对人员、设备、物料、能源和信息各方面进行设计、运行和控制的过程完成，所有符合这个定义的学科都属于工业工程的学科范畴。

美国国家标准 ANSI-Z94（1982 年修订），从学科角度将 IE 知识领域分为 17 个分支。即：①生物力学；②成本管理；③数据处理与系统设计；④销售与市场；⑤工程经济；⑥设施规划（含工厂设计、维修保养、物料搬运等）；⑦材料加工（含工具设计、工艺研究、自动化等）；⑧应用数学（含运筹学、管理科学、统计质量控制、统计和数学应用等）；⑨组织规划与理论；⑩生产计划与控制（含库存管理、运输路线、调度、发货等）；⑪实用心理学（含心理学、社会学、工作评价、人事实务等）；⑫方法研究和作业测定；⑬人的因素；⑭工资管理；⑮人体测量；⑯安全；⑰职业卫生与医学。

　　随着工业工程学科知识体系的不断丰富和发展，新增的技术知识归纳起来可分为四个学科：①制造系统工程；②运作管理系统工程；③运筹学与系统工程；④人因工程。

　　对于 IE 的具体工程技术应用过程中，美国的《工业工程手册》（G·萨尔文迪）根据哈里斯（Neville Harris）对英国 667 家公司应用 IE 的实际情况调查统计出常用的方法和技术有 32 种。按普及程度次序排列是：①方法研究；②作业测定（直接劳动）；③奖励；④工厂布置；⑤表格设计；⑥物料搬运；⑦信息系统开发；⑧成本与利润分析；⑨作业测定（间接劳动）；⑩物料搬运设备选用；⑪组织研究；⑫职务评估；⑬办公设备选择；⑭管理的发展；⑮系统分析；⑯库存控制与分析；⑰计算机编程；⑱项目网络技术；⑲计划网络技术；⑳办公室工作测定；㉑动作研究的经济发展；㉒目标管理；㉓价值分析；㉔资源分配网络技术；㉕工效学；㉖成组技术（GT）；㉗事故与可操作性分析；㉘模拟技术；㉙影片摄制；㉚线性规划；㉛排队论；㉜投资风险分析。

2.2.2.2　CIE 的技术体系内容

　　长期以来，对于工业工程知识和技术的特性归纳一直缺乏科学的表述。本书从工业工程的理论结构、知识特点、功能特性、应用分类等方面出发，进一步完善了工业工程的理论研究内容，将工业工程的知识结构和技术体系分为基础理论体系、专业技术体系和支撑技术体系三个层面，进而将工业工程的专业技术体系内容按照功能分为分析评价类、设计改善类和管理控制类三大方面技术。

　　（1）CIE 基础理论体系

　　CIE 遵循对客观事物本质的分析和按照经济性原则实施对组织资源的系统优化、配置，以期实现管理的目的性。因此，物理学、数学（尤其是运筹学）、经济学、管理学和社会学是 CIE 的理论基础。工业工程的专业技术、知识和工具都是针对客观环境特点和主观目的性对上述知识的演绎、交叉和综合扩展而来的。

　　（2）CIE 专业技术体系

　　分析评价类技术是对企业及其他组织的需求能力、过程能力及绩效水平进行诊断和评价的知识，包括工程经济学、预测与决策技术、价值分析、统计分析和计量经济分析等。

　　设计改善类技术是对企业及其他组织进行规划、设计、改进和优化的知识。设计类技术是对组织活动的先期工作需求的具体体现，是解决做什么和如何做的问题的技术构成，如战略规划、组织设计、设施规划、流程设计、方法研究等；改善类技术是针对活动的过程或阶段性结果所做的进一步提升、优化的技术构成，如作业测定、工作分析、业务流程再造等。

　　管理控制类技术是对企业和其他组织运营过程的控制、调节、修订和保障的知识，如生产计划与控制、质量管理、成本控制和现场管理等。

　　工业工程专业技术体系是工业工程的功能体现。分析评价、设计改善、管理控制三类技术间互为前提、相互兼顾，构成了 CIE 完整的闭环管理体系。

　　（3）CIE 支撑技术体系

　　支撑技术体系是指工业工程专业技术体系得以应用的专业支撑和环境依托，包括专业工程技术和信息技术（尤其是信息应用技术）。专业工程技术，如机械、电子、冶金、汽车、化工、制药、食品工程技术等，是工业工程得以生存、发展的行业技术依托，构成了工业工程发挥效用的行业环境，是前面所讲的"硬"技术。工业工程与专业工程技术的结合，为二者找到了互补和各自提升的空间。计算机、语言、数据库、网络和企业资源计划（Enterprise Resource Planning，简称 ERP）、制造执行系统（Manufacturing Execution System，简称 MES）、计算机辅助设计（Computer Aided Design，简称 CAD）、计算机辅助工程（Computer Aided Engineering，简称 CAE）、产品数据管理（Product Data Management，简称 PDM）和电子商务（Electronic Commerce，简称 EC）及商务智能（Business Intelligence，简称 BI）等应用系统及应用信息平台是现代组织运行、发展、变革的重要环境和工具。工业工程技术与信息技术融合发展已经成为不争的事实，信息技术环境下的工业工程应用成为现代工业工程的新课题。

CIE 的基础理论体系、专业技术体系和支撑技术体系的结构与内容，建立了工业工程与专业工程、管理学、经济学及社会学之间的分工与联系，科学地确立了工业工程的科学价值和社会地位，如图 2-4 所示。

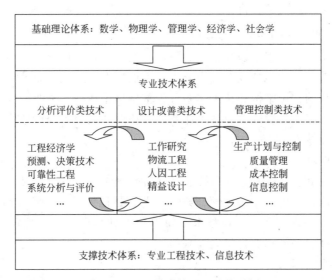

图 2-4　CIE 技术体系及其关系

2.2.3　工业工程应用应遵循的重要原则

通过对工业工程的管理性和工程性内容的分析，以及对 CIE 技术体系的深入剖析，对工业工程的学习和应用应重点掌握四方面原则，即工业工程的累积性、创新性、发展性和满意性原则。

（1）累积性原则

企业综合能力不是一蹴而就的，无论专业技术能力还是管理能力，都需要通过一定时期的技术和管理活动与规范过程逐渐积累起来。工业工程能力的累积性，是指企业的管理基础能力构建是从无到有、从弱到强、从无序到规范、从刚性上升为柔性的系统演进过程。任何企业都有一定的管理累积，但内容和水平差异很大，差异性决定了企业应用工业工程技术的选择性。企业在经营初期必须强调基础教育和技能培训，进而通过组织的、文化的、制度的乃至现场作业的规范性来逐步提升对产品和服务的品质保障能力；当企业进入到相对高阶水平时，工业工程应用主要体现在先进运营管理模式的构建与持续提升方面。工业工程的累积性实质上强调的是管理的不可跨越性，空中楼阁式的管理思维和做法不仅无法使企业进入到有序能力提升状态，而且往往会断送企业的前程。累积性原则要求工业工程技术与方法的推进，需要按照"综合诊断→明确目标和重点→流程与方法设计→组织改进→资源配置与协调→运行与控制→分析与评价→持续改善"的模式来系统推进。

（2）创新性原则

工业工程模式的创新性是工业工程管理内涵的体现，指工业工程应用模式的不可复制性。德鲁克曾经说："请转告中国的朋友，管理者是不能进口的。"日本丰田汽车公司学习美国的工业工程，是从本质上发现了连续流程是提高效率、降低成本并能提高质量的真谛，因此否定了福特制中不合适的做法，建立了拉动式生产系统。丰田汽车公司同样将工业工程中的质量管理方法融入自动化理念中，创新了全面质量管理的思维和具体做法，建立了"不生产不良品、不传递不良品和不接受不良品"的品质原则和做法。更为重要的是，丰田汽车公司将美国的工业工程技术根植于日本的本土文化中，才创新出了超越美国和其他国家制造管理模式的丰田生产方式。

不难发现，丰田汽车进入中国后，其模式中已经有相当成分中国文化内容的体现，与日本丰田有一定差别。美国摩托罗拉、日本本田、德国大众和韩国三星等国际知名企业在中国的做法都证明：专业工程技术具有良好的可复制性，而管理是很难复制的，工业工程作为管理技术同样具有不可复制的特性。我国企业也面临同样的问题，在工业化与信息化并行的政策导向下，由于企业间的基础和需求的差异很大，不能用某一种模式发展所有的企业。因此，我国的企业应根据各自的基础和需求有选择性地学习和应用工业工程，其重点仍然在于将共性技术与企业自身资源和特色文化相结合，建立自己的工业工程应用模式和发展途径。

（3）发展性原则

工业工程体系的发展性，是指工业工程从科学管理开始，不断吸纳各时期的管理思想和科学技术方法，逐步融合成为具有时代特征的管理技术体系。在过去的 100 年里，工业工程技术从关注制造企业现场管理逐步发展到企业的价值流程乃至供应链领域，制造企业的生产管理模式已从大规模生产经过了批量生产、大规模定制、精益生产、集成制造到敏捷制造模式，应用领域也从传统制造业延伸至交通、服务和行政组织。发展性是工业工程知识与技能传承和进步的过程，是适应环境发展变化的过程。

（4）满意性原则

工业工程应用的满意性准则，是指工业工程技术应用要符合客观需要，对象和问题范围的界定适度，方法得当，不盲目追求最好、最高标准，在整体最优的前提下将人员、设备、物料、环境、工艺流程、物流路径、设施布局、作业方法和人机关系等方面朝着有益且可实现的标准持续改善。

2.2.4　工业工程的意识

"意识"是人对客观物质世界的反映，是社会实践的产物，同时，又对物质世界有积极的反作用。工业工程意识就是工业工程技术特性和应用实践中所反映出来的基本规律和要求。学习和应用工业工程应该掌握五种重要意识。

（1）问题与改革意识

工业工程最基本的功能是对企业问题现状的分析和描述，进而通过运用一系列诊断、评价和改进的技术和工具，帮助企业找到解决问题的方向与方法，使各生产要素要达到有效地结合，形成一个有机整体系统。因此，工业工程是基于识别问题基础解决问题的综合技术，工业工程师的基本理念是："做任何工作都会找到更好的方法，改善无止境（There is always a better way)"。为使工作方法更趋合理，就要坚持改善、再改善，因为环境的改变，科技的进步，往往会带来新的更有效率的方法，采用"5W1H"（后面将详细介绍）六大提问技术对当前问题进行反复研究和改进，总能找到更好的方法。否定、肯定、再否定的思维是工业工程师应具备的基本素质要求。

（2）质量、成本和效率意识

工业工程追求最佳整体效益，必须树立质量、成本和效率意识。基于流程识别、精益设计和改善的思想，工业工程可以通过消除过程中可见的和不可见的多种浪费加速价值流程，实现质量、成本与效率目标的一致性。工业工程的基本思维是一切工作应从总目标出发，大处着眼，小处着手，力求节约、杜绝浪费，寻求以成本更低、效率更高的方式实现高品质成果。

（3）工作简化和标准化意识

工作研究可谓是工业工程技术最基础、最核心的内容，其主旨就是以最简单的工具、方法和标准时间完成最有价值的作业，从而以最小的投入获得最大的产出。因此，工作简化是工业工程技术的过程体现，作业方法和工具的标准化是工业工程阶段性成果的体现。只有达到标准化，才能固化阶段性管理和技术改进的成果，成为衡量作业者操作水平和流程水平的标准。在作业方法和工具不断改善的同时，更新标准，推动生产过程向更高水平发展。

（4）整体优化与持续改进意识

工业工程遵循系统管理思想，分析和解决问题要从大处着眼、小处着手。整体优化要求通过分层、有序、关联、一致的做法，实现对问题的诊断和处理。大处着眼是从宏观角度审视企业中问题的性质和程度，将问题的内在属性和外在影响性关联起来，从而找到瓶颈问题和解决问题的出发点。小处着手是指解决问题时要细致、具体，工具、方法要得当，尽量降低因解决问题而带来的风险。问题解决、瓶颈消除和系统优化都是以持续改善为原则和宗旨的，从 P（Plan）、D（Do）、C（Check）、A（Act）到 S（Standardize）、D（Do）、C（Check）、A（Act）的循环改进，是企业的价值创造能力不断上升到新的层面。循环改进过程如图 2-5 所示。

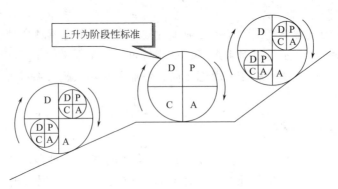

图 2-5　整体优化与循环改进意识

（5）以人为中心意识

工业工程认为人是生产服务系统的主体和最活跃的要素，是资源配置与优化的决定因素，尊重人性和发挥人的积极性是 CIE 尤其强调的关键意识。同样，工业工程认为一线的员工更了解一线的问题，他们的思考、改善往往能够快速、有效的解决生产服务面临的问题。任何一项活动的成败主要在于人，各种新的改进方案的实施更离不开全体员工的认同、参与及配合。只有建立一个合理的激励机制，鼓励人人动脑筋，以时时处处来寻找更有效、更容易实施的方案，全员参与工业工程的推广与改善，改善由小积大，量变引起质变。推广应用工业工程，一定要取得员工的理解和支持，切忌盲目和秘密进行。现地、现物、现时的精益管理原则是工业工程发挥人的能动性的鲜明写照。

工业工程涉及知识范围很广，方法很多，而且发展很快，新的方法不断被创造出来。因此，对于工业工程师来说，掌握方法与技术固然重要，但更重要的是掌握 IE 本质，树立 IE 意识，学会运用 IE 考察、分析和解决问题的思想方法，这样才能以不变应万变，从研究对象的实际情况出发，选择适当的知识和技术处理问题。只有这样才能使 IE 的应用取得理想的效果，有效地实现 IE 目标。

【本节案例】

某企业需要采用油品加注机，所使用的加注机结构式样如图 2-6（a）所示。按照图中的使用情况，每次一桶油都会有深度为 8cm 的浪费，造成了企业生产成本的增加，相应地减少了企业的利润。

针对上述情况，企业对该油桶进行了改善：在吸油管的末端加上一段 5cm 长的软管，可以使每次油品的使用仅有 3cm 深度的浪费，如图 2-6（b）所示。

但是，采用了此种改善方法后仍然会有深度为 3cm 的油品浪费，在一次改善基础上，该公司又进行了二次改善：发明一种重力弹簧压，将其固定在油品加注机机底一侧，随着油品越来越少，油品加注机对弹簧的压力越来越小，在弹簧的反作用力下，油品加注机一端被慢慢升起，使油品向吸油管侧流动。这样，吸油管就可以在更大程度上吸到油品，浪费更少，具体方法如图 2-6（c）所示。

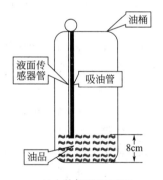
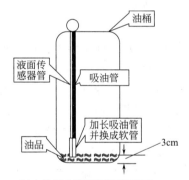
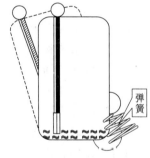

(a) 加注机当前示意图　　(b) 加注机改善吸油管后示意图　　(c) 加注机改善吸油管、增加弹簧后示意图

图 2-6　加注机结构改善前后对比

仅此一项改善，每年就可以为该公司节省 5.42 万元。讨论：

① 上述案例体现了工业工程的那些基本意识？

② 如何理解持续改善的含义？

2.2.5　工业工程的功能

工业工程的基本职能是把人员、物料、设备、能源和信息组成一个更有效和更富有生产力的综合系统所从事的一系列分析、规划、设计、评价和创新的工程活动。

（1）分析与评价功能

分析是对生产和服务系统的存在状态、资源水平、特征和趋势的认知过程。工业工程技术首先要对各类现状进行客观描述，分析其优劣及其原因，存在的问题及问题的程度和复杂性，发展需求及围绕该需求应有的目标等；其次，分析功能提供判断和解决问题的途径、方法，以找到适当的过程与工具；此外，分析功能可以评估按照某一过程和方法对资源的利用效果，进一步存在的问题和持续改进的必要性等。分析功能一般与评价功能配合使用。评价功能是在分析的基础上，针对特定对象或问题而建立起来的相对完整、系统的判断方法，是对现存的各种系统、各种规划和计划方案以及组织和个人的业绩，做出是否符合既定目标或准则的评审与判定过程，如产品功能的可靠性评价、设计方案的经济性评价、生产系统的效率性评价等。评价包括评价方案、评价指标和评价规程的设计，评价方案的应用以及评价结果的判定三个方面。评价是高层管理者的重要决策依据，也是组织避免决策失误、实现组织目标的重要手段。工业工程所建立的"5W1H"分析技术、层次分析法、价值分析、建模与仿真技术等，都是该功能的充分体现。工业工程的管理属性和系统观更强化了人们从重视组织流程、业务流程乃至组织战略的角度分析和优化问题，从而健全了组织宏、微观分析和评价能力。

（2）规划与设计功能

生产系统规划是生产系统能力的首要任务。任何生产系统或服务系统都明确服从和服务于组织的总体发展目标，包括所有关键资源的规模、数量、品质，资源组合与配置方式，投入和产出的顺序、过程、结果的控制等。在任何生产与服务组织中，都需要针对特定阶段的目标进行各种资源、生产系统结构和运作流程方式等做出规划，以便于开展具体设计工作。没有规划，就谈不上生产过程和组织效率。比如，传统的按照大量生产方式而进行的多产品的生产设施往往按照工艺原则进行布局，而按照精益生产原则，则以产品原则结合成组原则布局来大幅降低流程成本、提高效率。这首先是规划的差异所带来的生产运作的不同结果。

设计功能是指为实现规划的目标而创建具体实施系统的前期工程。工业工程的设计功能侧重于制造工程系统和服务工程系统的具体设计，如厂房设计、加工工艺设计、设备设施布局设计、产品质量计划、运营成本计划、存货计划、工作设计与岗位配置等均属于工业工程设计范畴。精益设计是按照流程化方式和彻底消除浪费的原则所进行的组织及其内部系统的设计，精益生产方式被业界和学术界看作是20世纪改变世界的机器，在过去三四十年间带动了全球各种制造产业快速发展的模式。进入21世纪，精益生产方式越来越受到的人们的重视，制造业以外的其他产业也在学习和应用精益生产方式提升竞争力。由于我国长期计划经济的影响和系统管理科学的缺失，我国制造业的生产管理方式相对落后，直至现在仍然以粗放的大量生产方式为主，对精益生产的需求极为迫切而现实，其他行业的精益管理需求也日趋明显。因此，精益设计是我国工业工程技术体系中尤为重要的内容。

工业工程设计功能不局限于对生产服务系统的初步设计或一次设计，而是要根据生产服务系统运行的过程水平和结果进行改善设计和持续改善设计。

（3）运行与控制功能

运行是指各类生产要素按照规划和设计的要求在生产系统中进行组合配置的过程，这个过程中，投入方式和产出方式都要达到相应的数量、质量、速度、安全和环境的标准，需要对生产或服务过程的具体内容提出规范。工业工程的重要功能就是要按照各项规范运行，从而保障获得满意产出结果的过程。运行功能就是对生产运营系统功能的实现与保障的过程。控制功能是指为了实现运行标准而采取的事前的预测性控制方法、过程中的调节方法以及事后的修正或返工等方法，以保障最终成果有效性的措施。生产中标准作业的制定是一种事前控制方法，标准作业的执行是运行功能的体现。类似的还有成本控制、质量控制、资金控制、库存控制、可靠性控制等具体方法。

（4）改善功能

组织或生产系统设计不可能在一次设计后就获得满意的产出，要根据组织运行状态诊断或生产系统投入产出分析对影响效率或效果的主要环节进行修正、改进或补充，使其不断超越原有的水平，这就是改善功能。工业工程遵循持续改善原则，亦即对任何目标、过程和结果都要不断地分析、评价，寻求改进和提升，以追求尽善尽美。工业工程中的改善既包括对组织结构的改善，也包括对生产流程、设备布局及效率、作业方法乃至细微动作的改善，改善的基础是不断学习、实践和团队合作。

（5）创新功能

创新是对现存各种系统的结构方式、运行模式、发展目标等进行崭新的、富于创造性的活动。创新是系统的一个重要属性。如果没有创新，一个系统，不论其为一种产品、一台机器、一条生产线、一个企业还是一个部门都将随着时间而耗损、老化、无序、僵化乃至失效衰亡。工业工程的创新要求从系统的整体目标和效益出发，把各种相关的资源和信息更加系统化的结合，建立更具效率、效果的过程和方法，如从传统的大量生产方式向精益生产方式的转变就是以此系统创新。工业工程也非常支持微观创新思维和活动，如用标准作业代替非标准作业过程、培养多技能员工替代单一技能员工等。

【本节案例】

习以为常的事情同样需要而且可以进行改进和创新。看病难是许多人的共识，有时一点小病要在医院折腾半天，而实际看病的时间只有几分钟，大部分时间花在寻找、排队上。从IE 的观点看，这都是无效时间，应大力削减直至为零。有无简单有效的方法解决呢，回答是肯定的，这里可略举几条。

① 在医院的醒目处设置"详细的"导医牌　为什么"详细的"要加引号？因为许多医院已有这种牌子，但只是粗略的分布图，很粗，病人不是专业人士，有些病人不知道该上哪个诊室，常常好不容易等到医生看了，又说是找错了门，还得重新排队，病人连急带悔，病又加重了，所以设置详细的、一目了然的导医牌是非常有必要的，如果再配上导医人员，其效果更佳。

② 在窗口的设置位置上做文章　现在许多医院的窗口设置不是规范的，常常划价的在东边，缴费的在西边，取药的在一楼，化验的在三楼，病人拿药得东跑西颠。如果能调整各窗口位置，使其相对集中，按照病人治疗流程布局，那么病人就能少跑许多冤枉路，使其就医时间缩短。

③ 简化缴费程序　医院看病的程序是挂号、看病、划价、缴费、取药，中间还可能加化验（要先缴费）。这个程序是否能简化呢，占用时间最长的往往是缴费、开票、数钱、找钱，是否可以借用信用卡的方式呢？像买电话磁卡似的买一张额度（如 20 元、50 元、100元不等）的结算卡，每次看病后直接由划价员在上面记上所花的费用，省去数钱、找钱的麻烦。当一张卡用完或还有零头时，可再买一张卡，由售卡员直接将零头加在卡上，需要发票者持卡去开票，这样可节省很多时间。当然这种方法对固定去一家医院的（人们往往有此习惯或规定）病人特别适宜，如偶尔去某医院的散客就无须买卡，可沿用老方法，这样起到一个分流的作用，可使病人看病的时间减少。

2.2.6 工业工程人才的素质结构

2.2.6.1 工业工程师的定位

从应用角度来看，工业工程是一种技术职业，从事这种职业的人员自然也相应地称为工业工程技术人员（如工业工程师）。他们的职责主要就是把人员、物料、设备、能源和信息等联系在一起，以求得有效的运行。他们主要从事生产系统的设计和改善（即再设计），他们要处理人与物、技术与管理、局部与整体的关系。所以，IE 人员不仅要有广博的知识，而且要注意应用这些知识的综合性和整体性，才能达到 IE 的目标。

美国工业工程学会给这类职业人员下的定义是："工业工程技术人员是为达到经营者的目标（目标的根本含义是要使企业取得最佳利润，且冒最小风险）而贡献出技术的人。工业工程技术人员帮助上下各级管理人员、在业务经营的设想、计划、实施和控制方法等方面从事发明与研究，以期达到更有效地利用人力和经济资源。"

国外工业工程学科范围比国内广，工业工程的职责也比国内多。综合国内当前情况，工业工程师主要服务于制造领域。如汽车公司的工业工程师，其主要职责是推进公司"5S"、全员效率保全（由全面设备维修发展而来）（Total Productive Maintenance，简称 TPM）、标准作业的制定与标准作业的执行、生产计划的制订等基础活动；培训并指导全员改善，并对改善效果进行评审；负责公司重大问题的专项改善；对生产一线员工定员核算、制定绩效考核标准、指导新员工培训等。

2.2.6.2 工业工程师的知识结构

工业工程的管理与技术属性决定了工业工程师应具备以下专业理论知识和相关知识。专业理论知识根据工业工程研究方向的不同，对所列科目可以增删，有所侧重。

① 具备机械工程（机械制图、机械原理、机械设计、理论力学、材料力学、金属工艺学、互换性与技术测量、液压与气压传动等）、电子工程（电工电子学、单片机等）、信息工程（自动控制原理、机电传动控制等）等方面的基础知识。

② 具备工业工程学科基础理论，如管理学、运筹学、系统工程、组织行为学、管理心理学、宏微观经济学、财务会计、项目管理等。

③ 掌握工业工程的专业知识，如基础工业工程、质量管理与可靠性工程、供应链与物流管理、生产计划与控制、成本工程、人因工程、管理信息系统、人力资源管理、安全工程等。

④ 掌握计算机基本知识，如能够了解一到两门计算机语言，掌握基本的信息化工具（Office、CAD、数据库等），会一到两个仿真软件（Flexsim、Arena、Witness 等）。

⑤ 掌握人文、历史、地理和宗教等方面的基础知识。

⑥ 掌握我国经济技术方面的法律、法规，熟悉有关的技术法规、标准和规范。

⑦ 学习国内外工业工程研究与应用的论文与著作，国内专业期刊如《工业工程》与《工业工程与管理》，工业工程书籍如《改变世界的机器》、《精益思想》、《丰田生产方式》、《丰田汽车案例》、《丰田文化》和《六西格玛管理》等。

2.2.6.3 工业工程师的技能结构

洞察与试验能力、调研与研究能力、综合集成能力、协调沟通能力、语言与文字表达能力、计算机运用能力、外语阅读能力，生产系统设计和计划管理能力、项目管理能力、质量改善与效率提升能力。

【复习思考题】

1. 什么是工业工程（IE）？试用简练的语言表述 IE 的定义。

2. 工业工程的内涵是什么？

3. 工业工程学科的主要特点是什么？如何理解 IE 的本质？

4. 简述工业工程的技术体系。

5. 工业工程在实践中应该遵循哪些原则？

6. 什么是 IE 意识？具体有哪些？

7. 工业工程的基本功能是什么？

8. 简述工业工程师需要哪些知识。如何成为一名优秀的工业工程师？

9. 案例分析

① 鞍钢化工总厂的推焦机司机岗位，过去作业循环时间为 9 分 44 秒，运用 IE 的方法研究，取消了不必要和不合理的操作动作，简化、合并了可同时完成的动作，使操作动作由 64 个简化为 23 个，操作时间由 9 分 44 秒缩短为 6 分 47 秒。新制定的工作标准、程序简明、合理，操作安全，高效省时、省力，深受工人欢迎。

② 科龙是国内企业较早大规模开展工业工程工作的企业之一。1993～1994 年，科龙公司结合冰箱生产线的改造开展了以改进工序作业为中心的生产线平整等工业工程工作。从 1996 年 5 月开始，对包括产品开发、制造和营销等活动在内的企业全过程进行整体优化和改善。

科龙公司以应用工业工程为契机，从经营战略决策支持、生产系统制造水平、供应管理、成本管理、人力资源发展等方面全面提升了企业的管理水平，增强了企业核心竞争力，取得了良好的应用效果。从实施阶段来看，取得了可观的经济效益：资金占用年平均降低 8%，产品可比成本年平均降低 0.6%，年降低产品开发费用等约 400 万元，合计年直接增收 3000 万元以上。

讨论：

① 上述案例使用了工业工程中的什么技术手段或方法？体现了工业工程的哪些功能和特点？

② 列举工业工程的技术手段和内容体系，说说应该如何综合运用来体现其整体性和系统综合性。

第3章

经典工业工程理论体系

【开篇案例】

弗兰克·吉尔布雷斯（Frank Bunker Gilbreth，1868—1924）是一位优秀的建筑师，在建筑领域有诸多发明，并在1895年在波士顿登记注册了自己的建筑公司。1885年他进行了著名的"砌砖实验"。他发现建筑工人砌砖时，所用的工作方法及其工作效率均不相同。于是他开始研究采用哪种方法砌砖是最经济、最高效的。他分析工人砌砖的动作，发现工人每砌一块砖，先用左手俯身拾取，同时翻动砖块，选择其最佳一面，用于堆砌时放置外向。此动作完成后，右手开始铲起泥灰，敷于堆砌处，然后左手放置砖块，右手再持铲子敲击砖块数次，再以固定。吉尔布雷斯细心研究这一周期性动作，并拍成影片详细分析。他发现工人俯身拾砖，容易增加疲劳度；左手取砖时，右手闲置，存在浪费；而再用铲子敲击砖块的动作纯属多余。于是经过反复测试，得出一个砌砖新方法：砖块运至工作场地时，先令工资较低的普通工人加以挑选，置于一个木框中，每框90块砖，其最好的一面或一端置于固定方向。木框悬挂在砌砖工人左方身边，当左手取砖时，右手同时取泥灰；同时改善泥灰的浓度，使砖放置其上时，无需敲打即可固定。经此改善后，在砌外层砖时，把砌每块砖的动作从18个减少到4.5个；在砌内层砖时，把动作从18个减少到2个，砌砖效率从每小时120块提升至350块。经过吉尔布雷斯的动作分析，确定了当时最好的砌砖方法，由此发展成为日后的动作研究。

1912年，吉尔布雷斯在泰勒的影响下，放弃了收入丰厚的建筑业，逐步进入管理咨询行业。1912～1917年，他在美国普罗维登斯的新英格兰巴特公司做了一系列管理实践，由于他出色的研究成果，很快就赢得了"管理专家"的荣誉。1924年6月14日，正在准备参加布拉格国际管理大会的吉尔布雷斯因心脏病发作突然去世，年仅56岁。弗兰克·吉尔布雷斯在动作研究方面的杰出贡献使其享有"动作研究之父"的美誉。

莉莲·吉尔布雷斯（Lillian Moller Gilbreth，1878—1972），心理学家与管理学家，她开创了美国诸多第一，如1915年成为美国第一个获得心理学博士的女性；1921年她成为美国机械工程师协会的第一位女性会员；1931年她获得吉尔布雷斯奖章，是迄今为止获得该项奖章的唯一女性；她还是获得甘特奖的金质奖章和CIOS（国际管理科学委员会）金质奖章的唯一女性；1935年成为普渡大

学管理学院第一位女教授；1938 年当选为"有行使美国总统权力才能"的 12 位妇女之一，在二战期间担任战时政府顾问；1966 年为表彰她作为一名工程师在公共服务领域里的突出贡献，她被美国政府授予胡佛奖章；综合其一身的成就，她被誉为"管理学的第一夫人"。

莉莲与弗兰克于 1904 年结为伉俪，管理思想史学者雷恩这样评价这对夫妇的相识："弗兰克和莉莲结婚这件事是现代管理学的运气，因为他们二人可以互相补充，他们各自思想上的兴趣以及掌握的知识的结合使管理学进入了一个新的领域。"在生活之余，她与丈夫共同完成多项研究，1916 年发表《管理心理学》，之后与丈夫一道发表诸多著作。她是一位伟大的母亲，养育了 12 个孩子，在培养孩子方面有自己独到的理念与方法；并在丈夫去世后接手并完成丈夫未完成的事业。

1912 年，吉尔布雷斯夫妇进一步改进动作研究方法，把工人操作时的动作拍成影片，创造影片分析法，对动作进行更细微的研究，提出动素的概念，将人的动作归纳为 17 个[后由美国机械工程师协会增补"发现"（Find）动素，共 18 个]动素（Therblig，是 Gilbreth 本人名字的反写，"th"作为一个整体），并提出动作经济性原则。1921 年，他们创造生产程序图和流程图，为分析和建立良好的作业顺序提供了工具，至今依旧在使用。他们在技能研究、疲劳研究和时间研究方面也有卓越的成就，尤其重视生产中人的价值、作用及其对工作环境的反应，提出差别计件工资制。吉尔布雷斯夫妇的主要著作有：《现场法》、《勤奋的人未必成功》、《混凝土法》（Concrete System，1908）、《砌砖法》（Bricklaying System，1909）、《动作研究》（Motion Study，1911）、《疲劳研究》（1916）、《对残疾人的动作研究》（1920）、《时间研究》（1920）。

吉尔布雷斯夫妇是第一个把工业工程从一种简单的试验和经验积累，通过研究分析变成一种比较科学的办法，开创了系统性的动作研究方法，并运用在实践中，这些使他们成为与泰勒并列的工业工程开山鼻祖。

【讨论题】

1. 什么是动作研究，如何考虑人的因素？
2. 读完这个案例有何感想？

【学习目的与要求】

学习目的：通过本章的学习，理解经典工业工程理论体系的内容与方法，逐步建立工业工程的流程观，了解吉尔布雷斯夫妇在动作研究领域的成就。

学习难点：5W1H 如何问到底，找到问题的本质；工业工程流程观。

学习重点：工作研究的内容，工业工程流程观。

3.1　工作研究概述

3.1.1　工作研究的基本体系

3.1.1.1　工作研究的历史

（1）泰勒的贡献与科学管理的产生

十九世纪末以前的一段时间中，美国工业出现前所未有的资本积累和工业技术进步。但是，当时工业上主要是以传统管理办法，依靠工厂主的经验，并且通过粗暴的方式增加劳动时间和劳动强度来压榨工人的劳动价值。随着工人队伍的壮大和工会作用的发挥，劳资双方矛盾严重激化，两个突出问题摆在面前：一是落后的生产组织、控制方式使工业资源产生大量浪费，不能产出应用的价值；二是工人劳动效率很低，劳动者对资本家强烈不满，不能从工作中获得应有的报酬，资本家同样不能从生产过程中获得更多的利润。这种背景下，弗雷德里克·温斯洛·泰勒（Frederick Winslow Taylor，1856—1915）经过毕生的努力，建立了解决工厂现场生产效率的系统方法——科学管理。

泰勒一生致力于科学管理研究和实践，发表了很多著作，1895年发表《计件工资制》，1903年出版《工场管理》，1906年出版《论金属切削技术》，1911年发表《效率的福音》，同年发表著名的《科学管理原理》，转年出版《科学管理》，系统提出了划时代意义的科学管理思想和科学管理方法。

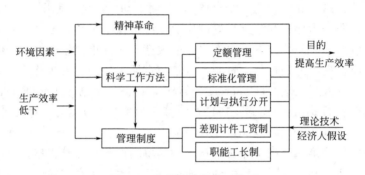

图 3-1　泰勒的科学管理体系

泰勒制首先是以当时社会劳资关系紧张和生产效率低下的现实为依据，将工人视为经济人的社会特征，为提高生产效率而建立的一套完整的科学管理体系，如图3-1所示。泰勒在《科学管理原理》中归纳的提高生产效率的四项原则如下。

第一，对工人工作的每一个要素开发出科学的方法，用以代替经验方法。泰勒长期开展对劳动者所使用的工具和操作方法的研究和实践，可以使劳动者用合适的工具和科学的方法大大提高劳动效率。这就是典型的动作研究。

第二，科学地挑选工人，使其从事的具体工作与劳动者的身体条件相匹配，并对他们进行培训、教育，使之成长。这就有效地发挥了工人的特长，激发了工人的积极性，这方面的工作就是早期的工作分析和工作设计。

第三，提倡雇主与工人衷心合作，保障所有工作按照确定的科学方法进行。这样做的理由是工人可以从高效的劳动中获得更高的工资，而资本家也在此中获得更多的利润，二者在利益上基本是一致的，因此泰勒提倡在劳资双方间开展以合作为主的精神革命。

第四，认为管理者和工人在工作与职责划分上几乎是平等的，管理者应承担更深入的工作。泰勒在提倡平等合作方面做出了积极地尝试。

在四项原则下，泰勒有针对性地建立了科学的管理制度和工作方法，要求将工厂的计划职能与执行职能相分离，建立定额管理和标准化管理，包括工具的标准化和工作方法的标准化，通过实施工长制，在工人中选拔出色的人员担任现场管理者，通过实施差别计件工作制，极大激发工人的工作热情，从而提升了生产效率。

泰勒的理论核心是通过找到最佳工作方法，降低生产成本，追求最高生产效率。虽然泰勒及其追随者所建立的科学管理理论有时代的局限性，但是，泰勒的科学管理思想和系统方法，不仅使美国在 20 世纪初迅速发展成为世界第一工业大国，而且对整个欧洲和亚洲部分国家和地区的工业经济发展做出巨大贡献。

相比较而言，我国从 20 世纪 80 年代比较系统的引进西方管理方法，科学管理才逐渐被了解，直至现在，我国的工业企业仍然严重缺乏应有的科学性和规范性，在动作研究、时间研究、工作设计、作业标准、设备和工具使用、现场员工专业技能培养方面，与科学管理的差距仍然很大。大致而言，在科学管理理论方面，我国与美国和欧洲发达国家存在 70 年的时间落差，在科学管理实践上，这种差距更大。因此，科学管理对我国工业企业乃至所有的产业而言，意义仍然十分重大。

随着科学管理体系的发展和完善，在特定历史条件下，工业工程作为社会普遍接受的一门科学和管理技术诞生了，而早期工业工程的核心内容就是科学管理体系，被称之为工作研究。

（2）吉尔布雷斯夫妇的动作研究

正如本章开篇案例所介绍的，吉尔布雷斯夫妇受泰勒的影响，在动作研究、时间研究、疲劳分析和动作经济性研究方面做出了突出贡献。

为了建立高效的工作方法，吉尔布雷斯夫妇长期开展深入的动作研究和时间研究工作，通过目视分析、影片分析等方法，研究操作者的作业过程和动作构成，分析动作中的合理的和不合理的成分，通过消除不合理动作，减少作业中动作数量，改进作业方法，从而降低操作者的疲劳强度，使其以最经济、合理的方式，在最短的时间内完成作业。在细微动作分析中，开发了十七个细微动作要素，为预定动作时间研究奠定了理论基础。吉尔布雷斯夫妇还对人的身体部位、操作场所的布置和工具使用方面，提出了动作经济性原则，很好地完善了工作研究体系。

（3）甘特的贡献

亨利·劳伦斯·甘特（Henry Laurence Gantt，1861—1919），美国管理学家、机械工程师，泰勒的追随者和合作者，科学管理运动的先驱者之一，在科学管理方面其重要贡献之一是创造了"甘特图"（Gantt Chart）。甘特图也称生产计划进度图。通过绘制甘特图，可以通过生产活动列表和设定时间刻度，形象地表示出任何待生产活动的顺序与持续时间，现在常常被用来制订各类项目的进度计划。甘特图是一种用线条表示的综合计划安排，横轴表示时间，纵轴表示要安排的活动，线条表示在整个期间上计划的和实际的活动预计安排或完成情况。甘特图直观地表明任务计划在什么时候进行以及实际进展与计划要求的对比，用于解决资源负荷和排序问题，能使管理者预先为项目各项活动做好进度安排，然后随着时间的推移，对比计划进度与实际进程开展比较分析和监督，并可以按照需要适时地对资源和时间进行调整，使整个项目按期完成。同时，甘特还提出了"计件奖励工资制"，即除了支付日工资外，超额完成定额的，超额部分以计件方式发给奖金，完不成定额的只支付日工资。这种制度使得工人感到收入有保障，劳动积极性因而提高。

（4）埃默森的 12 项效率原则

哈林顿·埃莫森（1858—1931）是为发展中的美国工业找到节省时间和开支方法的新型"效率工程师"的代表人物，其主要著作有《效率是作业和工资的基础》、《效率的 12 条原则》等。埃默森在 1912 年提出了关于提高工作效率的 12 项原则，分别是：组织成员要有理想，要明确组织目标，并协调个人目标与组织目标的矛盾；管理人员要不断吸收新知识，广泛征求各方面的意见；要通过充分的协商进行决策；组织要纪律严明；待人公平；要有可靠、及时、精确、经常的记录；实行工作调度，对生产进行统一安排和控制，使部门工作服从整体的要求；要规定标准工作时间，工作方法和工作程序；工作环境标准化，以减少人力与金钱的浪费；作业标准化，以提高工作效率；用书面进行正确作业指导，以迅速有效地实现企业目标；对提高效率的行为进行奖励。

埃莫森从组织管理的高度系统丰富了泰勒对科学管理的思想和方法。

（5）工作研究的产生

工作研究是工业工程体系中最重要的基础技术，源于泰勒提倡的通过工作方法和使用工具的改进，不断降低生产成本，提高效率的思想，形成于包括生产过程有效性研究、操作方法研究、动作研究和时间研究的综合成果。1915年、1924年泰勒和吉尔布雷斯相继去世以后，泰勒研究会重点推广"时间研究"，工业工程学会重点研究和推广"动作研究"。20世纪30年代，双方都认识到"时间研究"和"动作研究"是相互联系、不可分割的；于是，在1936年两学会合并为"管理促进协会"（The Society Advancement of Management，SAM），时间研究和动作研究结合为一体。动作研究在发展中融入操作和作业流程的研究，逐步形成为"方法研究"（Method Study）；时间研究也得到了很好的发展，尤其是40年代以后诞生了多种预定时间标准的方法，它们可以说是动作研究与时间研究的完美结合。"时间研究"也就更名为"作业测定"（也称工作衡量法，Work Measurement）。至此"方法研究"与"时间研究"两部分结合在一起统称为"工作研究"。

为此，工作研究可以定义为：以生产或服务系统为研究对象，旨在不增加投资或很少投资的情况下，通过对作业系统进行分析、设计和改善，寻找到最经济有效并适宜人员操作的工作方法和工作时间，从而达到人员、物料、工具、机器和环境等资源的最佳利用，以实现保证质量的同时达到提高生产效率和降低成本的目的。

3.1.1.2　工作研究的原理、任务及内容

工作研究的基本原理是在做同一件事（或任务）时，通常总是有许多不同的方法（方案），然而，若对各种方法进行科学的研究和分析，如对人、材（财）、设备、能源、厂房、信息等进行分析研究和综合平衡后，总会发现有一种方法（方案）在当时、当地条件下是最可行、最有效的。选取当前满意方案后，根据工作中的操作步骤与方法、工具、作业时间等制定标准作业，并对工作人员进行培训；同时将实际作业与标准作业进行对比，发现标准作业的不足，找到更好的方法，将更好的方法融入标准作业中形成新的标准作业，循环往复，不断改善。

工作研究的任务可以概括为以下五个方面。

① 寻求最经济、最有效的工作方法，以提高生产率。要提高生产率，主要是消除无效劳动和各种资源（时间、原材料和能源等）的浪费。

② 公正地评价和分配成果。通过制定最佳的工作程序、操作规程和合理的标准时间，让员工的工作遵循标准；同时也能客观、定量地评价职工的工作，更好地实行按劳分配。

③ 保证良好的工作环境。克服只重技术、轻管理，不重视环境的弊病，避免人为的危险和破坏环境的现象。

④ 提高企业管理水平。有了工作标准和时间标准，就有了编制生产计划、作业计划、产品定额成本和考核生产成果、分配生产奖金的基础。

⑤ 保证工人心理健康。人是社会化的人，需要合理的休息来调节心情，需要工作环境适当营造良好的工作氛围，从而保持健康的心态。

工作研究包括方法研究与作业测定，两者密切联系。方法研究是作业测定的前提，其实施效果要运用作业测定来衡量；作业测定用于制定经济合理的方法完成工作所需的时间标准，从而减少人员、机器和设备的空闲时间，努力减少生产中的无效时间。进行作业测定的基础是工作方法的合理化和标准化。

图 3-2 在反映工作研究的内容的同时也体现了方法研究与作业测定两者之间的关系。方法研究主要由程序分析、操作分析与动作分析构成，作业测定主要由直接法（秒表法、工作抽样）和间接法（预定时间标准法和标准资料法）构成。

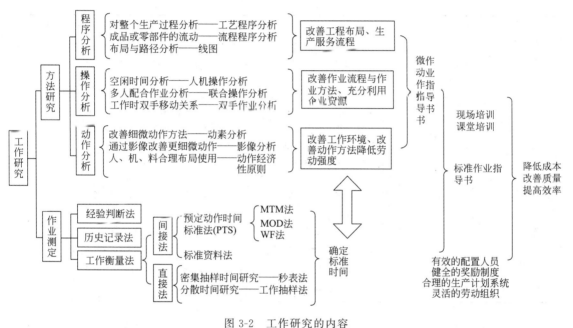

图 3-2　工作研究的内容

（引自：台湾交通大学陈文哲著作《工作研究》，1979 年第 14 版影印本）

3.1.2　方法研究概述

3.1.2.1　方法研究的定义和目的

方法是人们进行工作和生活所运用的整体手段的组成部分，人们利用方法来完成自己所要做的事情，好的方法可以帮助人们以有限的资源求得最高的产出，从而降低成本，提高生产率。

方法研究是对现有的作业系统和工作方法进行系统的记录和分析、改进，以寻求最合理、最经济有效的工作程序和操作方法的一种管理技术。

方法研究始于动作研究，以个别人、个别作业的操作方法研究为主。现已发展为包括作业系统设计、作业方式设计以及生产线的组织设计等技术，涉及人（Men）、机（Machine）、料（Material）、法（Method）、环（Environment），4M1E 的多层次分析技术系统。

方法研究的目的是提高劳动效率和降低劳动强度。具体来说是通过改进工艺和管理流程来消除工作中的不合理和不必要环节；改进工厂、车间和工作场所的平面布置，缩短工艺和运输路线；改进对物料、机器和人力的使用，提高生产率；减轻劳动强度，消除劳动生产中不必要的体力消耗；改进工作环境，改善劳动条件。

3.1.2.2 方法研究的内容

方法研究包括程序分析（Process Analysis）、操作分析（Operation Analysis）和动作分析（Motion Analysis）三个层次的技术，分别对应于工序（工艺）、作业和动作三个层面，由粗到细（表3-1）。一般首先着眼于整个工作系统、生产系统的整体优化（程序分析），然后再利用作业分析技术深入解决局部关键问题，进而使用动作分析解决微观问题，最终达到系统整体优化的目标。

表 3-1 方法研究的主要分析技术

类别	分析技术名称	技术特点分析
程序分析	工艺程序图分析	改善整个生产过程中的不合理的工艺内容、工艺方法、工艺程序和作业现场的空间配置，含有工艺程序的全面概况及各工序之间的相互关系，并根据工艺顺序编制，注明所需时间
	流程程序图分析	进一步细化制造过程，将之区分为"操作"、"搬运"、"检验"、"等待"、"存储"等生产活动，通过减少无效劳动环节来减少浪费，降低成本
	线路图分析	以作业现场为对象，对现场布置及物料和作业者的实际流通路线进行分析，以达到改善现场布置和移动路线，缩短搬运距离的目的
操作分析	人机操作分析	对于单人单机或单人多机的作业操作，分析人和机器的相互配合以提高人机利用率
	联合操作分析	分析多人单机操作，以提高多人间的操作配合程度，平衡工人工作量
	双手操作分析	记录双手动作，经过分析、改善，提高工作效率
动作分析	动作要素分析	将作业划分为动作要素，分析每一动作要素与其他动作要素的关系，以达到简化动作，提高效率的目的
	影像分析	以摄像机为工具，记录作业的操作活动，分析操作的合理性并加以改进
	动作经济性原则	按照动作经济性原则对作业方法、工作地布置、工装夹具进行设计与改善

工序是指一个工人或一组工人，在一个工作地上，对一个劳动对象或一组劳动对象进行加工，完成生产过程中的一部分，如加工工序、检验工序和运输工序。一道工序要求操作者、操作对象和操作工具（包括设备、工作地）均不变，否则就不是一道工序。

操作是工序的组成部分，是工人为了达到一个明确的目的，使用一定的方法所完成的若干动作的总和。

动作是手工操作的构成因素，指工人接触物件、移动物件或离开物件的行为。

程序分析也称工程分析或流程分析，是以整个生产工艺过程作为研究对象，又可细化为生产工艺、物料活动、人员活动和物流线路等分析，在图表技术上分别以工艺程序图、流程程序图（人型、物型）、线路图予以实现。

操作分析也称作业分析，研究以人为主体的工序作业要素，确定人、机、物的科学合理的布局和安排，图表技术上包括人机操作分析、联合操作分析、双手操作分析技术。

动作分析研究人在进行各种作业时的身体动作，以排除多余的动作，减轻疲劳，包括动作要素分析、影像分析、动作经济原则等。

3.1.2.3 方法研究实施的基本程序

方法研究使用的各种技术可以解决大到整个工厂的布局问题，小到个人的重复劳动问题，其通用的分析过程如下。

（1）选择准备研究、改进的工作对象

方法研究的对象十分广泛，全部生产过程以及企业的各项活动都可以成为方法研究的对象。工业工程师应有"凡事总有更好的方法"的原则，永远抱着怀疑和改进的态度，来发现问题，确定改进的工作对象。在选择研究对象时，必须考虑以下的因素。

① 经济因素　考虑该项作业在经济上有无价值，或首先选择有经济价值的作业进行研究。如生产的"瓶颈"工序、长距离的物料搬运、需大量人力或反复搬运的物体的操作等。

② 技术因素　必须查明是否有足够的技术手段来从事这项研究。例如某车间由于某台机床的切削速度，低于生产线上其他高速切削机床的有效切削速度，从而造成"瓶颈"。要提高其速度，需验证该台机床的强度能否承受较快的切削速度，必须请教机床专家。

③ 人的因素　有句不太恰当的说法，人是最不可靠的机器；因为人是有思想的，往往不愿意改变现状，也有工作研究后总劳动量降低后被裁员的忧虑。所以开展方法研究不但要提高企业的生产率，更要提高员工的收入，方法研究不是让工作更辛苦，而是更轻松，并合理转移剩余劳动力，只有这样才能够得到他们的支持，激发他们的改善热情，提出诸多宝贵意见，使方法研究更深入地进行。

（2）调查了解并详细记录现行方法

方法研究能否收到效果，在一定程度上取决于记录是否准确与详尽。记录是通过查阅数据和现场观察之后，采用一些符号和图表把现行方法的全部事实表示出来。符号包括生产过程的工序符号和动作要素的符号等，图表包括工艺程序分析图表、流程程序分析图表和人机联合分析图表等。此外，还可用摄影机和录像机对现行工作方法进行记录。

（3）严格分析记录的事实、寻求新的方法

事实记录下来后，需对每一项进行考察以寻求改善的新方法。通常采用"5W1H"法（提问技术）和"ECRSI"分析原则，并把它们结合起来进行分析研究。

（4）建立新的标准工作方法

对于要改进的部分，一般需设计若干新方法，从中评选出最佳方案，经过必要的试行或检验，可以将之标准化，形成规范性指导文件。

（5）定期检查、推动标准方法的实施

在开始推行一种新的工作方法时，一般存在两种困难：一是不了解，二是不习惯。所以需要广泛宣传新方法的内容、意义和实实在在的好处，还要对职工进行新方法的技术培训，并加强现场指导。推行时，不要急于求成，要允许职工有一个熟悉和适应的过程。

（6）对标准方法进行改善

标准不能够死板，需要持续改善，要根据实际情况，融入更好的方法对原有标准进行改善，形成新的标准。

3.1.2.4　方法研究的技术方法

方法研究的六步基本程序中，第二步和第三步往往需要管理技术的支持。调查、记录方法可参照本章后续章节，下面介绍一些常用的分析、改进方法，主要包括 5W1H 提问技术和 ESCRI 原则等。

5W1H 提问技术是一种询问考查方法，如对一道工序或一项操作都是从原因、对象、地点、时间、人员和方法六个方面提出问题进行考查，如表 3-2 所示。

表 3-2 5W1H 提问技术

考察点	第一次提问	第二次提问	第三次提问	结 论
	分析现状	提出问题	寻求改善	新的方案
对象（What）	做什么	为何要做它	是否有更合适的对象	应该做什么
原因（Why）	做的必要性	理由是否充分	有无新的理由	应该如何做
地点（Where）	在什么地方做	为何在此地做	是否有更合适的地方	应该在什么地方做
时间（When）	在什么时间做	为何在此时做	是否有更合适时间做	应该在什么时间做
人员（Who）	由何人做	为何由此人做	是否有更合适的人做	应该由谁做
方法（How）	怎样做	为何这样做	是否用别的方法做	应该如何做

5W1H 需要就其中的一个方面反复问为什么，只有反复问才能够找到问题的根源。对于一种现象连续问 5 个为什么，说起来容易，做起来很难，很多情况下问到第三个为什么的时候就停止了，如表 3-2 所示只是到了第三个为什么。以下是大野耐一在《丰田生产方式》一书中举出的并广为流传的、关于原因（Why）的 5 个为什么的案例。

现场人员发现一台机器不转动了，于是开始提问：

① "为什么机器停了?" 　回答："因为超负荷保险丝断了。"

② "为什么会超负荷?" 　回答："因为机器轴承部分润滑不够。"

③ "为什么润滑不够?" 　回答："因为润滑泵吸不上油来。"

④ "为什么吸不上油?" 　回答："因为油泵轴磨损松动了。"

⑤ "为什么磨损了?" 　回答："因为没有安装过滤器混进了铁屑。"

安装了过滤器后，因为可能混入的铁屑所导致的一系列停机问题就得到根治了。当然问为什么时也不能够将问题扩大化，如问为什么没有安装过滤器，回答为厂长经营不善，要求更换厂长，问题就扩大化了，不利于解决实际问题。

4M 条件设问是另一种提问技术，它从人（Man）、机（Machine）、料（Material）、法（Method）四个方面考查生产现场情况。比如，设备是在最大限度使用吗？能充分利用间歇时间吗？测量仪表有效利用了吗？操作要求明确吗？人员配备是否到位？工作认真负责吗？原材料是否存在浪费、闲置现象？供应充足吗？

ECRSI 原则也称 "ECRS" 原则，后来有学者又增加了 "I" 原则，它是改进、建立新方法的五种原则，必须灵活运用。

① 取消（Eliminate）——取消一切不必要的工作。提问技术中不能满意答复的，就属于非必要内容，应予以取消。

② 合并（Combine）——如不能取消，则应考虑可否将两个或更多活动合并。

③ 重排（Rearrange）——重排所有必需工作的程序。通过改变工作程序，使工作的先后顺序重新组合，达到改善工作的目的。

④ 简化（Simple）——在经过取消、合并、重组之后，再对该项工作进行深入的分析研究，使操作方法、动作和流程尽量简化。

⑤ 改善/新增（Improvement/Increase）——对现有的工作方法或工具进行改善，有时要增加必要的设备与工具。

3.1.3 作业测定概述

3.1.3.1 作业测定的概念

国际劳工组织的工作研究专家为作业测定下的定义是："作业测定（工作衡量）是运用

各种技术来确定合格工人按规定的作业标准，完成某项工作所需的时间。"

作业测定要求具备以下三个条件。

第一，被研究对象是合格的操作者。所谓合格操作者，是指被研究者经过某项工作特定方法的训练，在工作技巧、生理和心理状况方面都满足完成该项操作的需要。

第二，在标准状态下工作。作业测定的目的在于衡量工作，获得工作的标准时间，此时时间标准的制定必须在标准状态下进行，否则会产生很大差异。所谓标准状态是指：标准工作方法与设备，包括标准工作程序、标准机器设备、标准动作、标准作业参数（如进给速度、回转速度等）以及标准工具、辅助器具；工作环境标准化，对作业场所的照明、色彩、温度、湿度和噪声等有一致性的要求；工作过程中，操作者具备标准生理状态，作业过程不受生理因素影响。

第三，能以正常速度（也称标准速度）工作。所谓正常速度，是指通过系统培训，作业者在不损害身体健康的前提下，能够完成作业过程的最快平均速度。

在实际运用中，完全做到这个三个标准的确很困难，很难以判定选择的操作者正好是"合格操作者"。完全相同的标准环境很难，怎么定义标准速度也很困难，这些需要工业工程师根据企业实际酌情考虑。

3.1.3.2　作业测定的目的与应用范畴

作业测定应用的范围极广，从企业经营管理和生产管理实践领域分析，主要适用解决下述问题。

① 决定工作计划与进程　任何产品生产的管理计划，都必须对可支配性资源的可行性进行分析和测试，作业测定提供编制生产计划和生产进程的基础资料，包括确定执行工作方案和利用现有生产能力所需要的设备和劳动力质量和数量。

② 提供决定标准成本的基础资料　企业成本不外乎人工、物料和费用，劳动力成本管理资料是通过作业测定确定并用以延展为确定标准成本的必要基础，因此，作业测定可以提供企业全部组织活动和管理所必要的基础资料。

③ 在实际生产制造前，提供产品成本估算、投标报价和确立销售合同的基础资料。

④ 确定机器利用率指标和劳动定额，决定机器负荷水平及空闲状况，合理分配每个作业人员所能操纵的机器台数，平衡作业组成员间的工作量。

⑤ 帮助平衡生产线，决定装配线上每位操作者的工作、负荷，以决定自动输送装置的运转速度及与之相配合的工作站数量。

⑥ 比较各种工作方法的效果，合理选择最理想的作业路线和工作方法。

⑦ 提供决定直接人工工资和制定奖励办法的基础资料，有助于确定间接人工（如搬运工人、安装工人、维修保养人员等）的薪资基准。

综上所述，作业测定目的在于从本质上揭示企业管理和各项工作中效率的成因，发现造成无效或低效率因素的性质和数量，以便采取措施，制定某种实施标准，采用适当的工作方法和使用受过一定训练、具有一定业务能力的人来完成任务，消除一切可以避免的无效时间。

3.1.3.3　作业测定的基本方法

截至目前，确定时间标准或者工时定额的方法有三种，即经验判断法（Subjective Judgment）、历史记录法（History Record）与工作衡量法（Work-measurement）。

（1）经验判断法

在作业测定方法应用上，过去一般采用工头或主管等利用经验判断工时。随着欧美工会力量日益强大，若资方不提出相当准确的基础资料，可能面临劳资纠纷，故经验判断法无法满足时代的需求。经验表明，由于主观因素较大，任何人均无法建立适当而一致的标准，误差经常达 25% 左右。

（2）历史记录法

历史记录法是以记工单或打卡钟记录卡作为估时工具，以相同工作的过去时间记录为依据，推断标准工时。虽然此法较经验判断法更具有科学性，但其弊端也很突出，因为记录中注重操作时间，而忽略了操作以外因素对时间的影响，如技术程度、私事延迟、可避免延迟时间或不可避免延迟时间以及其他工作安排的干扰等。此类时间往往比操作时间长，且变异极大，不足以作为时间标准来推行。

（3）工作衡量法

工作衡量法始于泰勒的"时间研究"，是运用一些技术来确定合格工人按规定作业标准完成某项工作所需要的时间。工作衡量法的核心技术就是作业测定，所以也用作业测定代指工作衡量法。工作衡量法主要由三类技术组成，即秒表测时法（Stopwatch Time Study）、预定动作时间标准法（Predetermined Time Standard，简称为 PTS）以及工作抽样法（Work Sampling），它们都是建立适当工作时间标准的有效途径。三种方法均应用统计学原理和方法，分析工作细节内容而获得。

工作衡量法（作业测定）是一种科学、客观、令人信服的决定时间标准的方法，目前世界上各工业发达国家，均采用作业测定法来制定劳动定额。从我国来看，采用经验法和历史记录法依旧较多，近些年也有相当一些企业开始使用作业测定方法，取得了良好的效果。这几种方法反映了工时定额的制定由粗到精、逐步发展的过程。但对于未知或者不可重复的工作，经验判断法与历史记录法也有其快速、简单的优势，经验丰富的工作人员的估计与实际相差不大，在当前依旧有实用之处，不可完全否定。

3.1.3.4　作业测定的一般过程

作业测定过程大致划分为以下基本步骤：①确定需要研究的工作，将工作划分成小单元，并加以完整记录；②收集和记录与操作、操作者有关的资料，包括工作环境、作业方法和工作要素的相关资料；③选用适当的工作测量技术，观测并记录操作时间，即获得观测时间；④决定观测周期或观测次数；⑤对操作者所进行各单元操作时间进行评比，确定评比系数，进而获得正常时间；⑥检验并决定观测周期是否已经满足要求；⑦决定宽放值；⑧确定操作时间标准。

3.2　工业工程的流程观

3.2.1　流程与流程管理概述

新华词典上对"流程"的定义是"工业品生产中，从原料到制成成品工序安排的程序"，无疑过于狭窄了些。从修建一个厂房到厂房交付是一个流程，项目的立项到项目的交付是一个流程，开始策划一个改善项目到项目结案是一个流程，把货物从这一端搬到另外一端也是流程。由此来看，流程是一个"端对端"（End to End，也被定义为 Input-output）的工作，企业为顾客创造价值，一件工作由最基本的数据输入，经过很多环节（也可以说是经过很多流程，因为流程一般都还可以再细分），最后的成果是给顾客创造价值。流程首先是一组活动，而非单一的活动，其次，是一组能够创造价值的活动（图 3-3）。

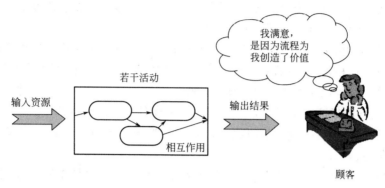

图 3-3 流程

流程具有以下的六个特点。

① 目标性 有明确的输出（目标或任务）。这个目的可以是一次满意的客户服务；可以是一次及时的产品送达等。

② 内在性 包含于任何事物或行为中。所有事物与行为，我们都可以用这样的语式来描述："输入的是什么资源，输出了什么结果，中间的一系列活动是怎样的，输出为谁创造了怎样的价值。"

③ 整体性 至少由两个活动组成。流程，顾名思义，有一个"流转"的意思隐含在里面。至少两个活动，才能建立结构或者关系，才能进行流转。

④ 动态性 由一个活动到另一个活动。流程不是一个静态的概念，它按照一定的时序关系徐徐展开的。

⑤ 层次性 组成流程的活动本身也可以是一个流程。流程是一个嵌套的概念，流程中的若干活动也可以看作是"子流程"，可以继续分解为若干活动。

⑥ 结构性 流程的结构可以有多种表现形式，如串联、并联、反馈等。往往这些表现形式的不同，给流程的输出效果带来很大的影响。

流程管理（Process Management，PM）被定义为"为了改进产品或服务质量，用以分析、改善、控制和管理流程的一种系统的、结构化的方法（Lee and Dale 1998）"，是一种以规范化的构造"端到端"的卓越业务流程为中心、以持续的提高组织业务绩效为目的的系统化方法，是一种持续的、不断提升的方法，包括流程分析、流程定义与重定义、资源分配、时间安排、流程质量与效率测评、流程优化等。流程管理是为客户需求而设计的，因而这种流程会随着内外环境的变化而需要被优化。

3.2.2 工业工程的流程观

某工业工程师应邀对机场晚点进行改善。通过调研发现机场作业中存在很多浪费动作，从而导致晚点，但实质上是作业流程不合理。登机时，前面有一个旅客带了一个不合尺寸的箱子，为了摆放好自己的箱子，他在过道中不停尝试各种方法，结果使得他身后的旅客全部卡在过道中，本来只需15分钟登机时间，被无限延长。更要命的是飞机上的服务员看到这位旅客是外国人或者熟人，居然和这位旅客聊起天来，进而加剧了过道的拥堵，最终导致飞机延误2个小时才起飞。

对于过道拥堵而导致的晚点，实质是作业流程不合理，在登机之前服务员就应该大致安排登机顺序，让行李少的旅客先登机，让有大箱子的旅客最后登机，并重点帮助行李多的旅客，登机速度就基本保持一个流，不存在严重的瓶颈，这样就可以加快登机速度，减少因为登机时间过长而导致飞机晚点的现象。

通过上面的小案例可以看出生活中流程无处不在，通过改善让这个流程顺畅了，作业必然高效且有节奏（即稳定）。再看看下面一个非常经典的工业工程流程优化案例。

福特汽车公司传统应付款流程（如图3-4所示）：

① 采购部门向供货商发出订单，并将订单的复印件送往应付款部门；

② 供货商发货，福特的验收部门收检，并将验收报告送到应付款部门（验收部门自己无权处理验收信息）；

③ 同时，供货商将产品发票送至应付款部门，当且仅当"订单"，"验收报告"以及"发票"三者一致时，付款部门才能付款。而该部门的大部分时间都花费在处理这三者的不吻合上，从而造成了人员、资金和时间的浪费。

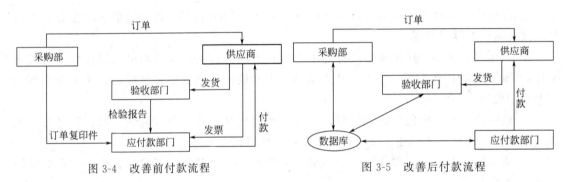

图3-4 改善前付款流程　　　　　图3-5 改善后付款流程

当时福特北美应付款部门雇佣员工500余人，人浮于事，效率低下且错误率高。他们最初制定的改善方案是：运用信息技术，减少信息传递，以达精简人员20％的目标。

但是参观了Mazda（马自达）之后，他们惊呆了，相对于福特，Mazda是一家小公司，但其应付款部门仅有5人，就算按公司规模进行数据调整之后，福特公司的效率也不及马自达五分之一，且错误率远高于马自达。通过仔细分析马自达的付款流程，发现其相对于福特简单高效，决定学习马自达的付款流程，对付款流程进行优化，优化后流程如图3-5所示：

① 采购部门发出订单，同时将订单内容输入联机数据库；

② 供货商发货，验收部门核查来货是否与数据库中的内容相吻合，如果吻合就收货，并在终端上按键通知数据库，计算机会自动按时付款；

改善以后，取得如下显著效果：

① 以往付款部门需在订单、验收报告和发票中核查14项内容，降低到3项——零件名称、数量和供货商代码；

② 精简人员75％，而非原定的20％；

③ 由于订单和验收单的自然吻合，使得付款也必然及时而准确，从而简化了物料管理工作，并使得财务信息更加准确。

通过这个案例，对现有流程简单的信息化并不能够提高多少效率，唯有对流程进行改善才能够大幅提高效率。工业工程师需要对整个工作流程有详细的了解，如果仅仅是关注于一个小点，点的改善可能没有多少实际效果，有了系统的流程观，关注于流程中的瓶颈问题，对瓶颈问题进行重点专项改善，才能够起到四两拨千斤的效果。系统的流程观，不单单是简单分析制造环节的各个流程，而且要分析管理组织结构，本案例中的单个部门提高效率，总体效率变化不明显，主要在于管理流程不合理，所以工业工程师对企业进行宏观分析时，还要注重其管理流程的分析。当然企业管理流程的变革是一个庞大的系统工程，需要高层的介入（往往需要一把手），更需要工业工程师有丰富的技术、管理改善实践经验，并吃透公司文化，经过详细分析设计才能够着手变革。

工业工程的流程观是指要用流程管理的思想宏观地分析生产服务系统的结构和各构成要素的关联关系，通过流程化设计，使得生产和服务系统以顺畅的过程和工序或活动间紧密的衔接，保证经过该过程的各种资源（包括人在内）效率获得最大化的利用效果，同时实现环境水平和工作质量的提高，并不断运用工作研究的方法评价、发现流程中不合理的环节，对其实施改善，从而使流程更加通畅、高效，资源利用效率更高。

在工业工程流程观（价值流程观）的基础上，除了三大分析（主要是程序分析），还需要掌握价值流分析的基本思想与方法。

价值流程图是使用一些简单的符号和流线从头到尾描述每一个工序状态、工序间的物流、信息流和价值流的当前状态图，找出需要改进的地方后，再绘制一个未来状态图（或者叫做理想图），以显示价值流改善的方向和结果。通过直观的图展示出一个产品从原材料到达顾客的生产服务所有行动的中的增值与非增值部分。其特点是仅仅使用笔和纸这样简单的工具，帮助发现价值流中的浪费，为制造过程提供了一种通用的语言，使精益的概念与技术联系起来，是实施精益生产的蓝图，实现了工艺流、物流和信息流三流合一。所以丰田定义价值流程图为"物流及信息流图"。

其具体实施步骤：熟悉产品生产服务每个流程→绘制现状图→绘制未来状态图箭头计划并实施。

如图 3-6 所示为某装配型企业当前价值流程图，通过价值流程图即可分析出当前该企业存在严重的等待等问题。通过价值流程分析，绘制未来状态图（如图 3-7 所示），制订详细工作计划并实施。由于篇幅有限，绘制价值流程图的具体方法不再赘述，有兴趣的读者请查阅相关资料。

3.2.3 流程观的比较分析

除了以价值流程及以三大分析为代表的经典工业工程流程观以外，还有诸如 TQM、BPR、BPI 等流程思想。

全面质量管理（Total Quality Management，TQM）源于美国质量管理专家阿曼德·费根堡姆（Armand Vallin Feigenbaum）1951 年推出的著作《全面质量控制》（Quality Control：Principles，Practice and Administration）中提出的全面质量管理（Total Quality Control，TQC），其定义为：在最经济的水平上，考虑到充分满足顾客要求的前提下，进行市场研究、设计、制造和售后服务，把企业内各部门的研制质量、维持质量和提高质量的活动构成为一体的一种有效的体系。他认为全面质量管理的内涵是以质量为中心，以全员参与为基础，目的是让顾客满意，让本组织所有者、员工、供方、合作伙伴或社会等相关方受益，以使组织达到长期成功。TQC 真正得到发展是在日本，随着 20 世纪 80 年代日本制造业的

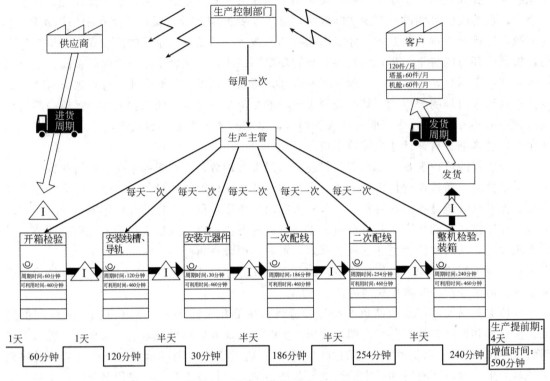

图 3-6 某生产装配型企业现状图

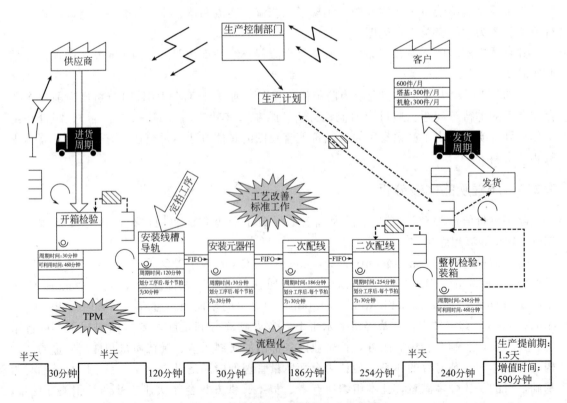

图 3-7 某生产装配型企业未来状态图

成功而再次被发现（主要是除日本外的其他国家再次发现），在全世界得到推广，在融合很多日本质量技术与文化后，日本科技联盟于 1996 年 4 月起，明确将 TQC 改为 TQM，TQM 的定义为：一个组织以质量为中心，以全员参与为基础，目的在于通过让顾客满意和本组织所有成员及社会受益而达到长期成功的管理途径。

TQM 将从概念设计到售后服务整个产品全生命周期的各个环节构成的流程进行统一管理，并通过 PDCA 循环不断改善。

业务流程再造（Business Process Reengineering，简称 BPR）在 1990 年由美国 MIT 教授迈克尔·哈默（Michael Hammer）提出。1993 年在迈克尔·哈默和詹姆斯·钱皮（James Champy）合著的《公司再造：公司管理革命的宣言》中正式将 BPR 介绍给世界，业务流程再造一词迅速风靡了欧美乃至全世界，由此拉开了流程再造探索研究的序幕。哈默和钱皮给 BPR 下的定义是："对企业的业务流程（Process）进行根本性（Fundamental）再思考和彻底性（Radical）再设计，从而获得在成本、质量、服务和速度等方面业绩的戏剧化的（Dramatic）改善"。

但是根据美国计算机科学公司的调查结果显示，1994 年在实施的 100 个业务流程再造项目中，约 67％的项目失败，只有 33％的企业认为业务流程再造取得了较好的效果，1996 年德勤的调查结果也类似。BPR 的革命性变革导致的高风险性，促使了 BPI（Business Process Improvement）的诞生。BPI 目标就是优化，通过逐步优化实现渐进式的再造。BPI 和 BPR 追求企业从高层组织逐步到基层，对其业务流程进行重新分析、重新构建或优化。

工业工程的流程观与 TQM、BPR/BPI 的出发点，技术方法确有不同，但是都是利用流程的思想对生产服务系统的各个环节进行宏观分析，从而找到问题的症结，方便对症下药，使质量、成本、效率等衡量现代企业状况的关键指标得到提升；而且都是追求改善（只有 BPR 追求剧烈的变革），一步一个脚印，螺旋提升、稳步前进，对改善的成果通过标准化固化，并不断审视已有标准，不断完善，形成新的标准。

【复习思考题】

1. 简述工作研究的定义、原理及基本任务。
2. 简述方法研究与作业测定的关系。
3. 简述方法研究定义及内容。
4. 简述方法研究的基本程序。
5. 简述作业测定的概念及作用。
6. 简述作业测定的主要方法。
7. 简述作业测定的基本过程。
8. 简述流程管理的概念。
9. 简述工业工程的流程观。
10. 简述价值流程图的概念。

2

第 2 篇

工作研究技术

第4章

程序分析

联合包裹服务公司（United Parcel Service，UPS）拥有 40 万员工（案例均为 2005 年数据），平均每天将 1480 万个包裹发送到 200 多个国家和地区的近 790 万客户。为了实现他们"在邮运业中办理最快捷的运送"的宗旨，UPS 对员工进行系统的培训，使他们以尽可能高的效率从事工作。下面以送货司机的工作为例，介绍他们的管理模式。

UPS 的工业工程师们对每一位司机的行驶路线都进行了研究，并对每种情况的送货、暂停和取货活动都设立了标准。这些工程师们记录了红灯、通行、按门铃、穿过院子、上楼梯、中间休息喝咖啡，甚至上厕所的时间，将这些时间输入计算机中，从而给出每一位司机每天工作的详细时间标准。

为了完成公司的目标，司机们必须学习工业工程师利用程序分析研制的当前最优工作流程。当他们接近发送站时，他们松开安全带、按喇叭、关发动机、起手刹、把变速器推到 1 档上。然后从驾驶室跳到地面上，右臂夹着活页夹，左手提着包裹，右手拿着车钥匙。他们看一眼包裹上的住址，把它记在脑子里，然后以每秒钟 3 英尺（约 1 米/秒）的速度快步走到顾客的门前，先敲一下门以免浪费时间找门铃，接着再按下门铃。送货完毕后，他们在回到卡车上，并在路途中利用无线终端完成包裹登录工作（边开车边工作的方式在中国并不推崇，可能会导致交通事故）。

如此复杂的时间表是不是看起来有点繁琐？也许是。它真能带来高效率吗？毫无疑问！生产率专家公认，UPS 是世界上效率最高的公司之一，其效率是其他一流快递公司的 1.5 到 2 倍。正是由于在提高效率方面的不懈努力，UPS 的净利润远远高于其他竞争对手。同时 UPS 对工业工程知识与信息化手段的综合高效运用也是各大公司学习的典范。

【讨论题】

1. 程序分析的主要工作内容是什么？
2. 相对于 100 多年前泰勒的时间研究，UPS 的做法有什么不同？
3. 回想从今天早上起床到现在的各项活动是否有需要优化的地方？

【学习目的与要求】

学习目的：通过本章的学习，掌握程序分析的主要方法，建立程序分析的流程观，掌握工艺程序分析、流程程序分析、线路图分析和管理实务程序分析的方法，并能对身边典型事件进行分析。

学习难点：各种程序分析图的画法，利用 ECRSI 和 5W1H 分析解决实际问题。

学习重点：工艺流程分析，流程程序分析，线路图。

4.1　程序分析概述

4.1.1　程序分析的定义

程序分析是依照工作流程，对生产服务系统从第一个工作地到最后一个工作地全面了解后，分析它是否有多余、重复、不合理的作业，流程是否合理，搬运是否过多，延迟等待是否太长等问题，通过对整个工作过程的逐步分析，改进现行的作业方法及空间布局，提高生产效率的方法。简单来说，程序分析是通过调查分析现行工作流程，改进流程中不经济、不均衡、不合理的现象，从而提高工作效率的一种研究方法。

程序分析是方法研究的先导和前提，只有先用程序分析的方法对整个生产服务过程进行宏观的分析、优化，保证大方向正确，在此基础上再进行操作分析和动作分析才会有意义，毕竟方向比速度更重要。

具体来说，程序分析由工艺程序分析、流程程序（人型、物型）分析、线路图分析构成，当前认为还包括管理事务分析。

4.1.2　程序分析的符号

工作研究的基础是全部生产服务过程的纪实。为了能够方便地记录任何工作的程序，美国机械工程师协会（American Society of Mechanical Engineers，ASME）对吉尔布雷斯夫妇设计的 40 种符号进行综合，总结成为 5 种基本符号，并于 1979 年收入美国国家标准（ANSLY15.3M—1979）。5 种符号对应的是 5 种基本活动，程序分析的工作流程主要由以下五种基本活动构成，其符号如表 4-1 所示（与我国机械标准：JB/T 9170—1998 规定的符号相同）。

表 4-1　程序分析常用符号

符号名称		符　号	符号含义
操作		○	将生产对象进行加工、装配、合成、分解、包装、处理等
搬运		⇨	生产对象空间位置的变化，或作业人员作业位置变化
检验	数量检验	□	对生产对象进行数量检验
	质量检验	◇	对生产对象进行质量检验
等待（暂存）		D	生产对象在工作地附近的临时等待
储存		▽	生产对象在保管场地（主要是仓库）有计划的存放

① 操作（Operation）　操作是工艺过程、方法或工作程序中的主要步骤，是使原材料、零部件或产品的形状、性质进行改变的作业活动。

② 搬运（Transportation）　搬运是使人、物料、设备等空间位置改变的作业活动。

③ 检验（Inspection） 检验是对原材料、零部件或产品的数量、质量进行检查，与标准要求相比较的作业活动。

④ 等待（Delay） 原材料、零部件或产品处于滞留、等待状态（往往是非必要的）。

⑤ 储存（Storage） 原材料、零部件或产品被妥善储存于仓库，未经许可不得移动、使用。

储存与暂存有所区别：储存是有目的的活动，从储存处取出物品一般需要申请单或其他的票据；暂存通常没有目的，从暂存处取出物品一般不需要任何票据。

在实际工作中，除了上述 5 种基本符号表示的单一活动以外，常出现两种流程活动同时发生的情况，也就派生出如表 4-2 所示的一些复合活动符号。其外，企业还可以根据自身情况自定义几种符号。

表 4-2 程序分析派生的复合活动符号

符号	符号含义	符号	符号含义
	表示同一时间或同一工作场所由同一人同时执行加工与检验工作		以加工为主，同时也进行数量检验
	以质量检验为主，同时也进行数量检验		以加工为主，同时也进行搬运
	以数量检验为主，同时也检查质量		

4.2 工艺程序分析

4.2.1 工艺程序分析概述

工艺程序分析以整个生产系统为分析对象，对其进行概略分析，使整个生产系统简单明了，进而便于改善整个生产过程中不合理的工艺内容、方法、程序和作业现场的空间布局，使之经济、合理。

工艺程序分析采用的图表技术是工艺程序图（Operation Process Chart，又称概略程序图），包含有工艺程序的全面概况及各工序之间的相互关系，根据工艺顺序编制，并注明各工艺所需时间。由于只是生产系统的概略图，工艺程序图中只含有"操作（加工）"和"检验"两种作业符号。

4.2.2 工艺程序图

工艺程序图是整个生产服务系统的工艺简图，便于分析人员对工序逐个分析、整体考虑以发现存在的问题并进行改善。由于注明了各项材料和零件的装配点及各工序所需时间，工艺流程图能够方便成本计算和交货期控制，此外工艺程序图还可作为工厂布置规划的参考。

工艺流程图的组成部分由表头、图形和统计三部分构成。表头主要记录研究对象、时间、研究人员、审核人员、编号等，一般把工艺流程图制作成一张大表，表上方为表头和统计，表的其他位置是图形，有的表格还留有备注空间。如图 4-1 为自行车后轮装配工艺程序图。

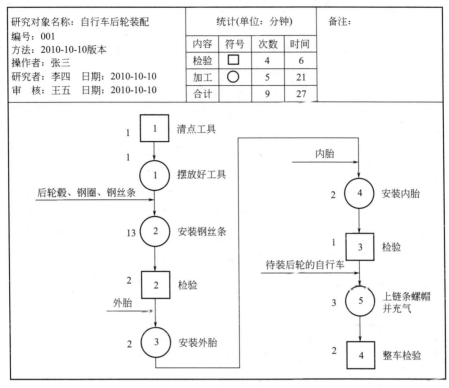

研究对象名称：自行车后轮装配	统计(单位：分钟)			备注：

内容	符号	次数	时间
检验	□	4	6
加工	○	5	21
合计		9	27

编号：001
方法：2010-10-10版本
操作者：张三
研究者：李四　日期：2010-10-10
审　核：王五　日期：2010-10-10

图 4-1　自行车后轮装配工艺程序图（改善前）

工艺程序图的作图规则如下。

① 整个生产系统的工艺流程图由若干纵线和横线所组成，工序流程用垂直线表示，材料、零件（自制、外购件）的进入用水平线表示，水平引入线上填写零件名称、规格、型号。水平线与纵垂线中途不能相交，若一定需要相交，则在相交处用半圆形避开。

② 主要零件画在最右边，其余零件按其在主要零件上的装配顺序，自右向左依次排列。

③ "操作"、"检查"符号之间用长约 6 毫米的竖线连接（根据图表的大小和作图内容多是可以酌情调整），符号的右边填写加工或检验的内容，左边记录所需的时间，按实际加工装配的先后顺序，将加工与检验符号从上到下、从右至左分别从 1 开始依次编号于符号内。

④ 若某项工作需分若干步骤才能完成，则将主要的步骤放在最右边，其余按重要程度，自右向左依次排列。

工艺程序分析步骤：

① 调研生产服务系统的整体状况，为绘制工艺程序分析图做准备；

② 根据调研基本情况绘制工艺程序分析图；

③ 测定并记录各程序中各个操作或检验所用的时间，并记录整个生产服务系统的人员分布；

④ 整理分析"操作"和"检验"所用的时间以及整个生产服务系统的人员分布情况，发掘影响整体效率的问题点；

⑤ 根据问题制定改善措施；

⑥ 进行改善，并在实践中完善改善方案，通过实践检验方案的合理性；

⑦ 一旦达到改善预期目的，应该建立新的工艺流程标准，通过宣传教育进行固化，并

根据实际生产服务状况，不断审视工艺流程的合理性，如果出现新的不合理的地方应该持续改善。

工艺程序分析图的具体形态，根据产品制造工序过程的不同，一般可分为直线型、装配型（或者称为集合型，如图 4-1 自行车后轮装配工艺程序图）、分解型和复合型四类。

直线型的所有上下工序之间以一对一的方式衔接，主要用于零件加工，可以简单理解为装配型的简化。装配型（集合型）工艺过程有两个以上的起点，以直线型方式汇总，主要用于装配工艺。分解型是一个工序的制品供给两个或两个以上下工序使用，用于分解型制造业，比如拆船厂，可以简单理解为装配型的倒置。复合型是装配型与分解型的综合。

【本节案例】

作为一个 5S（在后续章节中详细介绍）达标的现场，工具是否齐全应该一目了然，借用情况也非常清晰。通过对自行车后轮装配工艺分析，发现清点工具和摆放工具是不合理的程序，工具摆放应该一目了然而无须寻找，应该用防错法来消除寻找程序。安装钢丝条的时候应该一次到位，员工培训时应该达到"一次就做对"的标准，所以安装钢丝条后的检验环节应该消除，在安装的过程中应该检验。通过这些分析和改进后，新的自行车后轮装配工艺程序分析图如图 4-2 所示。

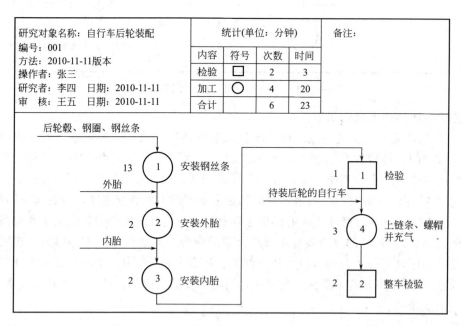

图 4-2　自行车后轮装配工艺程序图（改善后）

通过改善工艺流程，加工次数由 9 次降至 6 次，加工时间由 27 分钟降至 23 分钟。工艺分析完毕后，接下来进行流程分析，进而再进行操作分析与动作分析，进一步优化装配的各个环节。

实际中的生产服务系统比较复杂，很多检验和操作往往同时进行，而且步骤繁多，仅仅通过教材简述，一方面难以表述清晰，没有到现场对生产服务系统从第一个工作地到最后一个工作地的仔细观察，很难发现不合理之处（极其明显的、且容易改善的不合理之处，企业往往已经改善）；另一方面如果长篇介绍则枯燥乏味，因此本教材对工艺程序分析不做展开。图 4-3（a）和图 4-3（b）是某发电机控制柜的装配工艺流程图（不含各工序时间），通过这个

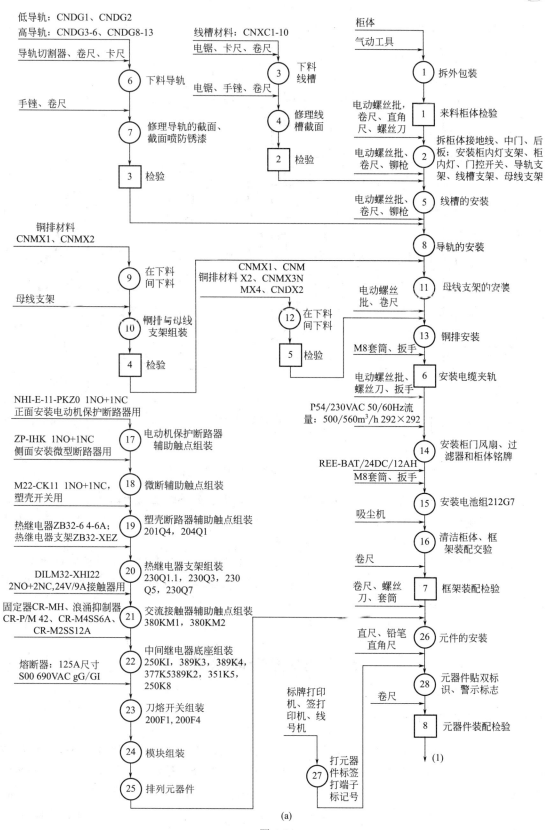

图 4-3
(a)

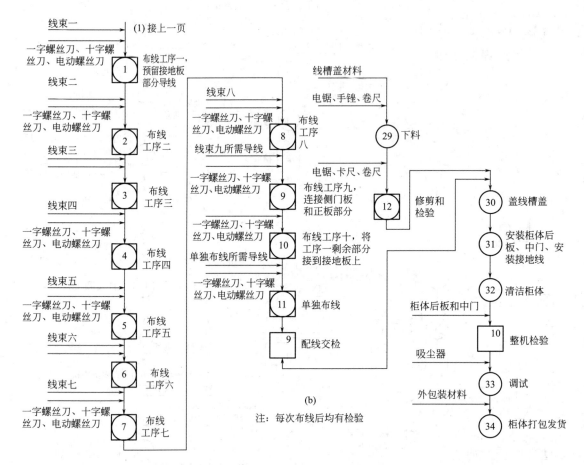

图4-3　某发电机控制柜的装配工艺流程图

工艺流程图可以学习复杂工艺程序分析图如何排布，需要列举哪些要素以及分成两页时如何衔接等。在标号时，如果工艺程序分析图很复杂，可以考虑将检验环节的标号放置于右上角，这样有别于操作，清晰明了，可减少错误。

通过工艺程序分析，就可以快速获取控制柜的装配流程，对照这个图到现场测量各个工序的时间。通过详细分析，就可以发现当前工艺流程下主要存在哪些问题，进而方便改善，在这里就不详细介绍了。

4.3　流程程序分析

4.3.1　流程程序分析概述

工艺程序分析用于对生产服务系统进行宏观分析与改善。要对生产服务系统进一步细致研究和改善就需要新的方法——流程程序分析。流程程序分析是对工艺程序分析的进一步细化，通常针对每一种主要零件单独作图，涉及"操作"、"搬运"、"检验"、"等待"、"存储"等主要生产活动，除了需要记录各个工序的时间外，还需要记录搬运距离。因此特别适合对生产服务系统中的搬运、存储、等待等浪费进行分析。

通过以上介绍可以得出流程程序分析的定义：以生产服务系统的主要零部件为研究对象，将其加工（服务）过程分为操作、搬运、检验、等待、存储五种状态，记录其时间、搬运距离等，用以分析该过程存在的各种浪费（主要是搬运和等待），从而进行改善，使生产服务系统高效、顺畅地运行。

根据流程程序分析的对象不同，流程程序分析分为：

① 物料流程程序分析　生产服务过程中材料、零部件被加工（操作）、被搬运及等待等过程；

② 人员流程程序分析　记录操作人员在生产服务过程中的一连串活动。

4.3.2　流程程序分析图

流程程序分析图（Process Program Chart，又称流程程序图）的结构与工艺程序分析图类似，均由表头、图表、统计三部分构成。其最大的区别是，由操作和检验两个符号增加为操作、搬运、检验、等待、存储五个符号，除了记录时间外还需要记录搬运距离。

流程程序图为方便现场使用，一般制成专用表格。工艺路线的画法与工艺程序图类似，除标示五类基本操作外，还要注明所需时间和搬运距离。由于工作范围和工厂布置对流程程序分析有很大影响，因此在流程程序图中经常还附有工作范围简图或线路图。

在进行流程程序分析时可应用 5W1H 提问技术和 ECRSI 原则对其进行改善。

① 首先对生产服务系统进行宏观分析，从整体时间、搬运距离、人数及各工序所需时间、搬运距离、人数进行考虑，找出改善重点。考虑是否有可以取消的工序、是否有可以同时进行的工序、是否可以通过更换工序顺序，以达到减少工序量、时间量、搬运距离、作业人数的目的。

② 操作（加工）　这是流程分析中最重要、最复杂的部分，通常涉及产品设计。改善时可考虑以下方面：产品设计是否会变化，对加工影响如何，是否存在花费时间太长的工序，是否可以提高设备的工作能力，是否可以和其他工序同时进行加工，更换工序顺序能否达到改善目的，目前的生产批量是否适当等。

③ 搬运　分析时主要考虑搬运的重量、距离和时间。通过对工厂重新布局，改善运输方法和工具，以减少搬运距离和时间。考虑是否可以减少搬运次数，有些搬运能否和加工同时进行，是否可以缩短搬运距离，改变作业场所能否取消搬运，是否可以通过加工和检验组合作业取消搬运，是否可以通过增加搬运量减少搬运次数，搬运前后的装卸是否花费了大量时间，搬运设备是否存在改善余地，打包、夹具是否存在改善的余地等。

④ 检验　检验活动应尽可能少，不要追求过高的检验精度，可通过工具改善提高检验速度。考虑是否存在可以省略的检验，是否可以减少检验的次数，必要的检验能否和加工同时进行，质量和数量的检验是否在不同的工序进行，能否同时作业，检验的方法是否合适，能否缩短时间等。

⑤ 等待　等待是一种浪费，主要是由于人员调配不合理、生产负荷不均衡等造成，应尽一切可能减少。考虑是否通过组合加工来缩短等待时间，是否可以取消等待，能否通过平衡前后工序时间来消除等待等。

⑥ 储存　储存活动多的现象反映了在工艺上存在库存和生产计划的问题，也存在生产

负荷不均衡的问题，应尽可能减少。

在进行流程程序分析的同时要把握流程经济性原则，如表4-3所示，其中的物料上下移动最少原则，要求设备安装时尽量使所有的设备的进出口位于一条水平线上，从而减少物料上下移动克服重力做功的浪费。

表4-3 流程经济性原则及说明

流　　程		原　　则	说　　明
产品工艺路线	一般生产线	1. 路线最短原则；	路线长度、范围越短越好
		2. 防止加工孤岛出现；	减少工序的分离
		3. 防止局域路线分离；	减少甚至去除很难用于流水化生产的大型设备
		4. 减少等待的原则；	减少中间等待的
		5. 防止交叉原则；	防止交叉流动
		6. 禁止逆行原则；	禁止逆行流动
		7. 减少物料前后摇摆；	减少物料前后摇摆
		8. 减少无谓移动；	减少无实际作业内容或者不增值的移动
		9. 去除工序间隔原则；	去除设备间的间隔
		10. I/O一致原则；	保持输入(In)输出(Out)一致
		11. 物料上下移动最少原则	减少并追求去除生产过程中的物料上下移动
作业流程	一般生产线	1. 路线最短原则；	路线长度、范围越短越好
		2. 去除工序间隔原则；	去除设备间的间隔
		3. 与产品工艺一致原则；	作业内容全部集中在产品流程内完成
		4. I/O一致原则；	保持输入(In)输出(Out)一致
		5. 禁止逆行原则；	禁止逆行流动
		6. 零等待原则	消除机械自动状态下人、设备的等待

【本节案例】

案例1：发动机拆卸、清洗流程程序分析

本案例是以物料流动为主要研究对象，进行物料的流程程序分析，案例具体如下。

图4-4为某废旧汽车发动机拆卸、清洗和去污车间布局图。改善前工作路线是"S"形，路径迂回、搬运距离长，且有交叉，工序中非生产性活动比重较大，总计30个活动中竟然有21次搬运和3次等待，亟需改善。当前流程程序分析图如图4-5所示。

对存在的问题进行"5个为什么"提问，并通过ECRSI寻求解决方案。

问："S"型布局的目的是什么？

答：因为发动机存储的位置不合适，不能用通往仓库和去污车间的单轨吊车直接提出来，需要转运，"S"型布局是为了防止两台吊车相撞。

问：发动机存放位置能否更改？

答：能。将发动机存放在能够使单轨吊车的工作范围内的地方，这样就可以直接提出来送往拆卸场所。采纳上述意见，重新安排布置。

改善后将去污车间按直线布置，其工作位置依次为发动机架（用于拆卸）、去污筐（装零件）、去油污槽、清洗台、出口（手推车）。改善后的流程程序图如图4-6所示。

通过一个简单的调整发动机存放位置的改善，改善后搬运距离减少87.5米，车间布局更为紧凑，为其他工作腾出空间。改善后的搬运次数依旧很多，可能需要对产品工艺流程（技术层次）进行改善；发动机组件大，并且都很重，改善后的很多搬运依旧由人工完成，需要持续改善。对于改善前后时间的变化，需要通过作业测定来评判，具体方法在书中的作业测定部分介绍。

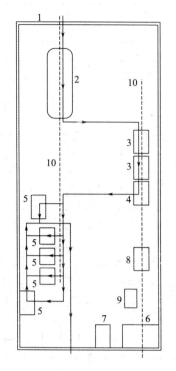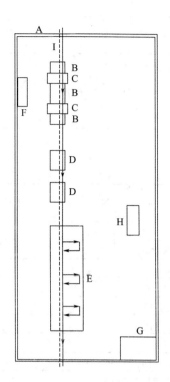

4-4 发动机拆卸、清洗和去污车间布局图（左图为改善前，右图为改善后）

仓库；2—拆卸；3—去油污；4—冷却；5—清洗；6—小房间；7—工具箱；8—工作台；

9—管理员；10—吊车；A—仓库；B—拆卸；C—篮子；D—去污槽；

E—清洗；F—工作台；G—小房间；H—管理；I—吊车

案例 2：装配导轨流程程序分析

此案例的主要研究对象是人的活动，也涉及部分物料移动，是以人为主的人员流程程序分析，案例具体如下。

（1）选择研究对象

某公司在对现场改善时，发现当前装配导轨时间波动大（最短 15 分钟，最长 32 分钟），员工来回走动距离长，工业工程科改善专员与装配线槽的员工商量后决定以此为研究对象，进行优化。

（2）记录当前状态

车间布局如图 4-7 所示（为了演示方便，对车间进行简化，而且实际下料车间占车间面积比例比图中小，箭头线表示行走轨迹），员工甲首先从仓库领取导轨（铜质，每隔一定距离会有一段孔，用于铆钉钉入），往返共 40 米；根据图纸切割导轨，用小推车运送到装配线 B（距离 40 米），往往会有部分长度不适宜需要回到切割机重新切割，往返 80 米，在安装时（用铆钉装在柜体 B 上）由于导轨孔距不合适，需回到下料车间用钻床钻孔。总路径长达 280 米。

（3）分析记录，寻求新方法

问 1：为何按照图纸切割的导轨长度会不合适，需要回来走动修复？

答：切割机精度不够，为了保证长度足够，常常会预留 2 毫米，而且切割机老化，切割后毛刺较多，往往需要再次切割。

改善前发动机拆卸、清洗流程程序图			统计			
		活动内容		改善前	改善后	节约
地点：去污车间 操作者：张三　日期：2010-10-10 研究者：李四　日期：2010-10-10		操作　○		4		
		搬运　⇨		21		
		等待　◻		3		
		检查　☐		1		
备注：		存储　▽		1		
		距离/米		237.5		
		时间/分钟				

步骤	说明	数量	距离/米	时间/分钟	○	⇨	◻	☐	▽	备注
1	储存在旧发动机库								▽	
2	起吊发动机					⇨				电动行车
3	运送到下一部行车		24			⇨				电动行车
4	卸放到地上					⇨				
5	起吊发动机					⇨				电动行车
6	运送到拆卸架		30			⇨				电动行车
7	卸到地上					⇨				电动行车
8	拆卸发动机				○					
9	清洗并摊开各主要部件				○					
10	检查各部件的磨损							☐		
11	运送各零件到去污筐		3			⇨				手动吊车
12	装入去污筐					⇨				手动吊车
13	运送到去油污槽		1.5			⇨				手动吊车
14	放入去油污槽					⇨				手动吊车
15	去油污				○					
16	从去油污槽取出					⇨				手动吊车
17	从去油污槽运走		6			⇨				手动吊车
18	卸放到地上					⇨				手动吊车
19	冷却						◻			
20	运送到清洗台		12			⇨				用手
21	清洗所有零件				○					
22	将清洗好的零件放入箱子		9			⇨				用手
23	等待运送						◻			
24	将架和汽缸盖放上手推车					⇨				用手
25	运送到发动机检查组		76			⇨				手推车
26	卸下零件，放在检查台上					⇨				用手
27	将汽缸放上手推车					⇨				用手
28	运送到发动机检查组		76			⇨				手推车
29	卸到地上					⇨				用手
30	暂时存放，等待检验						◻			
	总计		237.5		4	21	3	1	1	

图 4-5　改善前发动机拆卸、清洗流程程序分析图

改善后发动机拆卸、清洗流程程序图		统计			
		活动内容	改善前	改善后	节约
地点：去污车间 操作者：张三　日期：2010-11-11 研究者：李四　日期：2010-11-11		操作　○	4	4	0
		搬运　⇨	21	14	6
		等待　D	3	2	1
备注：		检查　□	1	1	0
		存储　▽	1	1	0
		距离/米	237.5	150.0	87.5
		时间/分钟			

步骤	说明	数量	距离/米	时间/分钟	符号 ○ ⇨ D □ ▽	备注
1	储存在旧发动机库				▽	
2	起吊发动机				⇨	电动行车
3	运送到拆卸架		55		⇨	电动行车
4	放到发动机架上				⇨	电动行车
5	拆卸发动机				○	
6	清洗并摊开各主要部件				○	
7	检查各部件的磨损				□	
8	装入去污筐		1		⇨	手动吊车
9	运送到去油污槽		1.5		⇨	手动吊车
10	放入去油污槽				⇨	手动吊车
11	去油污				○	
12	从去油污槽取出				⇨	手动吊车
13	从去油污槽运走		4.5		⇨	手动吊车
14	卸放到地上				⇨	手动吊车
15	冷却				D	
16	运送到清洗台		6		⇨	手动吊车
17	清洗所有零件				○	
18	将所有零件放到专用架上		6		⇨	用手
19	等待运送				D	
20	将架和汽缸盖放上手推车				⇨	用手
21	运送到发动机检查组		76		⇨	手推车
22	架子滑送到检查台，汽缸滑上平台				⇨	用手
	总计		150		4 14 2 1 1	

图 4-6　改善后发动机拆卸、清洗流程程序分析图

问 2：为什么切割机老化了没有更换？

答：没有人负责这个事情，当前公司没有更换设备的打算。

问 3：需要建立设备保全体系，应该改变公司对设备保养的思想；为了满足当前生产，为何不能够在生产线旁根据实际调整导轨的距离？

答：这个之前没有考虑，如果在装配线旁放置工具箱，调整就不用来回跑了。

问 4：为何会出现孔距不合适的情况而需要钻孔？

答：柜体设计各铆钉位置的时候没有考虑孔距，平均每安装一套导轨，就需要一到两次钻孔。

将以上意见分析归纳如下。

① 暂时的解决方法是在生产线旁设置工具箱，在线修理；长久之计是建立全面设备保

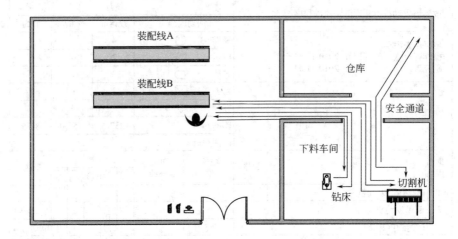

图 4-7 车间平面布置图和改善前行走路线

全体系，保证设备任何时刻都能够保证生产需求，从而减少二次切割的现象。

② 改善柜体设计，在不影响强度的情况下（根据产品实际，铆钉钉入点位置变化对强度的影响可以忽略），选择合适的间距，保证铆钉钉入的足够空间。

③ 考虑下料车间的距离是否可以离装配线更近，导轨存储位置是否可以离下料车间更近。

（4）建立新方法

利用 "ECRSI" 分析原则，接受改善建议，改善后的行走路线如图 4-8 所示。对导轨在仓库的存储位置进行调整，运送到下料车间距离为 10 米；对切割机进行保养和修理，提高其切割精度；同时在装配线上设置工具箱，在线修理长度不适宜的导轨。

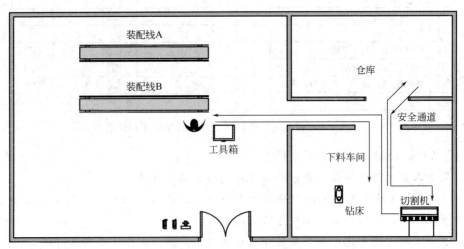

图 4-8 改善后行走路线

（5）实施新方法

改善后，行走距离由 280 米降为 100 米；在设计时就考虑导轨孔距，消除临时钻孔的问题；通过设备维修与保养改善切割机精度，误差降为 0.5 毫米；在线调整时间大幅缩短，改善后的时间稳定在 15～17 分钟，改善效果明显，改善后的流程程序分析图如图 4-9 所示。

装配导轨流程程序图			统计			
			活动内容	改善前	改善后	节约
改善后			操作 ○	5	4	1
操作者：张三　　日期：2010-10-10			搬运 ⇒	8	4	4
研究者：李四　　日期：2010-10-10			停放 D	0	0	0
改善后			检查 □	4	3	1
操作者：张三　　日期：2010-11-11			储存 ▽	0	0	0
研究者：李四　　日期：2010-11-11			距离/m	280	100	180

改善前		单位：米	改善后		单位：米
步骤	说明	符号 ○⇒D□▽	距离	步骤	说明	符号 ○⇒D□▽	距离

改善前　　单位：米

步骤	说明	符号 (○ ⇒ D □ ▽)	距离
1	审阅图纸	□	
2	至仓库A处	⇒	20
3	领取图纸上列的导轨	○	
4	回切割机旁	⇒	20
5	按照图纸下料	○	
6	到装配线B	⇒	40
7	检验长度	□	
8	回下料车间	⇒	40
9	切割	○	
10	回装配线B	⇒	40
11	校验孔距	□	
12	回下料车间	⇒	40
13	钻孔	○	
14	回装配线B	⇒	40
15	装配	○	
16	检验	□	
17	回下料车间	⇒	40
总计		5　8　0　4　0	280

改善后　　单位：米

步骤	说明	符号 (○ ⇒ D □ ▽)	距离
1	审阅领料单	□	
2	至仓库B处	⇒	10
3	领取图纸上列的导轨	○	
4	回切割机旁	⇒	10
5	按照图纸下料	○	
6	到装配线B	⇒	40
7	检验长度	□	
8	在线修理	○	
9	装配	○	
10	检验	□	
11	回下料车间	⇒	40
总计		4　4　0　3　0	100

图 4-9　装配导轨流程程序分析

但依旧存在操作时间波动、行走路线较长、在线调整导轨长度等问题，需持续改善。

4.4　线路图分析

4.4.1　线路图分析概述

线路图（Circuit Diagram）分析以作业现场为分析对象，对现场布置及物料和作业者的实际流通路线进行分析，以达到改善现场布局和物流路线、缩短搬运距离的目的。

线路图分析重点对"搬运"进行分析，常常与流程程序分析图配合使用，从某种意义上来讲可以认为是流程程序分析的细化，适用于简单小范围的流程。如果过程过于复杂，线条重叠、交叉过多可能影响最后的分析效果。

4.4.2　线路图分析

线路图通常是以比例缩尺绘制的工厂简图或车间平面布置为基础，最好用方格纸，将机器、工作地点等按正确位置绘于图上，并将所有流程程序图上的活动或操作用不同的线条和符号表示。重点是物料和人员的流动路线，要按流程程序记录的次序和方向用直线或虚线表示，各项动作发生的位置则用符号及数字标识，流动的方向一般用箭头表示。线路图最主要的功能是"搬运"分析，因此常常忽略"等待"这项活动或状态，对"操作"、"检验"、"储存"也仅标识位置，不记符号。

绘制线路图的基本规则如下。

① 在同一图面表示加工、装配等程序时，所有在制品的流程均应画出。如在制品类型很多，可以分别采用实线、虚线、点线或者用不同的颜色表示，而其移动方向应该以短箭头重叠于各线上。

② 许多流程由同一路径通过时，用线条（颜色和根数）来表示流程数量和物流重量，工程在实际应用中也可用铁钉与不同颜色的线来表示不同的流程。

③ 可用各种不同的线形或者不同的颜色表示不同的搬运方式。

④ 线与线交叉处，应该用半圆形线条表示避开的意思。

⑤ 流程中如果有立体移动时，应该利用三维空间图表示。

【本节案例】

图 4-10 是改善前某洗衣机厂洗衣机主轴生产车间的流程线路图。各个设备购买时间不同，新增的设备随便找个位置就放置，结果导致当前路线迂回，交叉很多，外人看半天才能弄清流程，当前整个生产与运输路线为 91 米，需搬运 10 次。图 4-11 是改进后的主轴生产流程路线图，消除了运输路线交叉的情况，缩短了距离。改进后路线为 39 米，总体可节约生产面积近 40 平方米，供生产其他产品使用。

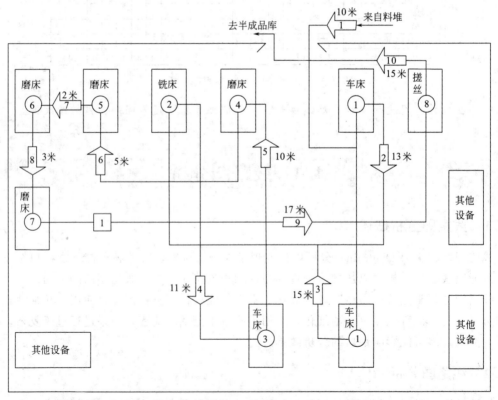

图 4-10　洗衣机主轴生产车间流程线路图（改善前；
引自周信侃，姜俊华编，《工业工程》）

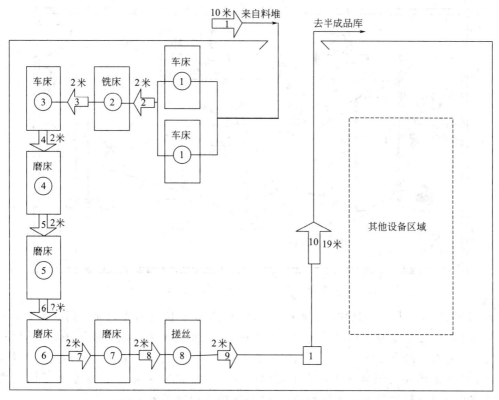

图 4-11　洗衣机主轴生产车间流程线路图（改善后）

　　由于人们安于现状的惯性，在改善过程中会受到很多阻碍：生产任务紧张，调整设备布局需要停产几天；某些设备由于地桩无法移动等。只有用严密计算的数据、其他工厂改善的成果案例说服员工，告诉他们优化布局后，在日后的生产中可以通过提高生产效率追回因为调整损失的时间，改变设备不能够动的思想，才能力排众议让改善持续下去。通过这个案例也提醒我们，企业不可能总是在同一条生产线上生产同一种产品，在选择机器设备的时候尽量选择方便移动的设备，以便当在产品变化时快速、轻松地调整布局。

4.4.3　线图分析

　　在对实际问题的研究中常常用到线图（String Diagram）。线图是按比例绘制的平面布置图或制作的模型，在图上用线条表示，并度量工人、物料或设备在一系列规定活动中所走的路线。

　　线图可以认为是线路图的一种特殊形式。线路图只是近似地按比例作图，在图上标注相应的距离，而线图则是用线条来衡量距离，因此要求精确地按比例绘制或制作。具体方法是在运行途径上的所有转折点和停止点处插上大头针，再按照运行顺序将一根线缠绕在这些大头针上。测量线的长度和相邻针间连接线的数量就能确定运行总距离和运行次数。

　　线图对那些非标准的工作情况，如修理厂、仓库、办公室以及服务行业的各种活动都非常适用。通过线图简单明了的分析，能迅速发现存在的问题。

　　现在以大家熟悉的金工实习制作钢锤为例说明，如图 4-12 所示为某金工实训基地平面布局图，其中的线条表示为了制作小锤子时某学生的行走路线。

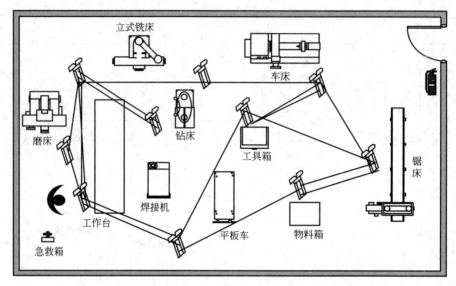

图 4-12 某同学金工实习制作小锤子行走路线图（改善前）

① （以工作台为起点）到物料箱取棒料 1，到锯床锯一段棒料作为锤子柄（锯床上标尺，而且小锤子的长度精度要求不严，用标尺测量即可），回到车床车削，使锤子柄各部分达到规定尺寸，并在一端车出螺纹（方便与锤子头连接），车削完毕后到工具箱取游标卡尺测量尺寸（实质上需要往复测量几次，为了简化，认为只需测量一次）；然后拿锤子柄到磨床，磨削锤子柄（没有精度要求，无须测量）；磨削完毕后把锤子柄放在工作台上。

② 从工作台出发到物料箱取棒料 2，到锯床锯一段棒料作为锤子头，然后走到工具箱取钳工三套件，在工具台上完成锤子头的成型工作。

③ 从工作台出发到钻床给锤子头钻孔（螺纹孔），钻孔完毕后回到工作台，将锤子头和锤子柄拧紧，交给老师检验（老师在工作台旁），实习完毕。

通过线图可以一目了然地发现存在的问题：首先，各个机床布局不合理，按照锤子加工

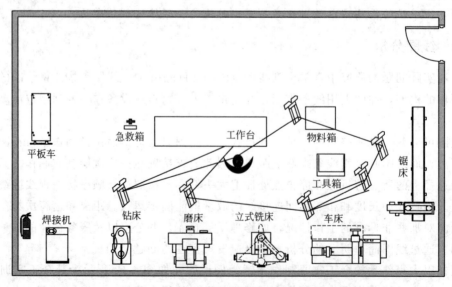

图 4-13 某同学金工实习制作小锤子行走路线图（改善后）

工艺路径必须在金工实习基地来回走动；其次，在现有约束条件下该同学也没有优化路径，例如取料时就应该一次领取两种棒料，两种棒料在锯床上一次切割。

改善后布局图如图 4-13 所示，改善后的行走路线为：到物料箱同时取棒料 1 和棒料 2，到工具箱取游标卡尺，走到锯床处切割棒料 1 和棒料 2，然后到工具箱拿取游标卡尺走到车床前，完成棒料 1 的车削加工并用游标卡尺测量以确定加工合格，然后将游标卡尺放到工具箱；到磨床磨削锤子柄；到工作台完成棒料 2 的初步加工（钳工的工具在工作台上），加工成为锤子头，然后到钻床钻孔，回到工作台装配锤子头和锤子柄，交给老师检查，实习完毕。

改善后的布局考虑到其他产品加工时，车削之后需要铣削，故放置在磨床与车床之间；最容易发生火灾事故的是焊接机，灭火器应该放置在旁边，钳工过程中特别容易伤手，故急救箱放置在工作台旁；多出来的位置供其他设备摆放。改善后路径并非最优，依旧存在往复走动现象，需要持续改善。

4.5 管理事务程序分析

4.5.1 管理事务程序分析概述

随着社会的发展，自动化、机械化设备的广泛运用极大地促进企业规模的扩大。同时，随着企业的复杂程度越来越高，在实际运作中往往需要多部门、多团队的配合，文件、表单往往作为配合的信号或依据，因此有"（企业）系统＝流程＋表单"的说法，这一类事务定义为企业管理事务。管理事务性工作所占的比例越来越大，而且其重要性日益增强，对于服务贸易型企业尤为明显。管理事务的低效率和小失误直观上不会对生产服务造成多大影响，但事实上管理事务的放大效应非常明显，往往由于一个信息传递的错误，比如材料清单写错或者生产计划下达错误，可能给公司造成重大损失。高效的管理事务流程是企业公关能力的基础，而对于一个管理事务效率低下的企业，突发重大事件可能使其面临灭顶之灾。

管理事务程序分析是以业务处理、生产控制、办公自动化等管理过程为研究对象，通过对现行管理业务流程的调查分析，改善不合理的流程，设计出科学、合理流程的一种分析方法，是工业工程从制造业扩大到服务业等领域的一种方法，往往能够解决"行政办公效率低"的问题。管理事务程序分析的目的如下。

（1）使管理流程科学化

通过对现行管理业务流程的了解，发现其中不增值、不合理、不经济的环节和活动，提出改善方案，使管理流程科学化。

（2）使管理作业标准化

通过详细地调查了解和分析思考，明确作业人员的作业内容，制定相关的作业规程，使管理作业规程标准化。

（3）使管理作业自动化

随着信息技术的不断发展和计算机的广泛应用，原来的手工记录工作、统计工作、报表工作等都可以通过互联网和局域网来传输，工作人员只需打开计算机、查看系统和信息、以鼠标进行操作，就可以完成统计、报表等工作。

（4）达到信息共享，实现无纸化办公

管理事务是以信息传达为主要目的，因而不是某一个人单独所能完成的作业，它可能涉及多个工作人员和多个工作岗位。因此，在管理事务分析中，作业人员和工作岗位之间的协调非常重要。同时，管理事务分析所包含的信息也必须可靠。

4.5.2 管理事务程序分析图

管理事务程序流程图是管理程序分析的工具。在管理事务程序分析图中，用表 4-4 所示的符号将管理事务所涉及的内容形象化地记录下来，进行分析研究，以寻找改善点。其中前 5 种"操作"、"搬运"、"检验"、"等待"、"存储"活动的符号与普通程序分析图一致，但含义有所变化；增加了"单据"、"外购实体"两种活动，其图表可以根据企业实际自定义，这里暂且只增加定义这两个企业最常用的活动。单据往往表示信息流，实体往往表示实体流，为了作图方便，连接信息流的用细线箭头，连接实体流的用粗线箭头。

管理事务程序流程图由表头、统计和图三部分构成。

表 4-4 管理事务程序分析符号

符号名称		符　　号	符号含义
操作		○	签字、审批、处理等
搬运		⇨	对生产对象进行搬运、运输、输送等，或作业人员作业位置变化
检验	数量检验	□	对照标准或技术要求检查数量
	质量检验	◇	对照标准或技术要求检查质量
等待(暂存)		D	等待处理、等待签字、等待审批
存储		▽	保管或存档
特殊符号	单据	▱	填写或生成各种单据
	外购实物	⬡	从外单位购回物品

【本节案例】

在企业工作中，工业工程师负责管理标准作业程序（Standard Operation Procedure，简称 SOP，中文有时简称为标准作业）的变更，本案例以标准作业修改为研究对象，运用管理事务程序分析进行改善。当前某公司标准作业变更流程如图 4-14 所示（实际每次审核签字前后都有半天到两天甚至更长的等待，为了作图方便没有画出），本案例中信息流与实体流同步，所以只用细线画出流动方向。

当工业工程部门获得修改后的标准作业，需要电子工程师、制造工程师、生产管理人员和信息化部门均审核签字后，再递交项目负责人（负责变更标准作业程序）、直属主管（普通主管）、部门主管（科长）、部门最高主管（经理）、制造部主管（生产部长，若为重大项目标准作业程序变更可能要分管生产的副总审核、签字），各阶层领导审核完毕后（会对标准作业程序进行局部修改），还需要新版本标准作业程序方法的设计者、制定标准作业程序文件的员工及该员工所在部门主管、技术中心逐一审核签字，确保各阶层领导意见中合理的修改建议得到贯彻且符合修改目的，最后将新版标准作业程序递交文档科和 IE 部门。一共需要经过 15 个部门或人员的审核，标准作业程序变更流程才能够完成。上图是理想状况下

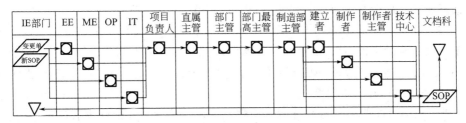

图 4-14 某公司标准作业变更流程

（注：图 4-14 和图 4-15 中 IE 部门表示工业工程部门，SOP 表示
标准作业程序，EE 表示电子工程师，ME 表示制造工程师，
OP 表示生产管理人员，IT 表示信息化部门。）

的流程图，实际中常常由于领导忙于其他事情等意外情况，在一个部门或领导的审核时间短则半天长则一两天，整个流程下来往往需要三天到两周，IE 部门疲于跑单，新的标准作业审批不下来也就不能够执行，不但延误标准作业的推进，同时也占用领导大量时间。多部门领导审核的后果是难以明确责任，领导一忙就无暇细看变更单，更多的是简单签字，起不到审核的效果。

在企业精简管理事务流程的号召下，工业工程部门率先对头疼很久的标准作业变更流程进行改革，简化流程，让与标准作业程序直接相关的技术人员、主管人员进行审核。在此基础上利用 5W1H 对当前流程提问：电子工程师、制造工程师、生产管理人员、信息化部门的审核是否与工业工程部门是否有重叠，是否需要他们审核；层层领导审核签字，他们是否熟悉生产细节的变化，是否与该标准作业程序直接相关；审批完毕后层层确认是否有必要；工业工程部门专门负责标准作业程序的管理，文档科是否有必要参与。使用 ECRSI 方法改善后的流程图如图 4-15 所示。

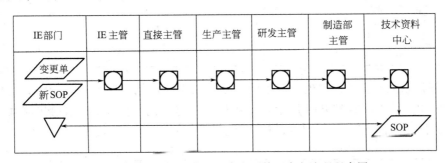

图 4-15 改善后标准作业程序变更管理事务流程程序图

改善后标准作业变更流程经历部门或人员由 15 个减少为 7 个，都是与该标准作业程序直接相关的部门和领导，对该标准作业程序有充分的了解，其审核意见往往更具针对性，责任更为明确。完成 7 个流程需要的时间相对 15 个流程缩短了一半。

【复习思考题】

1. 简述程序分析的概念、特点、分类。
2. 简述程序分析常用符号及含义。

3. 简述工艺程序分析的概念、特点。

4. 简述工艺程序图的组成和作图规则。

5. 某玩具小车的当前装配工艺为：①车体装配（车体用四个螺钉锁紧）；②电机装配（电机、电机盖、齿轮装配）；③后轮装配（后轮两个、连杆、齿轮）；④前轮装配（前轮、连杆）；⑤安装电池；⑥小车总装。

车体装配完毕后才能够进行后续所有步骤，安装完后轮后才能够安装电机，前后轮、电机安装后才能够安装电池，安装电池完毕后才能够进行小车总装，且每一个环节结束后都需要测试。

请画出玩具小车装配的工艺程序分析图，并针对当前方案存在的问题给出改善意见。

6. 简述流程程序分析的概念、特点和分类。

7. 选择自己生活的一天进行流程程序分析，并提出改善意见，绘制改善前后流程程序分析图。

8. 某产品制造过程如表 4-5 所示，绘制该产品流程程序图并提出改善意见。

表 4-5 某产品制造工艺

序号	工作内容	所用设备	时间/分钟	人员/人	距离/米
1	下料	马鞍式切割机	10	2	—
2	搬往下一工序	叉车	3	1	20
3	测定尺寸	游标卡尺	2	1	—
4	弯管	数控弯管机	12	1	—
5	校管	手动弯管机	5	1	—
6	搬往下一工序	叉车	2	1	25
7	焊接	电焊	15	3	—
8	搬到下一工序	叉车	5	1	14
9	泵水检验	泵水检验设备	70	5	—
10	搬到下一工序	叉车	2	1	105
11	表面处理	电镀槽	180	7	—
12	搬到下一工序	叉车	4	1	90
13	保管	仓库	5	1	—

9. 本案例以某汽车零部件生产厂家的一个车用组合电线的制作过程为研究对象。现行设施布置以及物流路线如图 4-16 所示，作业相关内容如表 4-6 所示，请绘出流程程序分析图，进行分析改进，然后，再绘出改进后的流程程序分析图并评价改进效果。

表 4-6 作业相关内容

序号	作业名称	距离/米	时间/分钟	序号	作业名称	距离/米	时间/分钟
1	将电线插入机架		3	8	搬到加工台	20	1
2	用胶带缠好		3	9	组装		3
3	移到嵌入索环台	10	0.5	10	搬到 NO.2 检验台	10	0.5
4	嵌入索环		1	11	NO.2 检验		5
5	搬到 NO.1 检验台	20	1	12	搬到仓库	55	2
6	NO.1 检验		3	13	保管		—
7	暂存		10				

10. 流程程序案例分析（人员流程程序分析）。

新上任的仓库主任发现当前仓库领料区域在每天上班后十分拥挤，领料员等待时间较长，上午尤为严重。仓库主任与员工讨论后决定选择发料为对象进行改善。

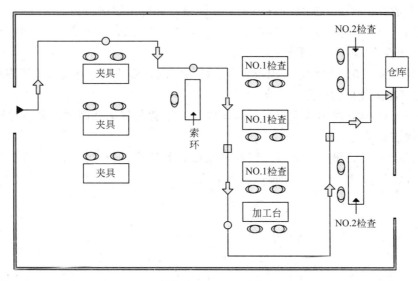

图 4-16　现行设施布置以及物流路线图

仓库的平面布局图如图 4-17 所示。图中①和②代表发料员，③是管理员，④是仓库主管。领料员从最右的大门进入至柜台，柜台内侧有两支 1 米长的固定尺，柜台两端各有一个小匣存放已经发料的领料单。仓库内部设有铁架，存放各种零部件。在仓库最后面的铁架 B 处，堆放有各种长度的铜管、铁管及橡皮管。柜台后面铁架 A 处，存放锯子。

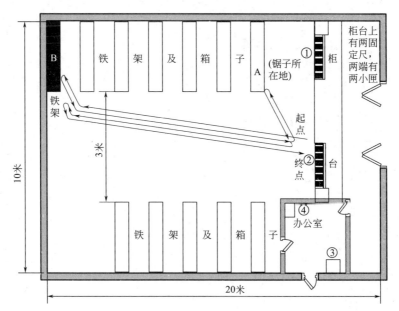

图 4-17　仓库平面布置图和改善前行走路线

以发硬橡皮管为例，说明发料情况。

发料员②审阅领料单，需要发送 1.2 米的橡皮管。发料员②由中间过道走到铁架 B 处（约 15 米），选取比所需长度稍长的橡皮管，拿回柜台；放在柜台固定尺上量取所需长度，用大拇指按住锯切点，拿着橡皮管走到 2 米外的 A 处，拿到锯子后再携橡皮管一道返回到柜台，在柜台上锯切所需长度的橡皮管。锯时以拇指按住锯切点（锯不平，且有受伤危险），锯毕,将锯子放在柜台上(工具没有实现定置管理,日后再用定会再次寻找)。将橡皮管在固定尺上校对后交给领料人;在领料单上签字,再将领料单放入小匣内。最后,将锯下的余料送回仓库后面的铁架 B,锯子放置 A 处。

请你分析当前存在的问题,提出改善方法,绘制改善后的行走路线及流程程序分析图。

① 简述线路图分析的概念、特点。

② 选定一个食堂,绘出其设施布局简图以及学生就餐移动线路图,分析现行布置的优缺点,提出改进意见。

③ 以自身经历的某事务(如移动或联通变更套餐流程、新生报到流程等)为基础,画出其管理事务流程程序分析图,并提出改进建议。

第5章

操作分析

本案例以 A 公司机加工车间为研究对象。

A 公司机加工车间成立时产量较低，车间富余很大空间，随着公司订单的日益增多，陆续增加四条生产线（功能类似）。由于每条线投产时间不一样，机器摆放随意，车间布局稀疏，存在较为严重的孤岛效应，如图 5-1（a）所示。公司一直采用一人一机的方式，员工闲置率高。当前订单猛增使工人常常加班，一方面感觉人手不够，且一线员工招聘越来越困难，另一方面公司领导觉得员工总工作时间较同行略低，在加薪问题上迟迟不给员工答复，员工积极性受挫。

(a) 改善前车间布局　　　　　　　　　　(b) 改善后车间布局

图 5-1　车间布局改善前后的对比

公司领导在参观了本地享有"精益车间"美誉的 B 公司的机加车间后，决定学习 B 公司的一人多机方式，聘请 B 公司的工业工程人员指导改善，并对相关资源进行调整。

首先采用程序分析的各种方法优化工艺流程，利用流程程序分析和线路图分析的方法改变当前的车间布局模式，改"孤岛形布局"为"U 形布局"，如图 5-1（b）所示；接着通过人机操作分析，计算得到理论人机配比应该为1∶3，但是由于当前的限制条件比较多，例如机器加工程序设置不合理导致每间隔 5～8 分钟就需要对机器操作一次，一个周期时间被划分得零零碎碎，为了充分保证机器利用率，当前只能够采用一人两机的运作模式。

操作方法改善时发现，常常由于意外，导致员工忙不过来而导致机器闲置，虽然工资有所提升，但员工还是抱怨劳动量增加、工作紧张、心理压力大。为了解决这些问题，公司决定深入推进工业工程的理念与方法，对现场进行改革与改善。

通过工业工程师的指导，车间管理人员领导全体员工积极参与，改变原有的加工方法，减少上下料次数和上下料难度；设计部分专用工具，提高上下料效率、降低劳动强度；对工人进行培训，学习双手操作，降低疲劳强度、减轻职业病危害；并对每个工位的布局进行优化。数控机床加工时间降低、上下料的时间和次数减少、工人劳动强度降低，成功实现一人三机的运作模式。改善后在不增加机器设备和人员的情况下很好地满足了客户订单，公司领导层在整个制造业工资日增的环境下，开始逐步提高一线工人的工资。员工操作时间确有增加，但操作时间和劳动负荷分布均衡、节奏性强，操作反而容易，工作压力减小。

【讨论题】

1. 操作分析主要解决哪些问题？
2. 你能从本案例中归纳出哪些值得学习的方法？
3. 作为一个工业工程专业学生或专业工程师，如何说服公司领导和员工进行现场改善？

【学习目的与要求】

学习目的：通过本章的学习，理解作业分析的概念、目标，掌握作业分析的要领和方法，熟练运用作业分析应用工具。

学习难点：作业分析中人机之间配合关系以及其他环境对人机关系的影响。

学习重点：掌握作业分析图表技术和方法，进而对现实问题加以研究和改进。

5.1　操作分析概述

5.1.1　操作分析的定义和分类

加工过程、运输过程及检验过程都是由许多基本部分组成的，这些基本活动称为作业。当由一个工人或一组工人在同一个工作地上完成一定（一个或同时几个）劳动对象的那部分工作活动，成为工序。显然，工序是由属性相同或相似并在同一工作地点完成的一组作业活动，它反映多项活动之间的先后顺序关系和相互关联关系。

操作由基本操作和辅助操作构成：基本操作是指使操作对象发生物理或化学变化的操作，例如切削加工、装配、喷漆等；辅助操作是指保证基本操作顺利进行的操作，例如装卸零部件、换刀、停机等操作。

操作分析以工序为研究对象，研究使工人的操作以及工人和机器的配合最经济、最有效的方法。具体来说是研究与分析以人为主的工序，找出影响操作效率的主要因素，重点改进其操作方法和操作顺序，使人、机器和操作对象配合顺畅以及使工作中各操作工人的配合科学合理，以达到提高作业效率和减轻工人劳动强度的目的。

操作分析与程序分析的最大区别是：程序分析以整个生产服务系统为研究对象，研究各个工序间的关系，使整个过程最优化；操作分析则以生产服务系统的某一个工序为研究对象，仔细研究该工序的各个操作，使操作最优化，从而保障该工序的效率和效果。因此可以简单认为，操作分析是程序分析的细化。

操作分析根据主要分析对象不同，分为人机操作分析（Man-machine Process Chart）、联合操作分析（Multiple-activity Chart）和双手操作分析（Operator Process Chart 或 Left and Right Hand Process Chart）。

5.1.2　影响操作的主要因素

进行操作分析时，需要把握影响操作的主要因素，从而便于研究的进行。影响操作的主要因素有以下几方面。

（1）操作者素质

主要包括操作者的操作技能水平、熟练程度和操作者的工作态度两个方面，对于不同阶段和不同状态的人，操作方法可能不一样。

（2）操作工具（方法）

主要包括操作工具（方法）的工作性能（加工效率、操作精度、有效性等）和可操作性（操作是否方便、简单易行）。

（3）操作对象

主要包括操作对象的大小、形状、复杂程度和特殊性。操作对象结构越复杂，加工难度越大；若加工对象特殊，如钛合金、航空零部件等，加工方法与普通零部件的加工方法可能不一样。

（4）工作环境

主要包括工作地布局，原材料、成品、工具的摆放位置，温度、湿度、噪声、照明等。

5.1.3　操作分析的基本要求

（1）从 ECRSI 的视角分析操作

通过 ECRSI 使操作总数减至最低、排列最佳，并使每一步操作简单易行；尽量实现人机同步工作，使某些准备工作、布置工作地点的工作、辅助性工作放在机器运行时间进行；减少物料的运输和转移次数，缩短运输和移动距离，使运输和移动方便易行。

（2）从降低疲劳程度的视角分析操作

设计的操作应该合理利用肌肉群，防止某些肌肉群长时间连续使用而产生劳损，可以建立肌肉群使用手册给予员工指导，培养多能工，实现工作轮换。具体到员工的某一操作，应该发挥双手作用，平衡双手负荷，避免用手长时间握持物体，尽量使用工具。

（3）从改造设备的视角分析操作

要求机器完成更多的工作，例如：自动进刀、退刀、停车、自动检测和自动换刀等。大量生产应设计自动上料落件装置。同时还要考虑经济合理，切忌盲目购买新设备追求自动化，应该充分发挥员工智慧，对设备进行简单实用的改造。

（4）从心理健康的视角分析操作

工作地点应有足够的空间，使操作者有充足的活动空间，同时保证充足的照明、良好的通风等，不能够让员工有过于压抑的感觉。利用目视管理降低操作难度，保证操作质量。当今社会要求保障员工心理健康的呼声越来越高，工业工程师在进行操作分析时应该给予充分重视。

综上所述，通过操作分析，应达到操作的排布合理、操作者的劳动强度减轻、操作的工时消耗减少的目的，同时保证质量和操作者身心健康。

5.2　人机操作分析

5.2.1　人机操作分析概述

人机操作分析是根据现场观察获得人和机器同一时间的工作状况，使用人机操作分析图，对一人一机或一人多机的作业进行分析，分析人和机器的合理配合比，以提高人机利用率。往往追求一人多机或者多人多机，机器采用"U"字形或者"品"字形排布。

人机操作分析的主要目的是发现工人和机器的空闲，通过一人多机或者多人多机来消除空闲。空闲可以分以下三种情况进行考虑。

（1）机器空闲

正常情况下的机器空闲主要是操作者拆卸零部件时机器正常待机；不合理的设备等待多为人机配合比不合理，工人忙不过来而机器空闲，另外就是操作不当或设备故障带来的等待。

（2）员工空闲

员工空闲主要是机器自动运行时员工的等待，可通过一人多机和改善操作方法，将内换模（需要停机才能完成的零部件装卸）时间转换为外换模时间（机器加工时，工人在机器外为下一个待加工零件完成夹紧等辅助操作）来提高员工时间利用率。

（3）机器与人均空闲

往往是由于严重的工序不平衡而导致的待料现象，不单单是本工序的问题，主要通过程序分析解决，在本节中不做深入研究；定期维修、保养、机器故障，这些不在操作分析的研究范畴，主要通过全面效率保全（TPM）来保证机器长期正常。员工迟到早退、擅自离岗也会导致机器与人均空闲，这是纪律意识问题，本节不做讨论。

本节主要讨论单独的机器空闲和员工空闲问题，尤其是那些看起来"正常的空闲"，需要通过分析改善提高人机效率。

一位工人操作机器的最大数量（也称为理论人机配合比）可用式(5-1)计算。

$$N=(L+M)/(L+W) \tag{5-1}$$

式中，L 为装料和卸料的时间；M 为机器工作时间；W 为员工从一台机器走到另一台机器所需的时间，如图 5-2 所示。

实际生产中，由于员工操作时间的不稳定性（操作熟练后操作时间减少，或者因某动作失误需要重做），也会出现工人空闲或机器空闲的现象。人机配合比需要控制在一定的比例

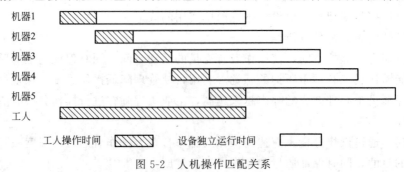

图 5-2　人机操作匹配关系

内，保证操作者有一定的休息时间，防止劳动强度过大或者工作时高度紧张带来生理和心理疾病。人机配合设计根据不同国家、不同企业的需求可能不一样，例如在日本往往追求最高的人员利用效率，而在大部分中国企业往往追求最高的机器利用效率，合理的人机配置，需要考虑企业需求，同时需要工业工程专业人员的持续调研与持续改善。

5.2.2　人机操作分析图

人机操作分析图与程序分析图类似，也是由表头、分析图和统计三部分构成，人机程序图的具体画法有很多种，根据不同企业需求往往有所不同，但是一般遵循以下原则。

① 用适当的距离代表时间比例。例如加工时间短的操作，一毫米代表一秒，加工时间长的一毫米代表一分钟，酌情选择。

② 分别在时间比例尺两侧表述人员与机器作业情况。在操作分析图表中纵向分为三个区域：左侧部分为人员操作情况分析区，其中，左边部分为人员作业内容，右边为作业内容对应的符号表达区域（靠近时间栏），这两部分共同构成人员操作分析区；中间为作业时间标尺区，也称时间栏，时间栏中间画时间轴，按时间比例标出作业内容的高度，由上向下记录工人操作和机器运行状态时间，用来度量和表达人员与机器作业的时间范围；右侧是机器作业分析区，也由两部分构成，其中左边（靠近时间栏）为机器运行状态对应的符号分析区，右边为机器作业内容（状态）。所以，操作分析图表是以时间栏为中心轴的对称布置结构，如图 5-3 所示。在实际运用中，可以根据实际情况进行调整，本书均采用如图 5-3 的布局模式。

③ 统计并记录人与机器的作业时间、空闲时间和操作总时间。

④ 只需绘制一个操作周期（加工完一个零部件的整个过程称为操作周期）。

人机操作分析符号如表 5-1 所示。

表 5-1　人机操作分析符号及含义

符　号	含　义	符　号	含　义
▨▨▨	人员单独工作	▨▨▨	机器自动工作
▤▤▤	联合操作	▭	人或机器等待

【本节案例】

以某著名品牌 3G 手机的金属外壳第七道加工过程为研究对象，当前的工艺流程如下。

① 上料　具体过程为：（此时数控机床门处于开启状态）清理夹具（本案例中均用气枪清理，下文都用清理代指用气枪清理）→清理待加工工件→双手安装待加工工件（由手机金属外壳与本体装配而成，本体支撑金属外壳，防止本体变形）→按气动"内阀门"夹紧待加工工件→用 0.03 毫米锡钢片检验是否装配到位→关门、按下开关，耗时 24 秒。

② 加工研磨面　数控机床加工，耗时 48 秒。

③ 上压板　停止机床、开门→清理加工面→按下气动"外阀门"（夹紧压板的夹具张开）→上压板→按下气动阀门（夹紧上压板）→用 0.03 毫米锡钢片检验是否装配到位→关门、按下开关，耗时 20 秒。

④ 落料、铣 1.35T 槽　数控机床加工使本体与金属外壳分离，铣 1.35T 槽并倒角，耗时 70 秒。

⑤ 取本体　停止机床、开门→清理加工面→按下气动"内阀门"（夹待加工工件的夹具

张开)→取本体→按下气动"内阀门"(令其复位)→用 0.03 毫米锡钢片检验是否装配到位→关门、按下开关，耗时 16 秒。

⑥ 铣 0.75T 槽 数控机床铣 0.75T 槽，耗时 36 秒。

⑦ 取料 停止机床、开门→清理加工面→按下气动"外阀门"（夹紧压板的夹具张开）→取金属外壳放置机床右侧托盘上→准备重复下一轮操作，共耗时 10 秒。

机器加工时间共计 154 秒，人员操作时间 70 秒，总加工时间为 224 秒。

按照传统一人一岗、一人一机的思想，人员利用率只有 31.25%，人机操作图如图 5-3 所示。在工业工程思想广泛运用的今天，很多企业早已不再是一人一机，往往采用一人多机的模式。

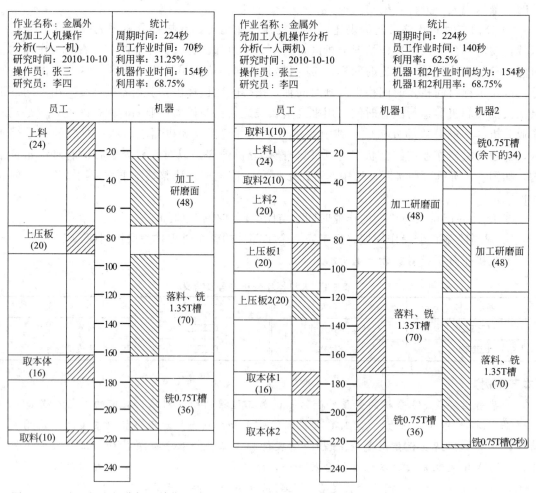

图 5-3 一人一机人机分析（单位：秒）　　　图 5-4 一人两机人机分析（单位：秒）

人机配合比的理论值：$N=(L+M)/(L+W)=(70+154)/(70+0)=3.2$

完全按照理论值进行人机排配，前后工序的衔接时间差可能导致机器停机。为了保证机器利用率最大、停机次数最少，此案例工厂采用一人两台机床的模式。人机分析如图 5-4 所示，从一台机器走到另外一台机器的时间不到一秒钟，为简化问题，忽略不计；▨▨▨表示与机器 1 相关的所有操作，▨▨▨表示与机器 2 相关的所有操作，对于图形的设计应该灵活使用；由于实际操作中取料和上料两个步骤往往是同时完成的（可以节省开关门时间和来回走步时间），可以选定上一个零件机器加工结束但没有取出成品时为第一个周期的开始，这样便于问题分析，简化作图。采用一人两机，机器利用率不变，而员工效率提升一倍，改善效果明显。

通过分析当前人机操作的每个环节发现以下几个问题。

① 为何在上料环节时清理待加工件？

回答：这样好像方便，一直都这样。

问：能否提前做？

回答：可以在机器加工时预先清理待加工件。

通过分析可知，在上压板之后时间富裕较多，可以在此环节清理待加工件，将 2 秒钟的内换模时间改为外换模时间。

② 加工研磨面时连续走刀三次，第三次仅仅是为了去除毛刺，能否将去除毛刺融入前两次走刀？

回答：这个可以尝试，但是得改变前两次走刀方式，需要验证。

通过反复验证，改变前两次走刀角度，删除第二次走刀环节，节约时间 10 秒。

③ 在取本体时很容易伤手，而且容易卡死，导致操作超时，能否设计辅助工具，改善操作方法？

回答：这个很容易做到，在夹具上增加几根弹簧，本体可以自动弹出，同时设计小工具取出本体。

通过增加弹簧（如图 5-5 所示），设计取本体小工具，在取本体环节，节约时间 5 秒，保证了员工的健康、降低疲劳强度。增加弹簧后夹紧环节也变得容易，减少上料、上压板的时间。

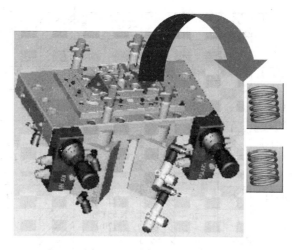

图 5-5　安装弹簧示意图

④ 为何两次铣 T 槽要分开？

回答：0.75 铣刀容易撞伤本体，所以在铣 0.75T 槽前必须取出本体。

问：能否减小本体或者减少铣刀大小？

回答：本体不能够再小了，否则会导致局部应力集中，金属外壳加工完毕后会变形。只能够考虑减小铣刀尺寸。

问：多少为宜？

回答：需要测试，要不伤及本体，铣刀至少应该为 0.70。

通过分析、（在试验设计思想的指导下）反复尝试，调整加工参数，0.70 铣刀能够保证工作质量，延迟取本体环节（并入到取料环节，能够节约时间），节约开关门时间。此改善共计节约时间为两次铣 T 槽减少机床来回的复位时间 4 秒。

改善后，操作步骤为：①上料耗时 18 秒；②加工研磨面耗时 37 秒；③上压板耗时 14 秒；④落料、铣 1.35T 槽耗时 70 秒；⑤铣 0.70T 槽耗时 32 秒；⑥取本体、取料耗时 14 秒。

在④、⑤过程机床自动运行时间内，员工灵活选择时间完成清洗待加工工件的工作（2 秒）。改善后，周期时间为 186 秒，其中机器加工时间 140 秒，人员操作时间 96 秒（也可以认为是 92 秒，清洗两个待加工工件的 4 秒钟可以灵活分配）。

人机配合比的理论值：$N=(L+M)/(L+W)=186/48=3.875$ 或者 $186/46=4.04$

综合分析，为了保证机器利用率最高，当前只能够选取一人两机的配合方式，人机程序分析图如图 5-6 所示，其中清洗的 4 秒钟可以随机安排，一次清洗两个。经过人机操作分析证明方案可行，现在该方案已开始全面实施。

要想进一步提高人机器利用率，需要解决上压板问题，通过改变加工方法，消除上压板环节或者使之能够在上料时完成，同时优化加工路径与参数，减少机器加工时间。通过长期

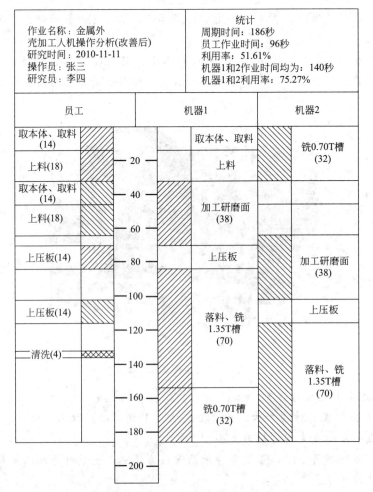

图 5-6　改善后一人两机人机分析（单位：秒）

技术改造，现在已经消除上压板环节，通过设计新工具大幅减少人员操作时间，选用新刀具、优化加工参数、减少机器加工时间，现在已经实现一人三机操作，大大地提高了效率，同时也提高了公司在市场中的竞争力。

5.3　联合操作分析

5.3.1　联合操作分析概述

人机操作分析多是研究单个操作者的操作；实际生产中，常常是同一工位需要多个操作者，多人工作过程中常存在等待或者相互干涉的现象，通过简单的人机操作分析达到改善的目的往往比较困难，需要进行联合操作分析，寻找合理的操作顺序和方法，使多位操作者搭配合理，操作轻松、高效。

通过以上分析可以得到联合操作分析的定义：联合操作分析是对作业于某一对象的一组操作人员（两个或两个以上）的操作过程进行现场观察，发现并解决人员协作中的不经济、不均衡和不合理的现象，提高机器利用率、平衡人员负荷、使人机配合更合理的一种分析方法。

5.3.2　联合操作分析图

联合操作分析将多种操作记录在同一时间坐标上，反映一组工人共同操作一台机器或不同工种的工人共同完成一项工作时，他们之间的相互配合关系。联合操作图的符号与人机操作分析图相同，表头也类似，这里不再赘述。

通过联合操作分析图，可以直观反映各作业者等待的情况、各作业者的生产率、共同作业中耗时最长的作业等，方便进行改善、平衡各作业者的负荷。

【本节案例】

以某轿车公司冲压线第四台压力机为研究对象，对其运行和换模过程进行联合操作分析。为了方便学习，对整个操作流程进行了简化。通过冲压技术人员的不断改善，该公司当前不同模具的换模时间最长与最短相差在两分钟以内，暂且认为任何模具的换模时间都一样。实际操作中由两组工人完成换模，一组以移动模具为主，　组以更换端拾器（也叫机器臂吸盘，用于移动冲压件）为主，为了简化，移动模具相关工作由员工甲完成，更换端拾器相关工作由员工乙完成。随着多品种小批量的发展，切换模具间隔由80分钟降低为60分钟（模具使用60分钟即换下一个，不含换模时间），原有的换模方法如下。

员工甲：（在员工乙完成拆除模具电路后）拆卸模具1（10分钟，当前正在工作的模具为模具2）→用天车吊走已拆卸模具1（10分钟）→预装托杆（8分钟）→用天车运来模具3（10分钟）→预装板料（用于测试模具配合是否到位）（8分钟）→（等待员工乙完成相关工作、冲压机停机后才能换模）配合员工乙完成换模（10分钟）。

员工乙：拆除模具1电路（线）（8分钟）→（等待板料预装测试合格后）安装模具电路（10分钟）→准备端拾器（5分钟）→（等待换模时间到，冲压机停机后）换模（10分钟）。

原换模操作流程如图5-7所示。

通过图5-7的联合操作分析，在一个换模周期内员工甲工作时间比乙长22分钟，工作

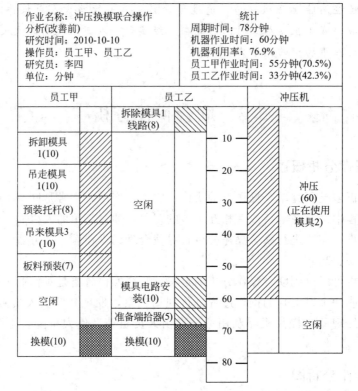

图 5-7 冲压联合操作分析（改善前，单位：分钟）

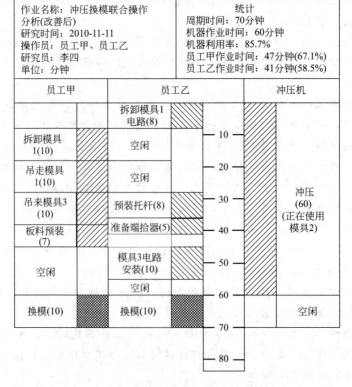

图 5-8 冲压联合操作分析（改善后，单位：分钟）

负荷分配不合理，而且出现了冲压机换模时间已到但是外部准备未能完成（冲压机的时间成本远高于人工成本）的情况，按照新的工作时间和节拍速度要求，原来的操作方法无法满足当前需求，亟须改善。

通过平衡员工甲和员工乙的工作，可以由员工乙分担员工甲的预装托杆，并在能够同时工作的环节，员工甲、乙并行作业。改善后的联合操作分析图如图 5-8 所示，员工甲乙换模准备的时间缩短在 60 分钟以内，不影响冲压机的正常工作，员工甲乙负荷基本平衡（员工乙技术性较强，脑力劳动负荷较员工甲大，虽然时间短，整体是平衡的）。

通过持续改善，实行多能工培养（员工甲乙能够胜任对方的工作），在当前一个换模准备时间内（当前为 60 分钟），员工甲乙能够为两台冲压机做好换模准备，在换模时只需要一人即可以完成换模，也就是员工甲乙能够为两台冲压机换模。这个就是联合一人（一个团队）多机操作，其分析方法与人机操作分析相同，只是把一组人看成一个人来分析，在这里不再赘述。

5.4 双手操作分析

5.4.1 双手操作分析概述

在完成人机操作分析、联合操作分析之后，进一步细化，就深入到了双手操作分析过程。由于人的喜好、习惯和工作布局、操作方法等因素的影响，大部分员工的双手负荷处于不均衡状态，往往右手负荷远大于左手，这样不仅会降低劳动效率，而且长此以往会导致较为严重的职业病。

双手操作分析就是以操作人员的双手为研究对象，按照动作经济性原则和 ECRSI 方法，删除笨拙、无效的动作，平衡、协调双手动作，改善工具、物料和设备的布局，达到提高效率和平衡双手操作的目的。

5.4.2 双手操作分析图

双手操作图采用的符号和流程程序分析的符号基本相同，但是含义略有不同，且一般没有检验，具体如表 5-2 所示。

表 5-2 双手操作分析符号及含义

符号名称	符 号	符号含义
操作	○	将生产对象进行加工、装配、合成、分解、包装、处理等
搬运	⇨	搬运物品以及手移动的操作
等待	D	手的延迟与等待，手不动且为空时即为等待
保持	▽	手拿着工件、材料或者工具的操作

双手操作分析图除了表头、统计和分析操作内容的图表外，一般还附上工作场所的平面布局图（简图或草图即可），这一点很重要，它有利于其他人读懂双手操作分析图，发现现有双手操作分析中不合理的地方。

绘制双手操作分析图需要注意以下五个原则。

① 必须深入到生产现场，观察全部操作，了解情况，并明确操作中的循环周期、起点和终点。

② 作图时，先在左上角记录有关资料，如现行方法、改善方法、工作名称、研究日期与编号、操作人、研究人、审查人的姓名及操作的起点（开始）、终点（结束）、工具、材料、工作的规格、精度等，以上内容构成正式双手操作分析图的表头。

③ 右上角画工作场所的平面布置图（如工作台上的布置），标明操作对象、操作工具的名称。

④ 图的中间分别记录左右手动作。边观察边记录，一次观察一只手的动作。通常先记录右手，将其动作记录于记录纸的中间靠右部分，并反复补充、核对和校正，切勿遗漏。再以同样的程序及要求，记录左手的动作于记录纸的中间靠左部分。必须注意，左右手的同时动作应画在同一水平位置，并且要多次核对左右手动作的关系，使记录准确无误。在具体分析时，应边观察边记录，一次只观察一只手的动作。随着摄像机的普及，也可以摄像后反复查看获得左右手的信息，并可以用软件进行分析。

⑤ 记录完成后，应将左右手的动作分别进行统计，统计资料可放在表格中相应的位置（如底端左侧或右侧）。

双手操作图的分析要点同程序分析一样，采用"5W1H"提问技术和"ECRSI"优化原则进行分析，尽量简化、减少各种动作，平衡双手动作，避免独臂和单手操作的现象。

【本节案例】

案例1：打热水双手操作分析

以生活中到热水房用保温瓶打热水为例进行双手操作分析，首先分析"独臂大侠"（只用一只手，本案例假设用右手）用两个保温瓶打热水的方法。

内容：进入水房（右手提着两个保温瓶），先将两个保温瓶放置于接水平台上，用右手打开保温瓶1瓶盖，然后移至水龙头1下，打开水龙头（螺旋式，将阀门调至最大，历时3秒）；右手打开保温瓶2瓶盖，然后移至水龙头2下，打开水龙头（假设无论是几个水龙头工作，所有水龙头流速均相同）。等待保温瓶1接满后关闭水龙头，右手移动保温瓶至合适位置后盖上保温瓶1的瓶盖；等待保温瓶2接满后关闭水龙头，右手移动保温瓶至合适位置后盖上保温瓶2的瓶盖。用右手提起两个保温瓶，离开水房。双手操作分析图如图5-9所示：

右手一直忙碌，左手一直空闲，明显不合理。现实生活中很少有人仅仅只让一只手忙碌而让另一只手闲置，但是实际工作中两手作业量和作业时间差异却很大。

通过分配部分右手任务给左手，进水房时左右手各提一个保温瓶，双手同时放下两保温瓶（同时很难做到，本案例为了简化，认为几乎是同时），同时打开瓶盖，同时移至水龙头下，同时打开两水龙头，等待，再同时关闭水龙头，同时移开保温瓶，同时盖上瓶盖，然后抓起保温瓶离开水房。改善后的双手操作分析图如图5-10所示。

改善的效果非常明显，双手负荷较为均衡，操作的总时间由原来的38.5秒减少到了32秒，动作由19个减少为11个，效率大幅提升。读者可以根据此分析尝试用优化后的方法打开水，验证其效果（各水房水龙头流速不同，时间可能略有差异），发现不足之处，持续改善。

事实上左右手能力不完全相同，要做到双手操作需要通过一段时间的培训和锻炼，因此标准作业都是建立在科学的训练和实地操作基础上的。在生活中，例如本案例，普通人不会

工作名称:打热水双手操作分析(改善前)		活动内容	左手	右手	工作地布置简图
操作者:	张三	操作○	0	8	水房
研究者:	李四	搬运⇒	0	7	①②
审核者:	王五	等待□	19	2	操作者
研究日期:	2010-10-10	保持▽	0	2	
		总动作数	19	25	①②表示保温瓶1、2
编号:	001	总时间/秒	38.5		

序号	左手动作	操作○	搬运⇒	等待□	保持▽	操作○	搬运⇒	等待□	保持▽	右手动作	时间/秒
1	等待			□					▽	抓着保温瓶(进入水房)	3
2	等待			□			⇒			放置平台上	0.5
3	等待			□		○				打开保温瓶1瓶盖	2
4	等待			□			⇒			移动保温瓶1至水龙头1	1
5	等待			□		○				将水龙头阀门调至最大	3
6	等待			□			⇒			移动至保温瓶2	0.5
7	等待			□		○				打开保温瓶2瓶盖	2
8	等待			□			⇒			移动保温瓶2至水龙头2	1
9	等待			□		○				将水龙头阀门调至最大	3
10	等待			□				□		等待保温瓶1接满水	8
11	等待			□		○				关闭水龙头1	2.5
12	等待			□			⇒			移动保温瓶1至合适位置	0.5
13	等待			□		○				盖好保温瓶1的瓶盖	1
14	等待			□				□		等待保温瓶2接满水	2.5
15	等待			□		○				关闭水龙头2	2.5
16	等待			□			⇒			移动保温瓶2至合适位置	0.5
17	等待			□		○				盖好保温瓶2的瓶盖	1
18	等待			□			⇒			抓起两个保温瓶	1
19	等待			□					▽	抓着保温瓶(离开水房)	3

图 5-9 "独臂大侠"打热水双手操作分析

刻意培训使双手能力基本相同,但是用这个思想优化生活中的操作,可切实提高作业效率。对成熟或竞争力高的行业,企业只有通过作业能力的提升来提高作业者的素质和工作效率,从而提高流程效率、降低成本、保障质量,以更短的交货期获得竞争优势。

案例 2:焊接电容双手操作分析

现以学生电工实习中在电路板上焊接电容为研究对象,进行双手操作分析。当前某学生操作方法如图 5-11 所示,操作很容易,看起来双手负荷差不多,似乎很合理。

如果仔细分析会发现,操作时间为 24 秒,而来回移动手的时间长达 14 秒;尤其严重的是焊接错误率较高,常把两个电容混淆,焊错位置;左右手交换次数较多,电烙铁随意水平放置于烙铁架上;当注意力不够集中时,还会误把烙铁当作电容拿取,结果烫伤手指。通过5WIH 分析和 ECRSI 方法,对当前操作进行改善。

① 定置管理,电容 1、电容 2 分别放在操作者两侧,左手拿电容 1,右手拿电容 2,双手同时操作。

工作名称：打热水双手操作分析(改善后)		活动内容	左手	右手	工作地布置简图
操作者：	张三	操作 ○	5	5	水房
研究者：	李四	搬运 ⇒	3	3	② ①
审核者：	王五	等待 □	1	1	操作者
研究日期：	2010-11-11	保持 ▽	2	2	
编号：	002	总动作数	11	11	①②表示保温瓶1、2
		总时间/秒	32		

序号	左手动作	操作 ○	搬运 ⇒	等待 □	保持 ▽	操作 ○	搬运 ⇒	等待 □	保持 ▽	右手动作	时间/秒
1	抓着保温瓶2(进入水房)				▽				▽	抓着保温瓶1(进入水房)	3
2	放置平台上		⇒				⇒			放置平台上	0.5
3	打开保温瓶2瓶盖	○				○				打开保温瓶1瓶盖	2
4	移动保温瓶2至水龙头2		⇒				⇒			移动保温瓶1至水龙头1	1
5	将水龙头阀门调至最大	○				○				将水龙头阀门调至最大	3
6	等待保温瓶2接满水			□				□		等待保温瓶1接满水	14.5
7	关闭水龙头2	○				○				关闭水龙头1	2.5
8	移动保温瓶2至合适位置		⇒				⇒			移动保温瓶1至合适位置	0.5
9	盖好保温瓶2的瓶盖	○				○				盖好保温瓶1的瓶盖	1
10	抓起保温瓶2	○				○				抓起保温瓶1	1
11	抓着保温瓶(离开水房)				▽				▽	抓着保温瓶(离开水房)	3

图 5-10　改善后打热水双手操作分析

② 一次性对电容1和电容2进行焊接，减少拿取锡线和烙铁的次数，同时将锡线悬挂于电路板上方，减少拿取时间。

③ 采用防错技术，防止误拿电烙铁。设计立式电烙铁架，每次用完后插入（烙铁头朝下），即便不小心碰到也不会伤手。

改善后焊接电容的双手操作分析如图5-12所示。

通过改善，该工序的操作时间由38秒减少到27秒，同时移动物体的时间和次数均大大减少，其中移动次数由14次减为12次，重要的是电容装错的现象此后再也没有发生，更没有再发生不小心抓到电烙铁而烫伤手指的事故。

案例3：印刷网格板双手操作分析

现选取A车间某印刷网格工位（类似于老式油墨滚筒手动印刷机印刷文件，在产品表面印刷网格是为了美观、同时防滑）进行双手操作分析。

其主要操作是：将待印刷的产品放置模具中（上下模之间，自然状态下上下模是分开的），然后压紧，在上模用特殊刷子一刷，通过光电感应，设备自动在刷子刷过的区域印制网格，完成后取出成品，进入下一个循环。在实际双手操作分析中，为了作图方便，往往仅用符号记录双手操作过程，而无须绘制表格，当前双手操作分析如图5-13所示。

通过对当前印刷网格工位的双手操作分析，发现左手存在大量等待时间，操作复杂程度不高，左右手均可以完成（左右手能力并非完全相同，对某些复杂程度很高的动作，推荐用员工最常用的手）。通过调整布局，将待加工板材放在操作者左边，"取待加工板材"由左手完成。改善后印刷网格双手操作分析如图5-14所示。

此改善方法不但使得双手动作数目减少了，而且达到了双手作业的均衡化、对称化，减

工作名称：焊接电容双手操作分析(改善前)	活动内容		左手	右手	工作地布置简图
操作者：张三	操作 ○		2	2	
研究者：李四	搬运 ⇨		8	6	
审核者：王五	等待 ▭		0	4	
研究日期：2010-10-10	保持 ▽		2	0	
编号：003	总动作数		12	12	
	总时间/秒		38		操作者

序号	左手动作	操作○	搬运⇨	等待▭	保持▽	操作○	搬运⇨	等待▭	保持▽	右手动作	时间/秒
1	取电路板放置工作台		⇨				⇨			取电路板放置工作台	2
2	取电容1		⇨					▭		等待	1
3	将其插入电路板上	○						▭		等待	7
4	取锡线		⇨				⇨			取电烙铁	2
5	握住锡线				▽	○				焊接	5
6	放回焊线		⇨				⇨			放回电烙铁	2
7	取电容2		⇨					▭		等待	1
8	将其加入电路板	○						▭		等待	7
9	取锡线		⇨				⇨			取电烙铁	2
10	握住锡线				▽	○				焊接	5
11	放回焊线		⇨				⇨			放回电烙铁	2
12	电路板放至指定位置		⇨				⇨			电路板放至指定位置	2

图 5-11　改善前焊接电容双手操作分析

工作名称：焊接电容双手操作分析(改善后)	活动内容		左手	右手	工作地布置简图
操作者：张三	操作 ○		1	3	
研究者：李四	搬运 ⇨		6	6	
审核者：王五	等待 ▭		0	0	
研究日期：2010-11-11	保持 ▽		2	0	
编号：004	总动作数		9	9	
	总时间/秒		27.5		操作者

序号	左手动作	操作○	搬运⇨	等待▭	保持▽	操作○	搬运⇨	等待▭	保持▽	右手动作	时间/秒
1	取电路板		⇨				⇨			取电路板	2
2	取电容1		⇨				⇨			取电容2	1
3	电容1插入电路板	○				○				电容2插入电路板	8
4	取锡线放在电容1上		⇨				⇨			拿电烙铁	2
5	握住锡线				▽	○				焊接	5
6	把锡线放在电容2上		⇨					▭		等待	0.5
7	握住锡线				▽	○				焊接	5
8	放回锡线		⇨				⇨			放回电烙铁	2
9	电路板放至指定位置		⇨				⇨			电路板放至指定位置	2

图 5-12　改善后焊接电容双手操作分析

工作名称:印刷网格板双手操作分析(改善前)	活动内容	左手	右手	工作地布置简图
操作者: 张三	操作 ○	2	7	车间
研究者: 李四	搬运 ⇨	3	7	模具 / 板材 刷子 成品
审核者: 王五	等待 □	8	2	操作者
研究日期: 2010-10-10	保持 ▽	1	0	
编号: 005	总动作数	14	14	
	总时间/秒	8.5		

序号	左手动作	操作 ○	搬运 ⇨	等待 □	保持 ▽	操作 ○	搬运 ⇨	等待 □	保持 ▽	右手动作	时间/秒
1	等待			□			⇨			移动至取待印刷板材	0.5
2	等待			□		○				拿起板材	0.25
3	等待			□			⇨			移动到上下模具之间	0.5
4	等待			□		○				放好板材	0.5
5	移动至上模上表面		⇨				⇨			移动至刷子	0.5
6	握住把手	○				○				拿起刷子	0.25
7	往下压		⇨				⇨			移动到上模上表面	0.5
8	保持压紧状态				▽	○				印刷	2
9	缓慢松开		⇨				⇨			移动刷子至原位置	0.5
10	放手	○				○				放开刷子	0.25
11	等待			□			⇨			移动至成品(上下模间)	0.5
12	等待			□		○				取出成品	1.5
13	等待			□			⇨			移动至指定位置	0.5
14	等待			□		○				放下成品	0.25

图 5-13 改善前印刷网格双手操作分析图

工作名称:印刷网格板双手操作分析(改善后)	活动内容	左手	右手	工作地布置简图
操作者: 张三	操作 ○	4	5	车间
研究者: 李四	搬运 ⇨	5	5	模具 / 板材 刷子 成品
审核者: 王五	等待 □	0	0	操作者
研究日期: 2010-11-11	保持 ▽	1	0	
编号: 006	总动作数	10	10	
	总时间/秒	7		

序号	左手动作	操作 ○	搬运 ⇨	等待 □	保持 ▽	操作 ○	搬运 ⇨	等待 □	保持 ▽	右手动作	时间/秒
1	移动至取待印刷板材		⇨				⇨			移动至成品(上下模间)	0.5
2	拿起板材	○				○				拿起成品	1.5
3	移动到上下模具之间		⇨				⇨			移动成品至指定位置	0.5
4	放好板材	○				○				放下成品	0.5
5	移动至上模上表面		⇨				⇨			移动至刷子	0.5
6	握住把手	○				○				拿起刷子	0.25
7	往下压		⇨				⇨			移动到上模上表面	0.5
8	保持压紧状态				▽	○				印刷	2
9	缓慢松开		⇨				⇨			移动刷子至原位置	0.5
10	放手	○				○				放开刷子	0.25

图 5-14 改善后印刷网格双手操作分析图

少了低效率的动作，左手操作由单一的保持动作得到了明显的改善。改善后由于双手同时操作，作业难度略有增加，部分操作时间有所增加，操作的时间由原来的 8.5 秒减少为 7 秒，改善虽小，但日积月累效益依旧可观。

【复习思考题】

1. 简述操作分析的定义、意义。
2. 操作分析与程序分析的区别。
3. 简述影响操作的主要因素。
4. 简述人机操作分析的概念和基本原则。
5. 简述联合操作分析的概念及应用特点。
6. 简述双手操作分析的概念和双手操作分析所运用的符号的含义。

7. 人机作业分析案例：

加工 A 产品，员工分别完成装卸、按停机器操作。其中，上料时间为 4 秒，拆卸时间为 2 秒，清理成品时间为 1 秒，数控机床加工时间为 35 秒，员工从一台机器走到另外一台机器的时间为 4 秒，请计算出理论人机配合比，并分别做出一人两机操作分析图和一人三机操作分析图，计算周期时间、人员效率和机器利用率。试分析当前存在的主要问题，应该如何改善。

8. 联合作业分析案例：

以某铣床铣削加工为研究对象，铣削某铸件的 B 平面，粗铣时间为 15 分钟，精铣时间为 10 分钟，师徒两人同时进行操作。粗铣时师傅操作铣床，徒弟将上一个加工完毕的铸件用小推车运送到 30 米外的磨床，并在离铣床 15 米处领取待加工的铸件，历时 6 分钟，回到工位后为清理精铣刀具耗时 2 分钟；粗铣完毕后，师傅换刀并校准，徒弟协助，耗时 4 分钟；精铣时师傅操作，徒弟清理粗铣刀具耗时 2 分钟。

请画出联合操作分析图，并给出操作周期时间，周期内师傅、徒弟、机器的操作时间和利用率。

9. 请你以生活中的小事，如系鞋带、食堂师傅打菜、复印店员工复印等过程进行双手操作分析，并对其进行改善，做出改善后的双手操作分析图。

第6章

动作分析

本案例以国内某自主品牌轿车公司的焊装车间的后边梁凸焊工位和 CO_2 补焊工位焊接 B455 螺母为研究对象。

改善前如图 6-1 所示，主要动作为：

① 员工走到焊接机右侧一米处的货架上取一个螺母；

② 弯腰在焊接机左侧 0.5 米处拾取一个待焊后边梁部件；

③ 左右手协作将螺母放置于焊接件指定位置；

④ 双手按住焊接件，脚踩踏板开关；

⑤ 转身将焊接件放置在背后一米处货架上。

存在的主要问题是：左右手协作将螺母放置于焊接件指定位置时，若员工一时疏忽不小心踩下脚踏板，容易发生伤手事故（曾有一名员工为此受伤）；员工来回走动、弯腰，容易疲劳，效率低。

为此工业工程科牵头对此进行改善。通过对员工操作进行分析，遵循动作经济性原则对此工位进行改善。将放置螺母的货架移至焊接机旁，员工取螺母无须走动；利用重力原理，设计一个小滑道，对准焊接头，只需左手将焊接点对准焊接头，右手在滑道上放置螺母即可完成将螺母准确放置于焊接点的任务，然后踩下脚踏板完成焊接动作，消除了安全隐患；在焊接机右侧放置斜式物料架，取待焊接件、放置焊接件均无须走动。改善后如图 6-2 所示。

改善效果：彻底根除安全隐患，降低工人疲劳程度；每次焊接螺母减少工时 4 秒钟，按照年产量和员工小时工资计算，每年可以节约 1372 元的工时费用，而员工自己设计滑道成本仅为 20 元。通过改善解决了实际问题，员工能力也得到了提高。

  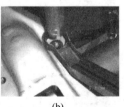

(a)　　　　　　(b)　　　　　　　　　　(a)　　　　　　(b)

图 6-1　改善前的焊接操作　　　　　图 6-2　改善后的焊接操作

通过分析，该工位依旧存在以下几个问题需要持续改善：①左右手劳动负荷不均，左手负荷长期高于右手负荷；②关键部位光照不够充分。

【讨论题】

1. 是否有更合适的动作，是否还存在无效动作？
2. 依旧存在的两个问题如何解决？
3. 动作分析有什么实际意义？

【学习目的与要求】

学习目的：通过本章的学习，理解动作分析的概念，领会作业分析的作用，掌握动素分析内容和实施的步骤，了解影像分析的方法、步骤，掌握动作经济性原则。

学习难点：动素分析中各动素的准确把握，动作经济性原则的运用。

学习重点：动素分析的运用，动作经济性原则的运用。

6.1　动作分析概述

6.1.1　动作分析的目的

通过程序分析可对生产服务流程进行优化，操作分析可对某工位作业顺序进行优化，而针对生产服务系统最细致的环节——操作者的每个动作，就需要动作分析来优化。只有使用合理的动作顺序和方法，才能够真正保证员工的生理和心理健康，保证工作质量，提高劳动效率。动作分析始于吉尔布雷斯夫妇，经过近百年的发展，不仅广泛运用在生产服务系统中，还在航空航天、体育竞技等对动作精准度要求很高的领域大有作为。

动作分析是微观层面的改善技术，通过对人的作业动作进行细微分析，删除各种不科学的、低效的和无效的动作浪费，研制出轻松、省时、安全、高效的动作序列，以形成当前最经济有效的作业动作。

动作分析的目的：①发现人和机器有关动作的缺陷，简化操作方法，减少工作疲劳；②为选择、改进和设计人与机器相结合的工艺设备提供可靠的资料；③为制定工作标准和标准时间提供基础资料；④提高研究对象的技能水平。

6.1.2　动作分析的分类

动作分析根据精确程度不同可以分为以下四类。

（1）目视动作分析

用目视观察的方法寻求改进动作的方法。一般是详细观察各个操作单元，按照动作经济性原则来进行分析、寻找不合理的地方进行改善，所以目视动作分析的实质就是动作经济性原则。由于操作简单易行，在生产实际中运用广泛。

（2）动素分析

人的动作千变万化，但是吉尔布雷斯夫妇总结发现任何动作都可以分解为 17 个基本动作要素（后增加至 18 个），简称为动素（Therblig）。通过仔细记录整个作业过程中员工的动作，对动作按动素进行分解，然后删除无效动素、合并可以合并的动素、简化难度高的动素，就可以形成新的更经济、更有效的动作，优化后的一系列动作进而形成动作序列，从而达到降低员工疲劳度、提高生产效率的目的。

（3）影像分析

采用摄像或录像的方法进行动作分析，不仅可以记录人的全部操作活动，而且事后还可以根据分析需要反复再现，通过更为细致的分析寻找动作中不合理的地方，进而进行改善。影像分析又分为瞬时动作分析和细微动作分析。

动素分析与影像分析广泛运用在体育竞技、医疗手术、航空航天和军事训练等对动作精准度要求非常高的领域。动素分析往往也需要借助摄像，摄像之后也需要对每个动素逐一分析，根本是动素，摄像只是一种工具；影像分析，往往借助信息化技术对摄像进行分析，而这些信息化技术的基础就是动素分析。在实际运用中，两者总是同时使用，可以认为是一种方法，即新动素分析法。

（4）软件分析

随着科学技术的日新月异，工业工程人员往往结合计算机技术对瓶颈工序进行动作分析和工时测定，减少瓶颈工序时间，从而达到优化生产线和提高生产率的目的。近年来，国内外开发并投入使用的动作分析工具主要有：CAWS（IE 工业工程软件）、IEMS（动作分析软件）、GSD（时间分析软件）和达宝易工业工程软件等。本书介绍的 IEMS 和达宝易软件都是较为常用的工业工程动作分析软件，操作方便，功能强大，对于生产现场的操作和流程具有很好的改善和优化作用。

6.2 动素分析

6.2.1 动素及动素的分类

"动作研究之父"吉尔布雷斯（Frank B. Gilbreth）认为人所进行的作业是由某些基本动作要素按不同方式、不同顺序组合而成的。这些基本动作要素一共有 17 个，后由美国机械工程师协会增补"发现"（Find）动素至 18 个。每个动素的符号及含义见表 6-1。

这 18 种动素可以分为如下 3 类。

第一类为完成动作所必需的动素。包括伸手、抓取、移物、装配、使用、拆卸和释放 7 个动素。这些都是完成作业所必须的动素。对这类动作的改善重点是取消不必要的动作，同时对工件的摆放、方向、距离、使用条件等进行研究改善。第一类动素又细分为核心动素（装配、使用、拆卸）和常用动素（伸手、抓取、移物、释放）两小类。

第二类为第一类动素的辅助动素。包括寻找、发现、选择、预对、定位、检验和计划 7 个动素。这些动素有延缓第一类动素的倾向，它们通常是必需的，但可通过改进工作地的布局来减少或消除。

第三类是与工作无关的动素。包括持住、休息、延迟和故延 4 个动素。这些动素与工作无关或无益，是动作分析改善的重点。通过使用简单的夹持工具，合理地工作地布局，调整动作的顺序，都可以消除或减少这些动素。

表 6-1　动素的名称、代号、符号及定义

类别	序号	动素名称	代号	符号	举例 拿起桌上的水杯泡茶	颜色
第一类动素	1	伸手(Reach)	RE	⌣	伸出手(伸向放水杯的地方)	草绿
	2	抓取(Grasp)	G	⋂	抓住水杯	红
	3	移物(Move)	M	⌣	把水杯拿过来	绿
	4	拆卸(Disassemble)	DA	╫	打开水杯	淡红
	5	使用(Use)	U	U	喝茶	紫红
	6	装配(Assemble)	A	#	盖好盖子	紫
	7	释放(Release Load)	RL	⌢	放好杯子	洋红
第二类动素	8	寻找(Search)	SH	⬭	找茶叶	黑
	9	发现(Find)	F	⬯	看到茶叶	一
	10	选择(Select)	ST	➤	选择一包茶叶	浅灰
	11	计划/思考(Plan)	PN	⌐	要倒多少茶叶	棕
	12	检验(Inspect)	I	( )	查看茶叶是否正常	深褐
	13	定位(Position)	P	⌇	(假设已再次打开杯子)对准杯口	蓝
	14	预对/准备(Preposition)	PP	8	准备倒入茶叶	浅蓝
第三类动素	15	持住(Hold)	H	⌂	(假设已倒入茶叶)握住杯子	金
	16	迟延(unavoidable-delay)	UD	⌔	有人在打开水,等待	黄
	17	故延(Avoidable Delay)	AD	⌐	没有人排队了,但是没有留意	柠檬黄
	18	休息(Rest)	RT	⌐	泡好茶了,看书也累了,休息	橘黄

注：1. "伸手"动素原英文为"Transport Empty"，也称"运空"；"移物"动素原英文为"Transport Loaded"，它们分别表示手的移动与物的两种关系，也称"运实"。

2. "定位"动素在某些教材中被归为第一类动素的，但由于它与"预对"的近似性，本教材将其归为第二类动素之列。

3. "检验"动素也有教材归为第一类动素，主要是认为它是必要动作。从改善的角度讲，应尽量消除，故本教材将之归为第二类。

4. 在实际使用各动素符号往往没有标颜色，指定颜色是为了方便区分，初学者不要求必须掌握。

6.2.2　动素介绍

具体各动素的含义和分析如下。

（1）伸手（Reach，RE）

定义：空手移动，伸向目标，又称为"运空"。

起点：当手开始朝向目的物之后瞬间。

终点：当手抵达目的物之前的瞬间。

特性：①当手朝向目的物或某一动素完成，手须收回时发生"伸手"动素。②"伸手"

途中常有"预对"伴生。③"伸手"常在"释放"之后，而在"抓取"之前发生。

（2）抓取（Grasp，G）

定义：利用手指充分控制物体，也称"握取"。

起点：当手指或手掌环绕一物体，欲控制该物体的瞬间开始。

终点：当物体被充分控制的瞬间结束。

特性：①物体已经被充分控制后的握取为"持住"。②"抓取"的要点是用手控制物体，任何用工具的控制应视为"使用"。③广义的"抓取"可以包含身体的其他部分对物体的控制，比如脚。④"抓取"常在"伸手"和"移物"之间发生。

（3）移物（Move，M）

定义：手或身体的某一部位将物件由某一地点移至另一地点，也称"运实"。

起点：手持有负荷并开始朝向目的地点移动的瞬间。

终点：持有负荷的手抵达目的地点的瞬间。

特性：①"移物"可能由手携带，也可能是推动、拉动、滑动、拖动、旋转移动等。②"移物"途中突然停止即为"持住"。③"移物"途中常有"预对"伴生。④"移物"常在"握取"之后，而在"释放"或"定位"之前发生。

（4）拆卸（Disassemble，DA）

定义：对两个以上的组合物体作分解动作。

起点：当物体被控制（握取），并处于可分解的瞬间。

终点：物体完全分离的瞬间。

特性：①"拆卸"视难易程度有下列三个等级：a. 松动，最容易，需时最少；b. 稍紧；c. 紧合，最难，需时最多。②可能与其他动素复合发生。③"拆卸"常在"握取"之后，而在"移物"或"释放"之前发生。

（5）使用（Use，U）

定义：为操作目的而使用工具或设备。

起点：开始控制工具进行工作的瞬间。

终点：工具使用完毕之前的瞬间。

特性：①可能与其他动素同时复合发生。一个操作中，可发生多次"使用"。②当以手或手指代替工具操作时，也应看作"使用"，如用手指撕裂纸或以手指蘸糨糊，涂擦到纸上等。

（6）装配（Assemble，A）

定义：将两个物体组合在一起。

起点：两个物体开始接触的瞬间。

终点：两个物体完全配合的瞬间。

特性：①较简单的"装配"几乎和"定位"无区别时，应以"定位"视之。②可能与其他动素复合发生。③"装配"常在"定位"或"预对"之后，而在"释放"之前发生。

（7）释放（Release，RL）

定义：将所控制的物体放开，也称"放手"。

起点：手指开始离开物体的瞬间。

终点：手指完全离开物体的瞬间。

特性：①它是与"抓取"、"持住"相反的动素，是所有动素中费时最少的。②"释放"

有下列三种类型：a. 将物体放置后再松手；b. 在半空中让物体自由落下；c. 触摸的放手。③广义解释，身体的某部位控制物体状态的解除，也可以视为"放手"。

（8）寻找（Search，SH）

定义：眼睛确定物体位置的动作。

起点：眼睛开始寻找的瞬间。

终点：物体已被发现的瞬间。

特性：①着重于心理活动的动素，新手或操作不熟练的工人此动素较多。②复杂的操作及操作不稳定时，此动素费时最多。③物体愈小，费时愈多。

（9）发现（Find，F）

定义：眼睛看到物体位置的动作。

起点：眼睛开始寻找的瞬间。

终点：物体被发现的瞬间。

特性：一瞬间，甚至有人不认为是一个动素，在实际运用中常常忽略。

（10）选择（Select，ST）

定义：从两个以上相类似的物体中选取其一。

起点："寻找"的终点即为"选择"的起点。

终点：物体被选出的瞬间。

特性：①一般在"伸手"与"握取"之间发生。②常与"寻找"合并计时。③物体越小、规格越严，选择越费时。

（11）计划（Plan，PN）

定义：操作进行中，为决定下一步骤所做的考虑。也称"思考"。

起点：开始考虑的瞬间。

终点：决定行动的瞬间。

特性：①此动素完全是一种心理活动，外在表现为犹豫。②操作越熟练，此动素发生时间越短。

（12）检验（Inspect，I）

定义：将产品和制定的标准作比较的动作，也称"检查"。

起点：开始检查人员、物体的瞬间。

终点：产品质量优劣被决定的瞬间。

特性：①此动素含有脑力的判断活动，检查人员的熟练程度会影响所用时间。②检查的标准通常有大小、数量、品质、性能、色泽等。③检查时，按操作情况，需用视觉、听觉、触觉、嗅觉等器官。

（13）定位（Position，P）

定义：将物体放置于所需的正确位置及特定方位的动作，又称"对准"。

起点：当手开始摆动、扭转或滑动物体到一定方位的瞬间。

终点：物体已被安置于正确方向的瞬间。

特性：①"定位"所需时间有下列几种情况：a. 大多数物体是不对称的，要按照一定的方向对准，需时最多；b. 几种方向均可；c. 任何方向均可，比如对称物体，需时最少。②"定位"常在"移物"之后，"释放"之前。

（14）预对（Preposition，PP）

定义：将物体在对准之前，先放置在预备对准的位置。

起点与终点：与"定位"的起终点相同。

特性：①很少单独发生，几乎都与其他动素复合发生，特别是"移物"。②"预对"要求物体放置在合适的位置上，以方便以后的取用。比如将用完的笔放在倾斜竖起的笔架上，就适用于"预对"，因为下次从笔架上拿笔时，就能握取使用时的位置。

（15）持住（Hold，H）

定义：手握住并保持静止状态。

起点：手开始将物体固定在某一方位上的瞬间。

终点：当物体不必固定在某一方位上，而开始下一动素的瞬间。

特性：①经常发生在装配或手动机器的操作中，前为"抓取"，后为"释放"。②"移物"的中途突然停止，可视为"持住"。③应设法利用各种夹具代替手持。

（16）迟延（Unavoidable Delay，UD）

定义：在操作程序中，因无法控制的因素而发生不可避免的停顿。

起点：开始等候的瞬间。

终点：等候结束，继续恢复工作的瞬间。

特性：①通常因现行制造程序所需，等候机器工作或等候他人工作完成而产生。如等待检验、等待产品冷却等。②工人操作不熟练而引起迟延。

（17）故延（Avoidable Delay，AD）

定义：在操作程序中，由于故意或疏忽而使工作中断，本可以避免的停顿。

起点：开始停顿的瞬间。

终点：恢复工作的瞬间。

特性：①此动素发生时，需考虑工序调整。②"故延"通常是由于工人的工作方法错误，不注意或疏忽所致。

（18）休息（Rest，RT）

定义：因疲劳而停止工作。

起点：停止工作的瞬间。

终点：恢复工作之瞬间。

特性：①通常在操作周期与周期之间发生；②休息时间的长短视工作的性质和操作者的体力而定。

6.2.3 动素分析的步骤

动素分析的基本步骤为：

① 仔细观察作业过程，把握作业重点；

② 将整个动作过程分解为几个较大的阶段性动作（作业要素）；

③ 按左右手对阶段性动作进行动素分解，把动作描述和相应的符号记入表格；

④ 将分析结果与实际动作进行对照，找出遗漏或错误的地方进行修改；

⑤ 进行改善，尽量消除第三类动素，减少第二类动素，简化第一类动素。

具体来说需要对各个动素详细分析，反复问5个为什么。对任何一个动素都要问能否删除，出现第三类动作就应该尽量删除，提问时主要问如何删除。下文主要对第一类动素和第二类动素进行分析（能否删除的提问不再列出）。

（1）"伸手"和"移物"

① 布局是否合理？

② 是否使用工具简化？能否用托盘、传送带来简化？

③ 是否使用了最合适的部位如手指、前臂和上臂？

（2）"抓取"

① 是否可以一次握住一件以上的对象？

② 是否能通过使用工具或者改善物料的放置方式使"抓取"更容易？

（3）"定位"

① 能否使用工具使定位（也称为"对准"）更容易？

② 能否改变产品形状使定位更方便？

（4）"装配"、"拆卸"与"使用"

① 能否使用工具加快速度？

② 能否与其他工作同时进行？

（5）"释放"

① 能否通过重力释放？能否使用工具或改善设备使释放自动进行？

② 能否使用工具，使"释放"不必小心翼翼也能够达到预定目的？

（6）"选择"、"寻找"、"发现"、"思考"

① 能否对工件、物料实行定置管理，或者通过颜色管理减少选择时间？

② 能否通过防呆法减少错误的发生，而无需思考是否会犯错？

③ 能否通过流程设计、工具设计，减少选择的次数？

（7）"检验"

① 能否用工具使检验结果一目了然显示出来？

② 是否存在重复检验环节？

③ 是否可以通过简单的改善而消除检验？

（8）"预对"

① 能否在物体移动过程中完成"预对"？

② 能否通过增加工具、改善夹具或者改善产品形状等方法使"预对"更容易？

③ 当前布局是否合理？

（9）"持住"（较难删除的第三类动素）

① 能否通过工具协助降低疲劳程度？如夹钳，钩子，架子，夹具或其他机械装置。

② 能否减少"持住"的时间，通过工具自动夹紧而无需操作员"持住"？

【本节案例】

以较为常见、简单的螺母、螺帽装配为研究对象，进行动素分析。

螺母位于工作台靠近左手一侧，螺帽位于工作台靠近右手一侧，操作者坐在工作台前。由于选取的螺母螺帽大小适宜，无论是抓取还是装配都较为容易，为了简化过程，不考虑用眼睛寻找的动素。当前装配螺母螺帽动素分析如表 6-2 所示。

分析动作过程，左手准备螺丝时，右手一直处于等待状态，而右手准备螺帽时，左手又处于持住状态，第三类动素占整个动作的近一半，需要改善。改善方法是将螺母和螺帽的准备工作双手同时进行，则等待和持住动作均可消除。改善后装配动素分析如表 6-3 所示。

表 6-2　当前装配螺母螺帽装配动素分析

序号	左手动作	动素	右手动作	动素
1	伸向螺母所在地	⌣	等待	⌔
2	抓住螺母	⌒	等待	⌔
3	拿回工作台	⌣	等待	⌔
4	握住螺母	⊓	伸向螺帽	⌣
5	握住螺母	⊓	抓住螺帽	⌒
6	握住螺母	⊓	拿回工作台	⌣
7	装配	♯	装配	♯

表 6-3　改善后装配螺母螺帽装配动素分析

序号	左手动作	动素	右手动作	动素
1	伸向螺母所在地	⌣	伸向螺帽	⌣
2	抓住螺母	⌒	抓住螺帽	⌒
3	拿回工作台	⌣	拿回工作台	⌣
4	装配	♯	装配	♯

通过这个案例，再比较上一章中的双手操作分析（其中印刷网格双手操作分析的精度已经与动作分析类似），可以认为动素分析在某种意义上是操作分析的细化，其方法和原理基本相同。

6.3　影像分析

6.3.1　影像分析概述

影像动作观察法，即影像分析，是利用照相机、电影摄像机、摄像与录像机等声像设备，记录操作者的作业过程，再通过回放的方法观察和分析作业动作的方法。影像分析旨在通过动作分解使动作更为简化和合理，从而提高生产效率。

影像分析的应用范围相当广泛，可用于分析研究单一或综合的、不规则或循环性强的工作，协同小组工人的工作以及工组集体作业。利用影像分析的方法对瓶颈工序操作进行动作简化和动素优化，不仅能提高生产线平衡率，还能提高操作者的综合素质，培养员工在每一个细小环节进行改善的意识。

影像分析的用途包括：

① 弥补人的分析能力的局限性；

② 对难以观测的作业周期时间值进行测定；

③ 用以记录现场的真实状况；

④ 在其他场所把作业现场的情况再现出来供大家讨论；

⑤ 向有关人员进行讲解，说服相关人员。

6.3.2　影像分析的分类

影像分析可以分为两类：慢速影像动作分析和细微影像动作分析。

慢速影像动作分析一般采用每分钟 60～100 格的拍摄速度，记录全部操作活动。这种拍摄速度比普通速度（每分钟 960 格）慢得多，得到的是瞬时动作的轨迹。采用慢于通常速度的摄影或摄像速度摄录，再用正常的速度再现拍摄的内容，从而可以在较短时间内观测和分析作业过程。这种方法适合搜集以下信息：事件发生的时刻、事件的发生间隔、事件的继续时间、事件发生的次数、事件发生的时间比率、事件间的相互关系、统计事件的发生数和事件移动的路径等。慢速摄影动作分析又可以分为粗略分析和详细分析两种类型。在粗略分析中，常以普通速度再现影像，在观看录像的过程中记录问题，并对存在问题之处多次反复观看后共同讨论改善对策。而在详细分析中，通常是以手动进给的形式再现影像，进行分析和改善。

细微影像动作分析一般采用高速摄影，每分钟拍摄 3840～7680 格，然后用普通速度（每分钟 960 格）放映以得到慢动作镜头，常用于对用肉眼无法跟踪的快速动作和自然状态下重复程度较高的动作进行分析，能够正确测定快速动作的时间值和动作路径长度，从而对操作活动进行十分细微和精确的研究。

这些都是对极为精细的动作进行分析所使用的工具，在生产实际中，主要采用性价比高，可操作性强的普通摄像机摄像后进行分析。

6.4　软 件 分 析

本书中主要介绍的软件分析工具是 IEMS 和达宝易这两种动作分析软件。

6.4.1　IEMS 动作分析软件

IEMS 动作分析软件，集合视频编辑、流程分析、行业集成、标准作业（SOP）制作、工时管理六大功能于一身，已经远远超出了单纯的动作分析范围，其应用范围几乎已经扩展到了各个行业，涉及企业、教育、理论研究三大领域，同时扩展和发展了传统的动作分析理论体系。IEMS 不仅仅是对传统 IE 和动作改善理论体系的诠释和实现，也融入了基于企业应用实际的创新，IEMS 软件可向用户展现出一个基于动作分析的四通八达的多种改善方案，这才是 IEMS 真正价值之所在。

IEMS 动作分析软件可应用于以下七种方法研究的过程中。

（1）动作分析

IEMS 在动作分析的研究中主要依据的是十七种标准动作要素，在企业中常应用于工时改善、精益生产、生产线效率改善和六西格玛项目的推行，其应用流程为：

① 确定所要进行动作分析的工序工艺，然后利用摄影设备，拍摄一段完整的该工序操作录像；

② 借助于视频播放软件或动作分析软件，放慢播放速度，并逐段分割整个文件；

③ 注重每一段动作细节，分析每一个完整的动作要素（分析结果见图 6-3）；

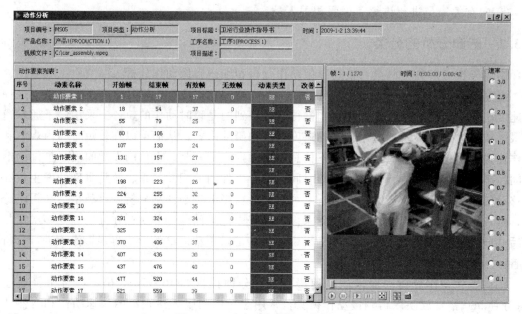

图 6-3 IEMS 动作分析工作界面

④ 通过软件统计所有的动作细节，输出分析结果（如图 6-4 所示）；

产品名称：产品 1（PRODUCTION 1） 工序名称：工序 1（PROCESS 1） 时间：2009-4-20 10:14:52

序号	动素类型	动素时间	百分比（%）	有效时间	百分比（%）	无效时间	百分比（%）
1	伸手	8.8	5.94	8.8	5.94	0	0
2	移动	10.6	7.15	10.6	7.15	0	0
3	握取	52.1	35.15	52.1	35.15	0	0
4	对准	0	0	0	0	0	0
5	装配	47.03	31.73	41.4	27.93	5.63	3.8
6	拆卸	0	0	0	0	0	0
7	应用	22.07	14.89	20.4	13.76	1.67	1.12
8	放手	0	0	0	0	0	0
9	寻找	7.63	5.15	7.63	5.15	0	0
10	选择	0	0	0	0	0	0
11	检验	0	0	0	0	0	0
12	计划	0	0	0	0	0	0
13	预对	0	0	0	0	0	0
14	持住	0	0	0	0	0	0
15	迟延	0	0	0	0	0	0
16	故延	0	0	0	0	0	0
17	休息	0	0	0	0	0	0
	总计	148.23	100	140.93	95.03	7.3	4.92

图 6-4 IEMS 动作分析结果

⑤ 依据分析结果和 ECRSI 原则，改善该工序的动作操作步骤；

⑥ 持续改进，以达到缩短工时、优化动作操作顺序的效果，不断提高生产效率。

（2）动作对比分析

动作对比分析是对同一个动作细节不同人员的操作记录进行对比，获得对该动作细节的分析结果，以作为动作和工艺改善的依据，其分析结果是基于单个动作分析结果的（图6-5）。其应用流程为：

① 确定所要进行对比分析的工序，选择两名操作人员，各拍摄一段完整的该工序操作录像；

② 借助软件系统，各自进行动作分析；

③ 将二者的分析结果放在一起进行对比。

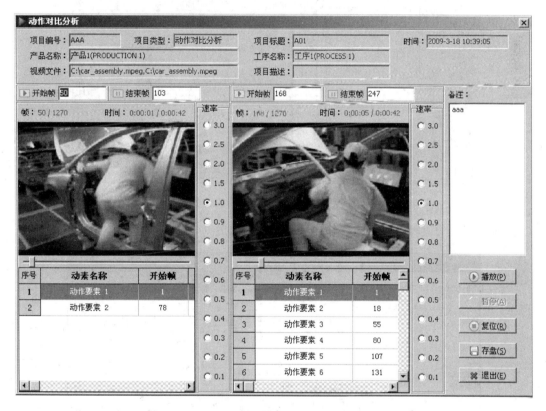

图 6-5　IEMS 动作对比分析工作界面

动作对比分析常应用于员工培训，将熟练工与新手的操作录像进行对比分析，孰是孰非一目了然。在对比和衬托中督促和激励新手快速适应生产节奏，培养熟练工和多能工，提高整体员工的效率。

（3）工作流程分析

工作流程分析主要依据工艺程序分析和流程程序分析，在企业中常应用于工时改善、工作流程改善、生产线效率改善和六西格玛项目的推行（图6-6）。其应用流程为：

① 确定所要进行分析的工段，选择操作人员，拍摄一段完整的该工序操作录像；

② 借助于视频播放软件或动作分析软件，放慢播放速度，并逐段分析整个文件；

③ 注重每一段动作细节，分析每一个完整的流程细节（如操作的工件数量、操作距离、操作时间、动作的操作类型等）；

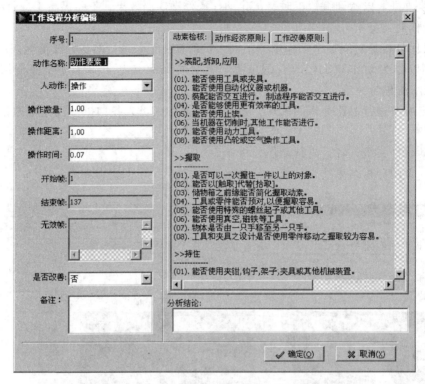

图 6-6   IEMS 工作流程分析工作界面

④ 统计所有的流程分析细节，输出分析结果（如图 6-7 所示）；

工作流程分析报表								
图号：				统计				
产品：产品1(PRODUCTION 1)			动作		现行	建议		节省
			操作	●	0.47	0.47		0
			运送	→	0.81	0.81		0
动作：			等待	D	0.17	0.15		0.02
			检验	■	0.47	0.47		0
			存储	▼	0.47	0.418		0.052
			距离 / 米		16.15			
地点：			时间 / 分		2.39	2.318		0.072
操作工人： 编号：			成本(人工/材料)					
绘图审定： 日期：			总计					

说明	数量	距离/尺 ●	时间/分钟	●	→	D	■	▼	备注
0 动作要素 1	1	1	0.07	●					
1 动作要素 2	2	2	0.12	●					
2 动作要素 3	2	3	0.28		→				
3 动作要素 4	1	1	0.17			D			
4 动作要素 5	1	1.5	0.28	●					
5 动作要素 6	1	3	0.47				■		
6 动作要素 7	1	2	0.47					▼	
7 动作要素 8	1	2.65	0.53		→				

制定：	审核：	批准：	版本：

图 6-7   IEMS 工作流程分析结果

⑤ 依据分析结果，发现影响流程周期的根源，改善和优化流程的操作步骤；

⑥ 持续改进，优化动作操作顺序，以达到提高生产效率的目的。

---

❶   1 尺＝0.3333 米。

（4）联合操作分析

联合操作分析是基于人机操作的扩展，适合应用于以设备生产为主的企业，如机械厂、机床厂、小型机床加工车间、印刷企业，进行人员和设备的动作分析与分配，从而拟订最佳的时间运作顺序（图 6-8）。其应用流程为：

① 确定所要进行分析的工序，选择操作人员，拍摄一段完整的该工序操作录像；

② 借助于视频播放软件或动作分析软件，放慢播放速度，并逐段分析整个文件；

③ 针对每一段动作细节，独立地对人和机器的操作展开分析；

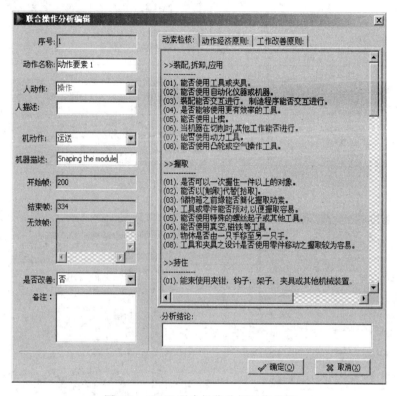

图 6-8　IEMS 联合操作分析工作界面

④ 统计所有的分析细节，输出分析结果（图 6-9）；

⑤ 依据分析结果，改善操作步骤和顺序；

⑥ 持续改进，优化人机操作顺序及其利用率分配，不断提高生产效率。

（5）双手操作分析

双手操作分析（图 6-10）主要适合应用于以手工生产为主的企业，如电子零件装配厂。配合作业指导书进行改善，能够起到明显的效果。

双手操作分析的应用流程为：

① 确定所要进行分析的工序，选择操作人员，拍摄一段完整的该工序操作录像；

② 借助于视频播放软件或动作分析软件，放慢播放速度，并逐段分析整个文件；

③ 针对每一段动作细节，都对左手和右手的操作展开分析；

④ 统计所有的分析细节，输出分析结果（图 6-11）；

⑤ 依据分析结果，改善操作步骤；

⑥ 持续改善，优化左右手的动作操作顺序，不断提高生产效率。

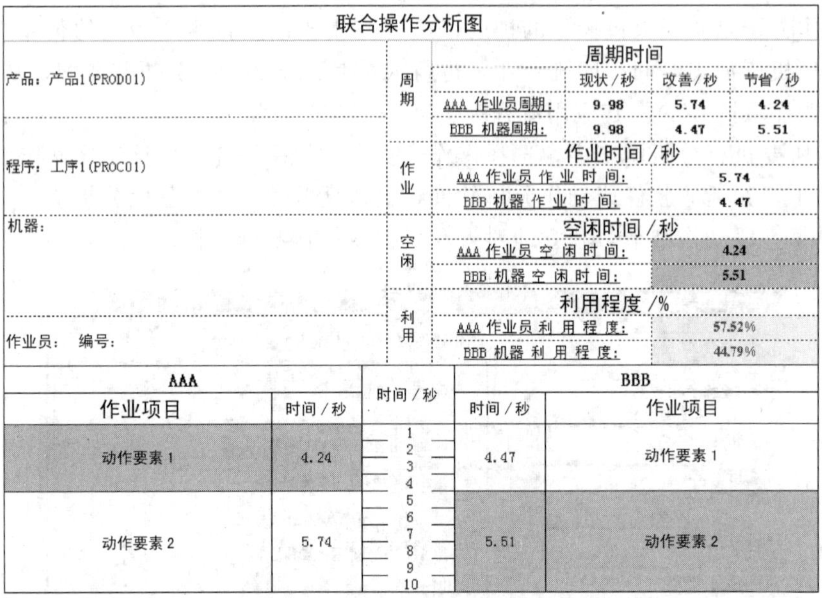

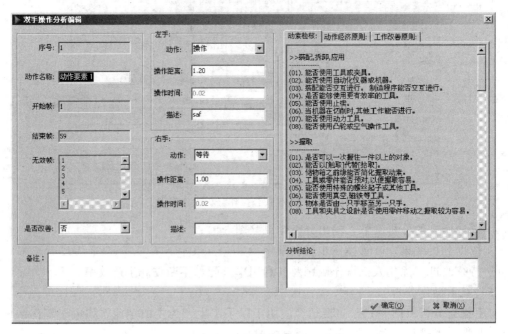

图 6-9　IEMS 联合操作分析结果

图 6-10　IEMS 双手操作分析工作界面

（6）动素程序分析

动素程序分析基于可叠加的细微动作分析，由于过于专业，实际场合应用很少，往往作为方法时间测定研究的一个辅助工具。其应用流程为：

① 确定所要进行分析的工序，选择操作人员，拍摄一段完整的该工序操作录像；

② 借助于视频播放软件或动作分析软件，放慢播放速度，并逐段分析整个文件；

③ 注重每一段动作细节，对左手和右手的操作要素展开分析（图 6-12）；

双手操作分析报表

		说明	符号	距离/米	工作站布置图				
产品名	产品：产品1(PROD01)	操作	○	3.2					
作业名	程序：工序1(PROC01)	运送	→	1					
操作人		等待	D	2					
		检验	□	4					
日期		存储	▽	0					
左手说明	符号	距离/米	有效时间/分	无效时间/分	距离/米	符号	右手说明		
saf	○	1.2	0	0.03	1	D	saf		
adsf	○	2	0.03	0	2	□	asdf		
asdf	D	1	0.04	0.01	1	□	ads		
asd	→	1	0.03	0	1	□	asdfa		
制定：		审核：		批准：			版本：		

图 6-11　IEMS 双手操作分析结果

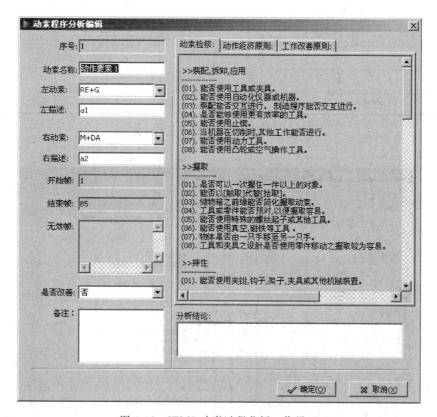

图 6-12　IEMS 动素过程分析工作界面

④ 统计所有的分析细节，输出分析结果（如图 6-13 所示）；

⑤ 依据分析结果，改善和优化操作步骤；

⑥ 持续改善，优化左右手的动作操作顺序，不断提高生产效率。

（7）产品流程分析

产品流程分析是基于全工艺流程的产品分析，对于工序组成数量在 15～20 的生产线的生产线平衡分析（Line Balance），效果尤为显著。其应用流程为：

动素程式分析图					
件　名　产品：产品 1(PROD01)	工作位置布置图				
操　作					
地　点					
操作者					
备　注					
左手说明	符号	有效时间	无效时间	符号	右手说明
a1	RE＋G	0.05	0	M＋DA	a2
b1	G＋P	0.05	0.017	G＋U＋PP	b2
c1	A＋U	0.067	0	M＋U	c2
d1	M＋PP＋AD	0.05	0	RE＋DA＋I	d2
f1	M＋G＋U	0.1	0.017	RE＋M＋P	f2
h1	M	0.05	0	M	h2
k1	RT	0.233	0.05	I	k2
制定：	审核：		批准：		版本：

图 6-13　IEMS 动素程序分析结果

图 6-14　IEMS 产品流程分析工作界面

① 确定所要进行分析的生产线，选择操作人员，拍摄一段完整的该生产线操作录像；

② 借助于视频播放软件或动作分析软件，放慢播放速度，并逐段分析整个文件；

③ 针对每一段动作细节，对所属的工位的操作情况进行分析（图 6-14）；

④ 统计所有的分析细节，输出分析结果（如图 6-15 所示）；

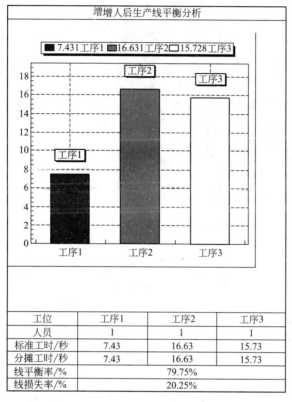

图 6-15　IEMS 产品流程分析结果

⑤ 依据分析结果，通过调整瓶颈工序的操作人员和标准时间来实现生产线平衡的改善。

6.4.2　达宝易动作分析软件

达宝易软件是将现场录像转换成计算机可识别的格式后，在计算机上进行动作分析与时间研究的工具，其工作界面如图 6-16 所示。通过变速播放或者逐帧播放的方式可以准确地找到无效动作的起始和结束位置，而且可对每一动作进行速度评价，可以方便快捷地制定标准时间。在播放时被认定为多余的动作均可删除不播，并可模拟工程改善后的效果。因此 IE 人员只需少许时间和精力进行 IE 分析，就可把动作分析、标准工时制定、作业改善、产能分析、人员配置、SOP 制作及新员工培训教程等一系列工作完成，改善的同时，也大大节省了时间和人力。

（1）软件功能

① 逐帧播放，自由调节播放速度，操作方便且能精确地找到动作单元的分界位置；

② 标记录像位置，自动生成时间，不需要手工测试和记录作业时间；

③ 编辑标记属性，实现了分析结果和视频的联动。可进行周期、动素（作）类型、速度评价系数、动作说明等属性进行编辑，其结果和视频联动；

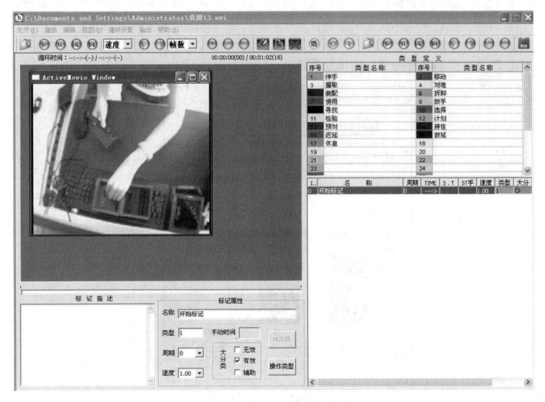

图 6-16　达宝易软件工作界面

④ 制定标准工时，软件提供了速度评价和 MOD（模特法，详见第 7 章）计算器及手动输入标准工时等方法。多余、无效动作的删除和速度的评价功能为速度评价法提供简便易行及精确分析的保障。边看录像边点击 MOD 计算器的按钮可使 MOD 法更简便易行。手动输入标准时间功能是 MTM（方法时间测量）或 WF 法（工作因素法）制定标准工时的检验工具（这些方法在作业测定中详细讲述）；

⑤ 双屏对比分析，进行同一分析视频不同段落、不同分析视频的同步比较；

⑥ 输出各种标记属性的统计报表、静止图像、作业分析表以及作业组合票、双频比较结果、沙布利克分析表（动作程序图）、产能分析、SOP 输出、线平衡分析。

（2）标准动作时间分析方法

所谓标准动作时间，就是指在正常条件下，受过训练的熟练工作者，以规定的作业方法和器具设备，完成一定的质和量的动作所需的时间。

达宝易软件提供了速度评价法和 MOD 法两种制定标准动作时间的方法。

① 速度评比法　一般而言，标准动作时间可以用式(6-1) 表示：

$$标准时间＝观测时间×评价系数 \qquad (6-1)$$

其中，观测时间指的是实际观测时间的平均值，而观测时间由于受到作业者熟练度、工作意愿、情绪等的影响，并不能代表真实的情况，故应加以修正，乘以一定的评价系数。

但是这种以观测时间笼统地乘以一个评价系数求得标准时间的方法，不仅观测作业繁琐，而且决定评价系数过于主观，精确度也不能保证。

在实际作业中，存在许多多余、无效的动作，所以分析标准作业时间时，首先必须去掉多余、无效时间。另外，许多动作要素与人的能力大小不直接相关，比如数控机床加工时间不会因为操作者熟练程度高而缩短。此外，由于作业者个人及作业环境等原因会使得某些动作加快，而某些动作放慢。所以对一个作业定标准时间不能笼统地以观测时间乘上一个不变的评价系数，而必须单独对每个动作时间加以评价。

利用达宝易可简单精确地求得标准作业时间。其标准动作时间公式如下：

$$标准时间 = \sum_{i=1}^{n} 标记动作时间 \tag{6-2}$$

其中，n 表示一个作业周期内的标记动作个数，i 表示标记动作的序号。当标记动作是多余或无效动作时，其标记动作时间为零。

② MOD 法　MOD 法是预定动作时间标准法（PTS）的一种。MOD 法以人手指的一次动作时间为一个基本时间单位即 1MOD（1MOD 为 0.129 秒），并以此基本时间单位的整数倍确定其他各个人体部位动作的时间值。

达宝易提供了一个 MOD 计算器，MOD 法中的每个动作都有一个对应的按钮，按 MOD 分析式点击按钮，可自动计算出动作时间。

（3）使用达宝易软件进行影像分析

① 明确动作分析的目的和内容。

② 准备拍摄器材；在取得工作现场人员和管理人员的理解和支持的前提下，安装拍摄器材。

③ 开始摄像，获得影像资料。从拍摄的影片中选择一个完整的动作循环截取出来，并将该段视频资料设置调整成指定的标准格式。

④ 启动达宝易软件，打开要分析的视频资料。

⑤ 播放录像。为更好地区分动作单元，可将播放速度调低，或者采用逐帧播放方式。

⑥ 找到动作分界点后，点击标记按钮，标记动作的起始位置和停止位置。

⑦ 在播放窗口下方的属性编辑框对该动作进行属性编辑，对该动作进行分类。若该动作被标记为无效动作，达宝易软件会自动删除该动作的时间。

⑧ 重复上述过程，完成整个录像所有动作的标记。

⑨ 对已经进行一般动作分析之后的录像进行标准动作时间分析，利用速度评价法或者 MOD 法输入标准时间，标记该动作的评价速度或者标准时间。

⑩ 标记播放，达宝易软件会自动跳过无效动作，并根据标准时间播放录像，得到整段录像的标准动作和标准时间。

【本节案例】

对玩具推土机部件 3 的装配操作进行动作分析，分辨装配动作中的有效动作和无效动作，利用速度评价法得到标准时间。具体操作与分析过程如下。

① 按标准工序要求装配部件 3，测试者反复练习装配工作，达到普通员工的操作速度后，对装配过程进行拍摄，将录像影片命名为"3.avi"。

② 启动达宝易软件，打开即将分析的视频文件 3.avi，界面如图 6-17 所示。

③ 在界面右侧"类型定义"一栏中设置动素类型名称，如图 6-18 所示。

④ 设置影片播放的速度或播放的帧数以便进行动素分析。注意设置的速度和帧数应适宜观察和操作，既不要太快也不要过慢，选择对话框如图 6-19 和图 6-20 所示。

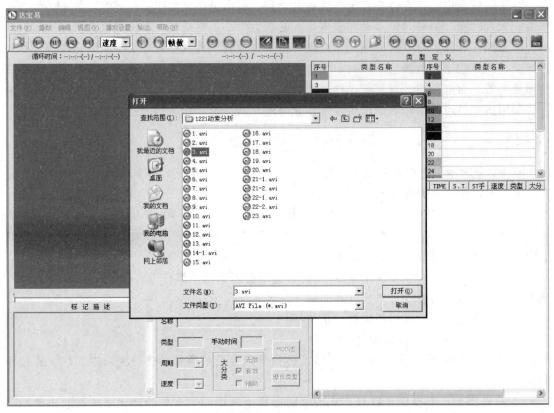

图 6-17 打开视频文件 3.avi

序号	类型名称	序号	类型名称
1	伸手	2	移动
3	握取	4	对准
5	装配	6	拆卸
7	使用	8	放手
9	寻找	10	选择
11	检验	12	计划
13	预对	14	持住
15	迟延		故延
17	休息	18	
19		20	
21		22	
23		24	

图 6-18 设置动素类型名称

⑤ 设置完毕后即可开始进行标记。点击工具栏中的"开始"按钮开始播放影片，直至最后一个动作（如右手伸手向 21201）完成时点击"停止"按钮。

⑥ 确定一个动作的持续片段后，点击工具栏中的"标记当前位置"按钮 即可对当前片段进行标记（图 6-21），系统将自动生成动作时间，在属性编辑框中依次编辑动作名称、速度、周期、类型和动素归类等信息（图 6-22）。

⑦ 设置完毕后点击工具栏中的"保存当前位置"按钮 即可保存。若发现出现标记

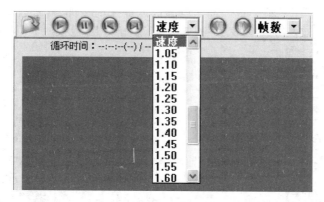

速度
帧数
循环时间：--:--:--(--) / --
速度
1.05
1.10
1.15
1.20
1.25
1.30
1.35
1.40
1.45
1.50
1.55
1.60

图 6-19　设置播放速度

速度
帧数
循环时间：--:--:--(--) / --:--:--(--)
帧数
2
3
4
5
10
15
20
25

图 6-20　设置播放帧数

速度
帧数

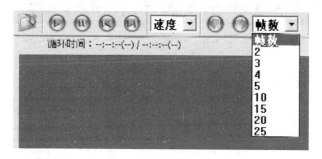

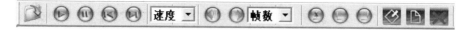

图 6-21　达宝易软件工具栏

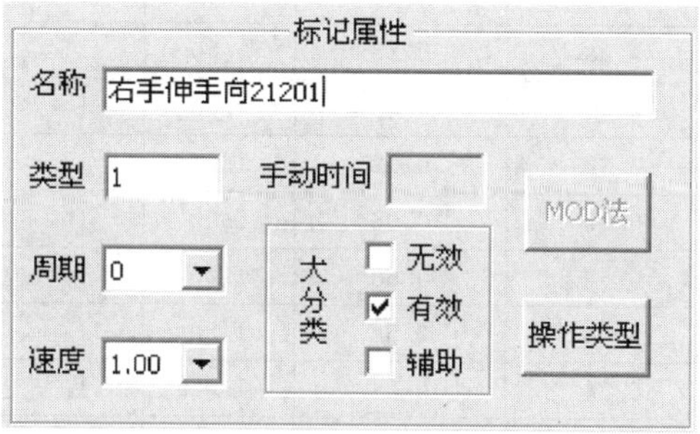

标记属性
名称
右手伸手向21201
类型
1
手动时间
MOD法
周期
0
大分类
无效
有效
辅助
速度
1.00
操作类型

图 6-22　设置标记属性

错误的情况可选中想要删除的标记，即点击工具栏中的“删除当前位置”按钮 （图 6-21）。

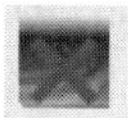

⑧ 重复⑤至⑦中的步骤直至将整段视频标记完成。选择耗时较多并且可以提高速度和效率的动作，将其“速度”参数进行调整，即可得到标准时间（ST），如图 6-23 所示。

表 6-4 为达宝易软件为本例输出的动作分析表。

I..	名　称	周期	TIME	S.T	ST手	速度	类型	大分
0	右手伸手向21201	0	0.07	0.07	0.07	1.00	1	○
1	右手握取21201	1	0.20	0.20	0.20	1.00	3	○
2	左手伸手拿21201	1	0.28	0.28	0.28	1.00	1	○
3	左手握取21201	1	0.23	0.23	0.23	1.00	3	○
4	移动21201	1	0.32	0.32	0.32	1.00	2	○
5	预对准圆孔	1	0.16	0.16	0.16	1.00	10	△
6	对准圆孔	1	0.52	0.52	0.52	1.00	4	○
7	左手伸手向21004	1	0.32	0.32	0.32	1.00	1	○
8	左手握取21004	1	0.12	0.12	0.12	1.00	3	○
9	移动21004	1	0.39	0.39	0.39	1.00	2	○
10	对准圆孔	1	0.64	0.64	0.64	1.00	4	○
11	左手伸手向21501-B	1	0.27	0.27	0.27	1.00	1	○
12	左手握取21501-B	1	0.39	0.39	0.39	1.00	3	○
13	移动21501-B	1	0.31	0.31	0.31	1.00	2	○
14	预对准圆孔	1	0.08	0.08	0.08	1.00	4	△
15	对准21501-B	1	0.67	0.67	0.67	1.00	4	○
16	插入螺钉	1	3.84	2.56	2.56	1.50		○
17	左手伸手向21402	1	0.24	0.24	0.24	1.00	1	○
18	左手握取21402	1	0.32	0.32	0.32	1.00	3	○
19	移动21402	1	0.24	0.24	0.24	1.00	2	○
20	对准螺钉	1	0.11	0.11	0.11	1.00	4	○
21	拧紧螺母	1	2.60	2.60	2.60	1.00		○
22		1	---->			1.00		○

图 6-23　动作分析栏

表 6-4　动作分析表

编号	名称	动作时间/秒	标准时间/秒	速度	周期	类型	动素归类
1	右手握取 21201	0.20	0.20	1.00	1	握取	第一类动素
2	左手伸手拿 21201	0.28	0.28	1.00	1	伸手	第一类动素
3	左手握取 21201	0.24	0.24	1.00	1	握取	第一类动素
4	移动 21201	0.32	0.32	1.00	1	移动	第一类动素
5	预对准圆孔	0.16	0.16	1.00	1	预对	第二类动素
6	对准圆孔	0.52	0.52	1.00	1	对准	第一类动素
7	左手伸手向 21004	0.32	0.32	1.00	1	伸手	第一类动素
8	左手握取 21004	0.12	0.12	1.00	1	握取	第一类动素
9	移动 21004	0.40	0.40	1.00	1	移动	第一类动素
10	对准圆孔	0.64	0.64	1.00	1	对准	第二类动素
11	左手伸手向 21501-B	0.28	0.28	1.00	1	伸手	第一类动素
12	左手握取 21501-B	0.40	0.40	1.00	1	握取	第一类动素
13	移动 21501-B	0.32	0.32	1.00	1	移动	第一类动素
14	预对准圆孔	0.08	0.08	1.00	1	预对	第二类动素
15	对准 21501-B	0.68	0.68	1.00	1	对准	第一类动素
16	插入螺钉	3.84	2.56	1.50	1	装配	第一类动素
17	左手伸手向 21402	0.24	0.24	1.00	1	伸手	第一类动素
18	左手握取 21402	0.32	0.32	1.00	1	握取	第一类动素
19	移动 21402	0.24	0.24	1.00	1	移动	第一类动素
20	对准螺钉	0.12	0.12	1.00	1	对准	第一类动素
21	拧紧螺母	2.61	2.61	1.00	1	装配	第一类动素

注：21201 为黑色 5 孔方板，21004 为黑色 4 孔长条板，21501-B 为黑色螺钉，21402 为螺母。

　　利用达宝易软件还可输出改善前后动素分布情况、改善前后三大类动素时间和改善前后动作时间对比的图表以及动作大类汇总结果（如表 6-5）、动作名称和类型的统计结果、周期统计结果（如表 6-6）。

表 6-5 动素大类汇总

动素分类	类别名称	改善前时间/秒	改善后时间/秒	数据个数
第一类动素	有效动素	12.09	10.81	19
第二类动素	辅助动素	0.24	0.24	2
第三类动素	无效动素	0	0.00	0

表 6-6 动作类型统计结果　　　　　　　　　　　　　　　　　　　　　　　秒

动作类型	数据个数	平均值	中间值	最小值	最大值	方差	改善前总时间	改善后总时间
握取	5	0.26	0.00	0.12	0.00	0.01	1.28	1.28
伸手	4	0.28	0.00	0.24	0.00	0	1.12	1.12
移动	4	0.32	0.00	0.24	0.00	0	1.28	1.28
预对	1	0.16	0.16	0.16	0.16	0	0.16	0.16
对准	5	0.41	0.00	0.08	0.00	0.08	2.04	2.04
装配	2	3.22	3.00	2.61	3.00	0.76	6.45	5.17
总计	21	—	—	—	—	—	12.33	11.05

标准作业组合表

产品型号	1221-1	标准作业组合表		制作日期	2010-9-16	循环时间/秒	11.05
工位	3			部 门		节拍/秒	

序号	作业名称	时间/秒 操作	设备加工	步行	作业时间 TT=11.05秒（每格0.25秒）2 4 6 8 10 12 14 16 18 20 22 24 26 28 30 32 34 36 38 40 42 44 46 48 50 52 54 56 58 60
1	右手握取21201	0.2			
2	左手伸手拿21201	0.28			
3	左手握取21201	0.24			
4	移动21201	0.32			
5	预对准圆孔	0.16			
6	对准圆孔	0.52			
7	左手伸手向21004	0.32			
8	左手握取21004	0.12			
9	移动21004	0.4			
10	对准圆孔	0.64			
11	左手伸手向21501-B	0.28			
12	左手握取21501-B	0.4			
13	移动21501-B	0.32			
14	对准21501-B	0.68			
15	插入螺钉	2.56			
16	左手伸手向21402	0.24			
17	左手握取21402	0.32			
18	移动21402	0.24			
19	对准螺钉	0.12			
20	拧紧螺母	2.61			
合计		10.97			
总计					

图 6-24 标准作业组合表

达宝易软件应用的结果，可以将合理动作所构成的作业过程输出为标准作业票或标准作业组合表（如图 6-24）。

6.5 动作经济性原则

6.5.1 动作经济性原则概述

吉尔布雷斯首创动作经济与效率法则（Rules for Motion Economy and Efficiency），后经若干学者发展，并由加州大学巴恩斯（Ralph M. Bannes）综合为 22 项，称为动作经济原则。这些原则和方法包括人的动作和工作地布置原则，对工厂和办公室均适用，为提高手工劳动效率、减少疲劳、合理设计工作区提供了基础的准则。

6.5.2 动作经济性原则定义和分类

所谓动作经济原则，是研究人在操作作业时，如何以最少的劳力投入产生最大的工作效果，从而达到提高作业效率、降低劳动强度目的的原则。其主要思想是以尽可能减少工人的疲劳、发挥工人最高效率为准则制定操作方法，再配备有效的加工工具、机械设备和合理的工作地布置。动作经济原则共有 22 项，可以归纳为以下三大类。

第一类原则是与人的身体有关的原则：

① 双手应同时开始并同时完成其动作；

② 除规定休息时间外，两手不应同时空闲；

③ 两臂的动作应对称、反向并同时进行；

④ 手的动作应尽可能以最低等级的动作来完成；

⑤ 凡是能利用重力的地方应用重力，如果必须用体力，应减少到最低限度；

⑥ 手的动作以圆滑连续的曲线运动最好，不要采用折线或直线、突然或急剧改变方向的动作；

⑦ 自然摆动的动作比受限制或受控制的运动轻快和准确；

⑧ 动作应尽可能具有轻松自然的节奏，节奏性和平稳性对于自然地完成一项操作具有重大作用。

第二类原则是与工作地布置有关的原则：

⑨ 工具、物料应放置于固定场所；

⑩ 工具、物料及操作装置应放于操作者前方的近处；

⑪ 零件、物料应尽量利用重力坠送到靠近用料的地方；

⑫ 尽可能采用下滑式运送装置；

⑬ 工具、物料应按操作顺序放置；

⑭ 应有适当的照明设备，使视觉舒适；

⑮ 工作台和椅子高度应使操作者坐、立方便适宜；

⑯ 工作椅的形状和高度应使操作者保持良好姿势。

第三类原则是与工具设备有关的原则：

⑰ 尽量解除手的工作负担，代之以夹具或脚踏装置进行工作；

⑱ 尽可能将两种工具合并为一种多功能工具；

⑲ 工具和物料应尽可能预放在工作位置；

⑳ 手指分别工作时，各指的负荷应按照其固有能力分配；

㉑ 手柄设计时，应尽可能扩大它与手的接触面；

㉒ 机器的手柄、手轮及操纵杆应安置在很少转动身体就能进行操纵的位置，且能利用机械的最大能力。

6.5.3　动作经济性原则的十条规范及案例

以上 22 条原则中有很多条是相互联系的，应在动作分析时一并考虑。在实际分析应用中，一般将其归纳为 10 条原则，便于记忆和综合使用。下面结合实例说明（标题后括号内数字为对应的 22 条动作经济原则）。

（1）双手动作应同时而对称（①至③）

第一项至第三项原则极为接近，可以同时考虑。要改变大部分人一手持物或空闲、另一手操作的不经济的习惯，通过改善操作方法、设计辅助器具，使双手同时动起来。从心理学角度分析，必须采用双手同时而且对称的动作，否则双手操作难以实现。例如双手装配螺丝、螺帽就需要使左右手同时且对称。

双手动作可以达到提高效率的目的。如图 6-25 所示，对于插销子工作，通过实验研究，用一只手插完 30 只销子需 30 秒，用双手插完 30 只销子只需 23 秒，节约了 23.3％的时间。

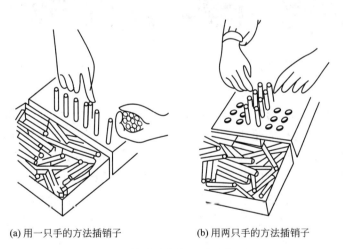

(a) 用一只手的方法插销子　　　　(b) 用两只手的方法插销子

图 6-25　单手动作与双手动作对比

实例 1：在某工厂自动包装线上，当前操作方法是员工单手（往往是右手）迅速往每个盒子（位于两侧的传动链上）中放入两个零件，先放左边还是右边根据个人习惯，操作效率低，常常跟不上节拍。由于双手作业不对称，容易疲劳，如图 6-26(a) 所示（若拍摄操作者会挡住工作界面，故本案例未拍摄操作者）。改善后，如图 6-26(b) 所示，左右手同时拿起两个零件，同时放入左右两个盒子中，工作节奏性强、作业疲劳度低、工作效率提升 15％，能够及时跟上生产线节拍。

实例 2：与实例 1 类似，清洗 A 产品的工位（喷气清理工件表面残留毛刺）改善前为一手拿气枪，另一手拿产品，右手容易疲劳，如图 6-27 所示；改善后为双手操作，开关由脚

(a) 改善前　　　　　　　　　　　　　　　　(b) 改善后

图 6-26　某操作改善前后的对比

控制，手指带上保护膜减少手指伤害，效率提升 30％，同时劳动强度也有所降低，具体如图 6-28 所示。

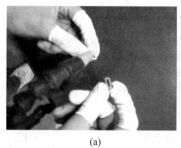
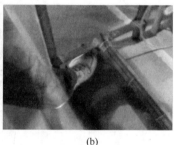

(a)　　　　　　　　(b)

图 6-27　清洗 A 产品改善前的操作　　　　图 6-28　清洗 A 产品改善后的操作

（2）动作等级尽量低（④）

吉尔布雷斯夫妇把人体动作分成五类等级。第一类为手指运动，比如抓、按的动作，等级最低，动作速度快，消耗能量少，但力量较小。第二类为手指和手腕运动，即上下臂不动，仅手指和手腕动作，比如极短距离的伸手、移物动作。第三类为手指、手腕及前臂运动，动作限制在肘部以下，肘以上不动，比如一般的伸手和移动，这类动作是不至于引起疲劳的有效动作。第四类为手指、手腕及前臂运动，当工具、材料离作业地点较远时，必须有伸臂的动作。第五类为手指、手腕、前臂、上臂及肩部运动，是最耗体力和时间的动作，作业者常常需要变动作业位置。

实例 1：开关设计中，使用接触式开关（新式开关）就比使用闸门式开关（旧式开关）动作等级低。旧式开关需要手腕运动，因此按开关的动作是第二类动作，而按新式开关只需要手指的动作，是第一类动作，如图 6-29 所示。

在工作地布置和工具、设备设计上，应尽量避免第五类动作的发生。此外，前三类动作，究竟哪一种更有效，往往也需根据实际情况决定，切忌盲目追求动作等级越低越好。

实例 2：某工位需要对两种不同型号（A、B）的产品分类，当前生产线布局迫使员工每次都需要转身将 B 产品放置 B 生产线上，转身属于第五类动作，效率低，容易疲劳且增加腰肌劳损的发生概率。在调整了生产线布局后，工人只需要移动手臂即可完成分类工作，工人动作降低为第三类动作，劳动负荷大大降低，具体如图 6-30 所示。

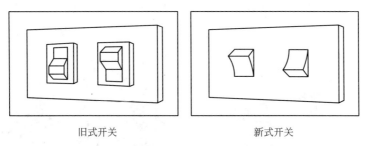

图 6-29 开关示例

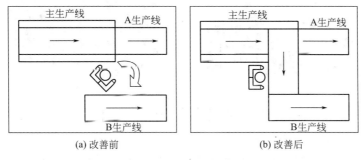

图 6-30 产品分类改善前后的对比

（3）尽可能采用曲线运动，利用运动过程中的动能，动作应轻松有节奏（⑤至⑧）

根据生理学研究，人体肌肉适合作抛物线运动，相比方向突变的直线运动，肌肉群只使用一部分，可节省一多半的力量。而节奏是人的习惯和天性，大多数从事重复性操作的人都适应流畅的动作过渡，并按节拍进行，这样可减轻疲劳。

图 6-31 不同挥动铁锤的方法

实例 1：在挥动铁锤时，上下挥动铁锤并不能充分利用动能，最佳效果的效率为 9.4%；从后面挥上、前面打下的圆弧型挥动，效率可达 20.2%，且不易疲劳（图 6-31）。

实例 2：冲床操作工人在快速冲压操作中的每个动作，都与机床的运动合拍。此冲压过程为：拉出下模（1 秒）→上料并压实（4 秒）→推入（2 秒）→冲压（1 秒），一人一机操作。改善前，如图 6-32（a）所示，由于没有挡板，员工操作此冲床时必须非常小心地移动模具，推入时间长达 2 秒，依旧有伤手事故发生。通过改善增加挡板 [如图 6-32（b）所示]，推入时间降低为 1 秒，同时改变机器布局，实现两人一机操作（左右两个滑道送料，人机操作分析图读者可以自己尝试作出），机器效率提升 43%，并且彻底根除了伤手

事故的隐患，由于增加了挡板保护（不用考虑推入长度是否合适），员工操作的节奏性
更强。

(a) 改善前   (b) 改善后

图 6-32   冲床操作改善前后的对比

（4）工具、物料定置、定位（⑨、⑩、⑬）

工具、物料定位可以减少"寻找"动作，提高效率。工具、物料布置在操作者前面近处，按照图 6-33 中确定的最大工作区域和最佳的工作顺序排列工具和物料，如图 6-34，可以减少动作的盲目性，缩短距离，降低动作等级。

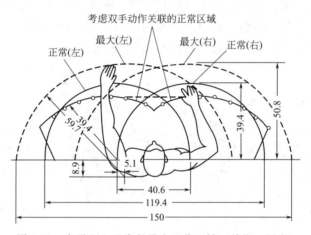

图 6-33   水平面上正常与最大工作区域（单位：厘米）

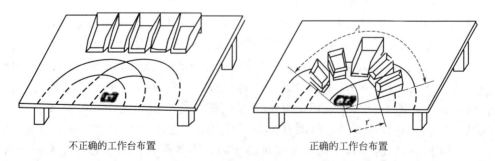

不正确的工作台布置   正确的工作台布置

图 6-34   工作台布置

（5）利用重力坠送（⑪、⑫）

对于零件，一些工厂制作了重力式送料盒作为标准的零件器具，方便搬运。对于将较大的工件传送到较远距离的情况，可以使用带坡度的滑槽或传送带，让工件依靠本身重力下滑到所需位置。

实例1：某齿轮厂工位间采用滚轮传送，如图6-35所示，不仅消除了搬运环节、降低劳动负荷，在制品的数量也一目了然，能够有效防止过量生产。

实例2：某生产车间采用斜式物料架，如图6-36所示，利用重力上下料，省力的同时有效地保证了物料的先进先出。

图 6-35　滚动式传送

图 6-36　斜式物料架

实例3：某齿轮厂某机器采用带坡度的滑槽使工件自动卜落，并设置一个挡板保证成品自动排列在一个箱子（箱子倾斜放置）中冷却。这种方法不但解决了热料（刚加工完的工件温度很高）搬运问题，并且使得工件自动整齐摆放以便于搬运，改善虽小，却删除不少无效动作，具体如图6-37与图6-38所示。

图 6-37　带坡度的滑槽

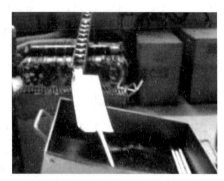
图 6-38　斜挡板让零件归位

（6）工作环境（⑭至⑯）

工作环境（照明、噪音、温湿度等）对于工作的影响是很大的。从动作微观的角度看，主要是照明和身体姿势。照明需要布置合理，不适宜的照明容易引起视觉疲劳和错误操作。

实例：某工厂的生产车间，改善前布置了24盏250瓦高空灯，一方面耗电高、灯具价格高，另一方面灯的位置过高，照明效果不好。尝试选用8盏80瓦日光灯，悬挂于贴近工作地处，照明效果大大提高，照明成本每月降低近4000元，还能帮助工厂完成节能降耗的任务。具体如图6-39所示。

(a) 改善前　　　　　　　　　　　　(b) 改善后

图 6-39　某车间照明环境改善前后的对比

在缓解视疲劳、保证工作质量时，不能一味地改善照明亮度，例如车身检验工位，通过采用黄白相间灯管，光线更为柔和，更适于检验，在缓解视疲劳的同时提升检验质量。

座椅和工作台的高度应与使用者的各部位尺寸相符合。如图 6-40 所示，由于男性和女性的人体各部位尺寸不同，在工作台的设计尺寸上也应有所区别，否则作业者易诱发肌肉疲劳。这一部分会在人因工程中进行深入系统的学习。

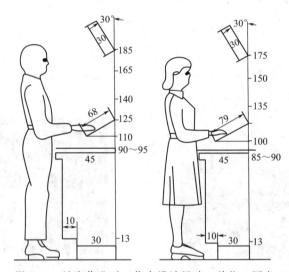

图 6-40　站姿作业时工作台设计尺寸（单位：厘米）

（7）尽量解除手的动作（⑰）

在操作过程中，经常可以发现手的持住动作，可以设计适当的夹具和钻具以达到改善目的。用夹具来代替手进行持住，可以引导加工工具，使钻具便于定位。另外，某些手部动作也可以改为脚踏动作，调动全身，减轻手的疲劳强度，如图 6-41 所示。

（8）多功能工具（⑱）

将工具从一端转换到另一端来使用，所需时间比放下工具再取另一个工具所需时间来得短。因此将两种或两种以上工具合而为一，可以减少工具的切换、寻找时间，也有利于减小工作占地。生活中的两用钉锤、双头扳手和附橡皮的铅笔都是多功能用具中很好的例子（图6-42）。在设计环节中，应尽量使多种操作能够使用同一工具，从根源上减少工具切换，如

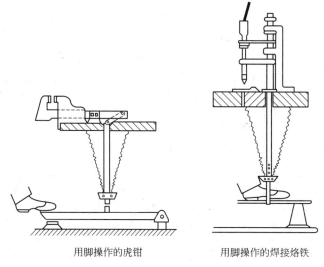

用脚操作的虎钳   用脚操作的焊接烙铁

图 6-41 脚踏型工具

在能够保证结构强度的前提下，尽量使用同一型号的普通螺母。

（9）工具设计的人性化（⑳至㉒）

设计工具时应按照身体各个部位的能力予以合理分配，尽量利用能力强的部位，以获取较大的效率为宜。

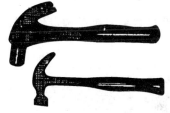

图 6-42 两用钉锤

例如 Hoke 曾研究英文打字机键盘的布局问题。其结论是左右手十个手指的负荷能力是有差别的，右手比左手效率略高，约为 10：9，各手指以右手食指最强，左手小指最弱，具体如表 6-7 所示。普通的标准型键盘对此方面的考虑并不周全，导致键盘字母的排列并不理想，左手指的负荷高于右手，约为 131：100，这与手的固有能力相反。不仅对于键盘操作的初学者是一种挑战，同时更容易造成动作浪费，故提出改进建议：按照手指负荷能力顺序设计德伏拉克型键盘布局，将日常使用频率高的按键设计在能力较强的手指区域，如右手的食指和中指；将使用频率较低的按键设计在能力较弱的手指区域，如左手的无名指和小指等。两种键盘手指负荷分布如图 6-43 所示。

表 6-7 左右手手指能力顺序表

项 目	右 手				左 手			
手指	食指	中指	无名指	小指	食指	中指	无名指	小指
能力顺序	1	2	4	6	3	5	7	8

在综合了人因工程学的考虑后，鹰式键盘（如图 6-44 所示）的设计更符合动作经济原则的要求，动作级次降到最低，使操作更为迅速轻便。各手指负荷均衡，边缘和下缘布置的键较少，避免了极限运腕动作和前臂移动等更高级次的动作。鹰式键盘的布局使诸多在现行标准键盘用小指控制键改变为用食指或拇指负担，这样更符合人的操作习惯。

Maltron 单手键盘是为了方便那些只能单手操作键盘的人而设计的。其外形和字母的安排布局考虑了人体工学等因素，使操作者能够迅速而舒适地触摸到所有的按键，它已经被很

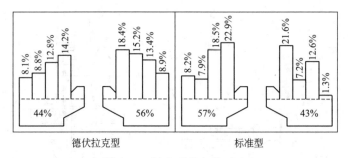

图 6-43　键盘手指负荷对比

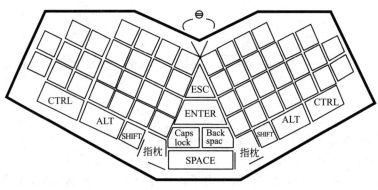

图 6-44　鹰式键盘

多操作者证明可以达到每分钟 85 个字的文字录入速度，且左手和右手的单手键盘均有设计并投入使用，如图 6-45 所示。

(a) 左手单手键盘　　　　　　　　　　　(b) 右手单手键盘

图 6-45　Maltron 单手键盘

　　人性化工具的设计一方面是要追求符合人的生理结构，另一方面力图降低劳动者的犯错可能。人的高柔性与不稳定性是并存的，通过实践发展，总结为防呆法，即通过设计合理的工具，让工人难以犯错，甚至想错也错不了。防呆法能够大幅降低工人劳动紧张度，有利于员工心理健康，并提高劳动效率和工作质量。

　　防呆法在生活中广泛使用，如笔记本的 USB 非对称接口，耳机与麦克颜色的差异均能降低用户操作难度（如图 6-46 所示）。防呆法在计算机制造中的广泛运用，使得很多人对着说明书，在家里就能够顺利完成原来看似很高深的拆装计算机工作。

　　在工厂中，防呆法广泛运用于重大事故的预防中。最典型的是冲床，如图 6-47 所示，控制面板的两个黑色按钮，只有分别用左右手按下机床才能够工作，用来杜绝伤手事故；图右上角贴有黄色提醒的白色立柱（机器左右各一根）为光电感应保护器，保证冲压操作区域中，若有人误入机器则立刻停机或者无法启动，根除了员工由于注意力不集中和其他意外所造成的安全隐患。

图 6-46　某品牌笔记本的接口区域

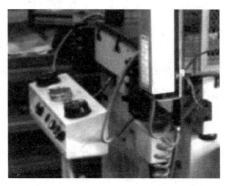

图 6-47　含有双手操作按钮和光电感应保护器的冲床

（10）工具及物料应尽可能事先定位 （⑲）

将工具事先放在合适的位置能够减少动作浪费，节省劳动时间。以表 6-8 为例，拿取平卧在工作台上的电动扳手去完成操作需要 10 秒，从工作台的挂架上拿取电动扳手完成操作需要 8 秒，而使用吊在工作位置上方的电动扳手完成操作仅需 7 秒，改善虽小，但是在每天的不断重复过程中累积，其效益也是可观的；如果电动扳手很重，采用悬挂式效果会非常明显，而且员工劳动负荷降低得更为明显，在不少工厂开展的"每日一秒活动"（每日的改善使操作或流程时间缩短一秒）的继续改善中，往往会优化工具、物料预订等生产细节。类似的预定位形式在精益的生产现场（生产现场的操作往往是重复的）中广泛运用。

表 6-8　电动扳手不同放置模式的操作时间

项　　目			
放置位置	平卧在工作台上	挂架上	用弹簧吊于工作位置上方
预放类别	未预放	半预放	完全预放
需要时间/秒	10	8	7

某发动机厂装配线采用悬挂式风动扳手，员工需要工具时伸手一拉即可使用，用完放手，弹簧弹力自动将风动扳手复位，无需操作者费神。

在参观国内部分精益化的工厂食堂时可以发现，食堂售菜窗口的勺子也是用弹性绳连接挂置于盛饭菜的地方（与悬挂式风动扳手类似），这样可以缩短盛饭菜的时间、降低操作者劳动强度。读者在日后参观精益工厂的食堂时可以多多留意。

【复习思考题】

1. 简述动作分析的概念、特点和种类。

2. 简述 17 种动素及其分类。

3. 请对从口袋中拿出公交卡、刷卡再放回口袋的过程进行动素分析。

4. 请对安装手机卡、安装电池、装配手机后盖的过程进行动素分析，要求具体到每一只手的动作。

5. 简述影像分析的概念和步骤。

6. 简述动作经济性的基本原则及分类。

第7章

作业测定

随着中国经济的高速发展，轿车逐渐进入百姓家庭。激烈的市场竞争环境使得中国的轿车制造商正立足于降低成本、强化管理，在"时间"上狠下工夫。在中国的轿车制造引进国外先进制造技术的同时，"作业测定"相关的管理技术方法同样得到实际的应用和发展，取得了一定的经济效益。

某轿车制造厂对近几年不同车型在本企业安装的零件数和作业时间的统计表明，每辆轿车有 2000 多种零件，共计有 3500～4000 个零件，作业时间需要 2100～3000 分钟，其中 80％的零件由 200～300 个供应商供给。对于轿车制造厂，轿车的材料成本占总成本的 80％左右，其零件制造纯人工作业时间占零部件成本的 30％～40％，占零件成本的 1/3 左右，有的甚至更高。因此，该厂认为有必要对于每个零部件从制造到完成装配的全过程进行作业分析，用最少的时间造出质量最高的产品，同时降低成本，提高效率。

该工厂在实行全装配过程"作业测定"过程中，发现该技术不仅有助于提高人力资源的利用效率，而且对于保障员工的身体健康起到了效果。如企业规定，在批量生产中超过 20 千克的零部件必须有起重装置，在时间的改进中，以使工人少弯一次腰、少伸一次手为目的。工厂在推广过程中秉持"作业测定并不是卡紧劳动人员作业时间，而是合理的给定作业时间，保障作业人员的正常体力"的原则。另外，通过推广"作业测定"，员工形成了自主减少作业时间的良好的改进意识，工厂内部自主改善的文化氛围浓厚。

国外工业工程技术的不断发展，已累积建立了一套适合轿车制造操作时间研究的管理体制，形成了一系列的技术方法，如法国雪铁龙汽车公司在 1919 年创建时，其创始人就将从美国福特汽车公司学到的"作业测定"的方法用于生产。据雪铁龙公司一位从事 30 多年的时间研究专家介绍，该公司轿车制造的时间从零件制造的开始到装配总成上所必须花费的时间为研究对象，而国内轿车制造的作业测定人员只限于在企业内，对整车而言其时间价值的挖掘潜力确实有限，通过对供应商的询问了解以及从供应总装厂的零部件包装可以看出，许多供应商还没有开展作业测定工作，仍用传统方法确定零部件制造的作业时间，客观数据较少，富余时间偏多，是整个零件销售成本偏高的原因。

【讨论题】

1. 作业测定对于企业管理将会起到何种作用？

2. "作业测定"在制造企业的应用范围。

【学习目的与要求】

学习目的：通过本章的学习，使学生理解程序分析的概念，领会程序分析的作用，掌握程序分析内容和实施的步骤。

学习难点：秒表测时方法和预定动作时间标准法的应用。

学习重点：秒表测时方法、预定动作时间标准法和工作抽样方法。

7.1　秒表时间研究

7.1.1　时间研究的基本工具

进行时间研究必须具备一些工具，包括：秒表、时间观测板（记录板）、时间研究表格、时间研究仪、摄影放映器材、辅助器材。

7.1.1.1　秒表

在时间研究中，使用最广泛的测时工具是秒表。常用的秒表主要是机械秒表，有以下两种类型。

① 分钟十进制秒表（Decimal-Minute Stop Watch），简称分计秒表，如图 7-1(a) 所示。此秒表有大小两个盘面，每个盘面各有一个指针。大盘面划分为 100 格，每格代表 0.01 分，盘面上有一指针（长指针），指针绕盘面运行 1 圈代表 1 分钟。小盘面划分为 30 格，每格代表 1 分钟，盘面也有一指针（短指针），指针绕盘面运行一周为 30 分钟。即当长指针旋转 1 周，短指针行进 1 格。

(a) 机械秒表　　　　(b) 单排电子秒表　　　　(c) 三排排电子秒表

图 7-1　秒表

② 小时十进制秒表（Decimal-Hour Stop Watch），简称时计秒表。此类秒表在设计和使用上均与分计秒表相同，唯有表面刻度所代表时间值存在差异。大盘面划分 100 格中每格代表 0.0001（万分之一）小时，长针运行一圈为 0.01 小时（或 0.6 分钟）。小盘面划分 30 格，每格代表 0.01 小时，短指针运行一周为 0.3 小时（18 分钟），运行 $3\frac{1}{3}$ 圈为 1 小时。测时中常以"小时"为计时单位，以时计秒表测时可直接记录结果，而不需要单位转换，这是此类秒表的优点。此外，由于相同刻度代表的时间值不同，时计秒表因其长针转速较快，

测时较为准确，这是时计秒表的另一个优点。

为了便于连续计时与累计计时，有时使用双秒表工作，两个秒表之间装有机械的联动机构，当一个表停下来读数时，另一个表同时启动计时。也有使用三个秒表联动工作的，当一个秒表停下来读数时，第二个秒表开始启动，第三个秒表指针归零。新一代的秒表采用液晶数字显示，可完成连续、中断、跟踪、汇总、记忆、日历、数字显示等功能，并可连接打印机，精度可达 0.001 分钟或 0.1 秒。

电子秒表是一种现代较为先进的电子计时器，目前国产的电子秒表一般都是利用石英振荡器的振荡频率作为时间基准，采用液晶数字显示时间，基本显示的计时状态为"时"、"分"、"秒"。电子秒表的使用功能比机械秒表要多，不仅能显示分、秒，还能显示时、日、月及星期，按照显示功能所需，有单排显示［图 7-1(b)］、双排显示和三排显示［图 7-1(c)］。一般的电子秒表连续累计时间为 59 分 59.99 秒，有的也可精确到 1/100 秒，平均日差±0.5 秒。

7.1.1.2　时间观测板

时间观测板的大小一般略大于时间研究表格，板面安排方式大同小异，最好的方式是将秒表紧固在近右上角处，板面上端正中间锁上一副夹子，将时间研究表格匀称夹在板面上。由于测时时间长短不同和测时研究人员习惯不同，也有将秒表固定在观测板上方中间位置，而将夹子置于观测板上方偏右位置。普遍使用的方式如图 7-2 所示，还有一种较常见的方式是将秒表置于观测板正中上方位置。

记录板用于安放时间研究表格和秒表。时间研究人员在观测操作时，一方面要注意工人的细微操作，另一方面又要阅读秒表的读数，而且随时要将二者的观测结果记录下来。这就要求记录板质地轻盈，使用时手臂不易疲劳，又必须能承受记录时手的压

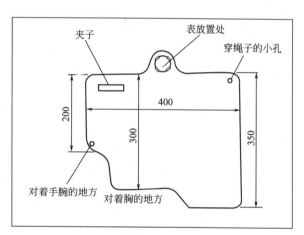

图 7-2　时间观测板（单位：毫米）

力，其尺寸应略大于时间研究用的表格。过去记录板一般为长方形木板。材料可用胶合板、塑料板等。

在测时工作进行中，时间研究员可将观测板在身躯胸腹与左臂上较为舒适。这样，可以由左手拇指、食指自如控制秒表按钮，空出右手用于记录资料。时间研究员选取一个适宜的角度站在被观测者旁边，可以从容观察操作员动作、阅取读数并记录之。

7.1.1.3　时间研究表格

时间研究表格是用以记录该项时间研究所有详细资料的工具，它包括该项操作方法的详细叙述、操作者姓名、测时研究人员姓名、测时时间及地点等。最重要的是秒表计时栏，将每一动作单元的秒表读数予以确切纪录，此外还要加上操作者评比系数（Performance Rating of Operator）以及计算结果。在必要时，需要在研究表格上标明或说明操

作地点草图、工作零件工程图、材料规格、设备运行参数、工作环境条件及工具、夹具、量具等。

时间研究表格主要有两种，一种是在现场进行观察和研究使用的，其大小应适合记录板的尺寸；另一种是在研究完成后在室内应用的。

① 时间研究主表　时间研究主表是主要介绍性表格，用以记录有关时间研究的全部基本资料，包括将研究的作业分为若干要素。该表还记录研究工作的少数工作循环。如表 7-1 所示，在标题栏内填写研究工作正常需要的一切有关情况，如果工作现场布局简单，可将布局草图画在表格背面，否则应单独画在一张纸上，附在时间研究表上。

表 7-1　常用时间研究主表

时 间 研 究 主 表

部门：		研究号：
		第　　页,共　　页
作业：　　　　　　　　总号		开始时间：
		结束时间：
车间/机器：　　　　　　号		延续时间：
		操作人：
工具和量具：		时钟号：
产品/零件：　　　　　　号		研究人员：
图号：　　　　　材料：		日期：
质量：		审定人：

注意：现场平面布置图、装配图、部件图见反面或另面

工作要素说明	测速	秒表读数	扣除时间	基本时间	工作要素说明	测速	秒表读数	扣除时间	基本时间

② 时间研究续表　此类表是供研究中循环续用，承接时间研究主表内容。表 7-2 示例表明，此表只包括研究栏目和空白以及表的页数。通常，这种表印在纸的两面，反面不印表头。

表 7-2　常用时间研究续表（正面）

研究项目号数：			时 间 研 究 续 表				第　页，共　页		
工作要素说明	测速	秒表读数	扣除时间	基本时间	工作要素说明	测速	秒表读数	扣除时间	基本时间

　　以上两种是常用表格，可以满足大多数时间研究工作的需要。记录短循环的重复作业时间可以使用特别设计的记录表格。

　　③ 短循环研究表　应用比较普遍的短循环研究表格有两种，表 7-3 介绍的是一种简单格式，适用于最普通的短循环作业。表 7-4、表 7-5 介绍的是美国应用较普遍的、较复杂的格式，如果短循环作业是主要的，这种表格史合适。

表 7-3　短循环研究简表

序号	工作要素说明	1	2	3	4	5	6	7	8	9	10	合计观察时间	平均观测时间	评估速度	基本时间

表 7-4　短循环研究表（正面）

研究日期：____	结束时间：____ 开始时间：____ 延续时间：____	短循环研究表	研究号：____ 第___页，共___页
部门：_____ 作业：_____ 使用的工具：_____ 材料：		工作名称：____ 图号：____　工件号：____ 进给量____　最大/最小____ 速度：____　每分钟转速____	基本循环时间：____ 总平均要素时间：____ 测速因素：____ 基本循环时间：____ 宽放时间：____ 每件标准时间：____

				方法说明
				备注

表 7-5　短循环研究表（反面）

| 项目日期 | 结束时间＿＿ 开始时间＿＿ 延续时间＿＿ | 短 循 环 研 究 表 | | | | | 研究项目号＿＿ 第＿页,共页 | 作业名称＿＿＿ 秒表号＿＿＿ | 观察者＿＿＿ 审查者＿＿＿ |

单元号	1		2		3		4		5		6		7		8		9		15		非工作要素			
循环号	T	R	T	R	T	R	T	R	T	R	T	R	T	R	T	R	T	R	T	R	符号	T	R	说明
1																					A			
2																					B			
3																					C			
4																					D			
5																					E			
6																					F			
7																					G			
20																					T			
综　计																								
总和																					M			
次数																					N			
平均																					O			
评比系数																					P			
评比值																								
宽放率																								
宽放后时间																								

　　在时间研究表的签名栏内，除时间研究人员和相关工作研究主管签名外，尤应设有被测者所属岗位的班组长（作业岗位直接负责人）签字栏，这表明班组长对所研究观测的标准操作方法的认同，以免日后产生纷争。同时，也需要设置检验员签字栏，目的在于保证在被观测条件下制作出来的产品品质合格，否则，由不合格产品所得到的时间资料就失去了意义。

　　表 7-5 中首行各栏为项目及时间研究基础资料，第二行为单元号，其中按次序排列的数字表示作业分解的单元序列，上方的长空格用以尽可能清楚地说明动作单元的细节内容。第三行为循环号，即观测周期号次。如果某一项操作的单元数不超过 7 个，则第 8 单元以后可改写为另一周期的观测记录。如果超过 15，则需另一张表格接于第 15 单元之右应用。如果被观测次数超过 20，则需另一张表格连接与本表的第 20 个循环之下应用。

　　每个单元的记录分为两栏，经过时间（Elapsed Time）记入“T”栏；秒表表面所示读数计入“R”栏。因秒表测时有两种方法，记录方式有所不同，在归零法（Snap-Back Method）中，因表面读数即为经过时间，直接将其计入“T”栏，空下“R”栏。在连续测时法（Continue Method）中，仅将表面读数记入“R”栏，“T”栏则由分析时再计算填写。

　　综计栏第一项为“总数”，为各单元各观测周期之和。“次数”即为观测次数。“平均”为观测次数除总数的值。“评比系数”一般用平准化（Leveling）评比系数。“评比值”为平均与评比系数两栏数值之积。“宽放后时间”为允许的最大宽放时间，即标准时间（Standard Time），为正常时值与宽放时间（Allowance Time）之和。"宽放率"为宽放时间相对于正常时间的百分比。

7.1.1.4 时间研究仪

时间研究仪，也称计时机，其基本构造为一个小盒子内安装一卷纸带，由小马达带动以一定速度转动，纸带转出时经过一个键针（或指示器）。纸卷上每隔 0.1 英寸（1 英寸 = 2.54 厘米）印有一个刻度划分，如果纸卷输出速度为每分钟 10 英寸，则每一格代表 0.01 英寸。计时机一般有两个按键，在操作单元开始时，用手指同时按下两个键，仪器就将时间均匀地记录在纸带上，在单元终止时，再按下指示键即可。各操作单元时值求解，只需用减法计算即可。纸带背面可以记入有关作业单元的解释说明，而且，纸带可以作为永久性时间研究资料保存。

在较精细的操作中，计时机有取代秒表的趋势。计时机最大优点在于能准确记录快速单元，并使测时人员免除既看秒表又记录的负担，而专注于获取更精确的评比。计时机的缺点：在长单元及非工作要素较多时效用无法发挥；需要将纸带刻度转化为时间值而增加很多书面作业；携带不便，无法在所有场合找到合适的电源、电压。因此，计时机还无法完全取代秒表。

7.1.1.5 摄影放映器材

运用摄影机对工厂作业进行研究，可以完整记录作业全过程的每一细节变化，有助于系统分析作业过程的动作合理性和标准时间值的科学性。吉尔布雷斯夫妇在研究细微动作中最先采用摄影机辅以计时器对肉眼难以识别的微动作进行分析，取得良好效果。

但由于摄影器材价格昂贵，胶片冲洗处理费时且费用较高，而且在实际研究中还需要放映设备才能进行，因此，有很多不便之处，在非特殊情况下很少采用。

随着现代电子技术的发展，小型或微型摄影摄像设备应运而生，不仅轻盈灵巧，而且价格较低，同时兼顾摄像与放映双重功能，这种设备将成为时间研究的主要工具。

7.1.1.6 辅助工具

除以上时间研究设备之外，还需根据具体测量准备必要器材，如用于记录用的笔，计算用的小型计算器、计算尺，测距用的软尺或钢卷尺，测量设备运转时速的转速计等。

7.1.2 秒表时间研究

7.1.2.1 获取充分的资料并记录

越有经验的时间研究人员，越注重和了解测时工作前充分准备的必要性。时间研究所需要的最基本的资料是作业选择、设备确定、品质分析、确定材料规格和操作方法。

时间研究与方法研究一样，首先要明确此举的目的，也就是要明确为什么要对某项作业进行时间研究。因此，在选择研究的作业前，要重点考虑以下可能的因素：

① 作业是未曾进行过的新作业；

② 工作方法或材料发生变化，需要确定新的标准作业时间；

③ 当作业者对某项作业的标准时间提出异议时；

④ 某项操作出现"瓶颈"现象，影响上下工序正常进行；

⑤ 确定新的工资奖励办法需要制定新的标准时间；

⑥ 机器自动化程度提高或设备能力发生明显变化时；

⑦ 作业成本过高；

⑧ 其他问题。

测时工作开始前，研究人员有必要将上述因素的信息记录到时间研究表格中。概括而言，这些信息主要包括：

① 操作者姓名或工号；

② 使用机器设备或代号，操作中使用的工具、模具、夹具、手工工具等设备材料，或者其代号；

③ 具体工作方法及有作业分解的动作单元。工作方法中包括物料搬运方法，工作现场布置图、机器参数、进给速度等资料；

④ 工作材料规格，包括材质、物理及化学指标、加工尺寸、加工精度要求等，一般均将加工工程图或草图绘于表中；

⑤ 工作环境条件，包括工作场所的温度、湿度、照明、通风、作业空间、噪声等；

⑥ 测时人员姓名，测时时间、地点，秒表号等。

7.1.2.2　实施前的检查

时间研究前，首先必须检查工作方法的规范性。如果研究的目的是制定时间标准，就应做好方法研究，并完成一个书面标准作业法。如果研究的目的是为了解决工人因达不到确定的指标而抱怨这一问题，就需要对其工作方法与原来确定的方法仔细比较。实际操作中，往往出现工人不按照、或不完全按照规定的作业规程操作，他可能使用不同的工具、不同的机器装置或不同的车速、进给速度，或不符合工艺要求，或塞进额外工作量等。故应当反复强调，在制定时间标准进行时间研究以前，进行方法研究，因此时间研究人员尤其需要细心检查几个关键环节：

① 是否可以在工具设计和操作中节省时间；

② 在不影响适当工具寿命和产品质量前提下，是否可以提高机器运转速度和进刀速度，缩短作业时间；

③ 是否可将材料零件更靠近操作台，减少搬运时间；

④ 是否按正确的方法使用设备；

⑤ 是否制造出合格产品；

⑥ 所有操作是否安全。

时间研究人员必须与现场主管人员依操作顺序逐项检验、讨论，并提出中肯建议，必要时先予以改善，改善后再检查，直至获得可以进行时间研究的资格。

7.1.2.3　分解并记录操作单元

在确定工作方法并记录全部关于操作和工人资料后，接下来是将一个完整作业（工作循环）划分为多个操作单元（Operation Elements），以便衡量。单元划分通常遵循下列原则。

① 每一单元在不影响精确观测记录的前提下，越短越好。大概每单元时间在 0.04 分钟（2.4 秒）以上，因为 0.04 分钟为一般有经验测时员所能精确观测记录的极限。未经高级训练的观测员最短观测时间以 0.07～0.1 分钟为宜。

② 将人工操作时间（Manual Time）与机器操作时间（Machine Time）分开。这一点在机械加工工厂最值得注意，因为机械加工时间受回转速度、进刀速度的影响，必须分开记录。机器加工不受评比影响，而人力作业因素受到评比影响，尤其机械操作时间远比人力操

作时间长的情况下最需注意。

③ 单元与单元之间划分一定清晰，尤其每个单元的起点和终点应易于识别，最好在单元终点有明显的声音，确保每个单元可以准确测定。如伸手拿扳手，移动到位，拧紧螺帽这个动作。此时，可以分辨伸手拿扳手，握住扳手，移动到位，将手中扳手调整到能夹住和扳动螺帽以及拧紧等动作。但是，工人可能将这些动作作为一套自然动作，而不是一系列独立动作。因此，最好将其视为一个整体，把工作单元视为"用扳手拧螺帽"，并计算全过程的动作时间。这样便于区分动作的始末点，又十分自然。关于声音提示，如将加工完的零件放入零件箱；车刀吃入加工件等。

④ 将固定单元与可变单元明确分开，区分不同性质单元测时的独立性。

⑤ 规则单元与间歇单元须划分清楚。间歇单元时而附在规则单元，时而不在规则单元中，其存在将对测时记录产生极大波动。

⑥ 物料搬运（Handling Time）时间应与其他单元分开，因为搬运时间受工厂场所和设施布置变动影响直接。

在进行汽车车身侧板装箱（如图 7-3 所示）作业时，划分为如下工作单元：

图 7-3 汽车车身侧板装箱示意

① 当工件沿传输皮带机移动时，目视工件上是否有缺陷标记，判断是否装在返修器具或合格器具上；

② 操作者抓住工件 1 部位（部位示意如图 7-4）将工件向后轻拉；

③ 同时另一只手抓住工件 2 部位，松开工件 1 位置的手抓住工件 3 部位。然后转身走向器具；

④ 先对准下限位槽和上限位槽，再对正后部限位。

7.1.2.4　确定观察次数

为了获得可靠的观测精度，往往需要通过多次观测，减少观测值的变异程度。一般而言，观测次数的确定，受到下列因素的影响。

① 观测人员对测时记录过程的熟练程度和标准程度　经过规范训练的观测员获得的观测值误差小、一致性高，可以适当减少观测次数。反之，应增加观测次数。

② 操作本身的稳定性　操作前的准备越充分，被观测人员的生理、心理状态稳定，更易于获得准确的数值，可以适当减少观测次数。反之，需增加观测次数。

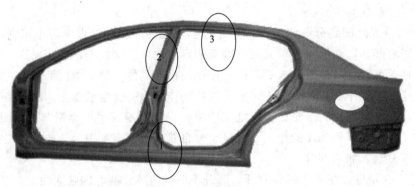

图 7-4　汽车车身侧板搬运位置示意

③ 成本因素　观测次数越多，观测值的准确性和一致性越高，但过多的观测次数无疑增加大量费用，应寻求观测精度与成本之间的理想组合。

④ 观测工人数量　对一个人观测 50 次，与对 5 个人观测 10 次，后者获得的观测更客观、更具有代表性。

确定观察次数，主要是建立在统计抽样分析方法基础之上。这里介绍两种方法。

(1) 误差界限法

误差界限法是对某一操作单元先观测若干次，求出其平均值和标准差，再按照可容许误差，计算应观测次数 N。此法假定所有时值的变异均属于偶然因素造成的，且有相当的观测值样本数，在应用过程中视观测值符合正态分布。

根据数理统计知识，对于实际观测次数为 n 的测时，每一单元平均时值的标准差为

$\sigma_{\overline{X}} = \dfrac{\sigma}{\sqrt{n}}$，$\sigma = \sqrt{\dfrac{\sum\limits_{i=1}^{n}(X_i - \overline{X})^2}{n}}$ 为样本母体标准差，X_i 为第 i 次测得的时值。$\overline{X} = \dfrac{\sum\limits_{i=1}^{n}X_i}{n}$ 为同一操作单元测得时值的平均值。进而可以求得：

$$\sigma = \frac{\dfrac{1}{n}\sqrt{n\sum\limits_{i=1}^{n}X_i^{\,2} - \left(\sum\limits_{i=1}^{n}X_i\right)^2}}{\sqrt{N}} \tag{7-1}$$

此时，需要确定置信度（Confidence Level）$1-\alpha$ 及误差水平 α，最终求得达到置信度水平所应观测的次数 N：

$$\sigma = \frac{\alpha}{2}\overline{X} \tag{7-2}$$

$$N = \left[\frac{2}{\alpha\sum\limits_{i=1}^{n}X_i}\sqrt{n\sum\limits_{i=1}^{n}X_i^{2} - \left(\sum\limits_{i=1}^{n}X_i\right)^2}\right]^2 \tag{7-3}$$

一般情况下，利用上式计算观测次数采用置信度为 95% 和误差范围为 ±5%，即可获得理想的观测次数。

例如，某一单元试行观测 15 次，结果为：6，7，5，6，8，7，6，7，6，6，7，8，6，8，7。平均值欲得 ±5% 误差界限，95% 置信度，问需观测多少次？此处 $n=15$。

代入公式：

$$N=\left[\cfrac{\cfrac{2}{0.05}\sqrt{15\times678-(100)^2}}{100}\right]^2=27.2\approx28\ (次)$$

已测了 15 次，需再测 13 次。

（2）d_2 值法，当观测次数较少时，其 σ 值可用全距值 R 来推定。

$$\sigma=\frac{R}{d_2} \tag{7-4}$$

其中，$R=X_{\max}-X_{\min}$，即某一单元观测值的最大值于最小值之差；d_2 系数由 d_2 值表查得，如表 7-6。

表 7-6 d_2 值表

n	d_2	n	d_2	n	d_2	n	d_2
2	1.128	8	2.847	14	3.407	20	3.735
3	1.693	9	2.970	15	3.472	21	3.778
4	2.059	10	3.078	16	3.532	22	3.819
5	2.326	11	3.173	17	3.588	23	3.858
6	2.534	12	3.258	18	3.640	24	3.895
7	2.704	13	3.336	19	3.689	25	3.931

将式(7-4) 代入式(7-3) 即得：

$$N=\left[\left(\cfrac{\cfrac{2R}{d_2}}{(\overline{X})^2}\right)\cfrac{2R}{\alpha d_2}{(\overline{X})^2}\right]^2=\left(\cfrac{2Rn}{\alpha d_2\sum\limits_{i=1}^{n}X_i}\right)^2 \tag{7-5}$$

例如，某一作业单元观测 18 次，结果是：6，7，5，6，7，8，7，7，6，7，6，8，7，6，7，6，5，7。计算该单元的观测次数（置信度水平为 95%，误差极限±5%）。

$$\sum_{i=1}^{18}X_i=118；R=8-5=3；\alpha=0.05；n=18；d_2=3.640$$

代入式(7-5) 得，$N=25.3\approx26$（次）

所以，该单元应该观测 26 次，即再观测 8 次，可以获得满意观测结果。

7.1.2.5 测时方法

测时准备工作完成后，时间研究人员和被测作业者可以按预定程序进入测时状态。使用秒表测时主要有两种方法：连续测时法（Continuous Method）和归零法（Snap-Back Method）。此外，差值测时法是测定一段时间操作的有效方法。

（1）连续测时法

从第一观测循环的第一单元作业开始时启动秒表，在整个研究过程中秒表都不停止。时间从始至终是连续的，在每个单元终点，记录秒表读数至"R"栏（参见表 7-5），此计数即为下一单元开始时间。通过这种方法获得的记录时间，实际是一累计时间值。研究终止后，依次由后项时间减去前项时间，就得到对应单元的观测时间。根据观测循环次数需要，反复前述过程，即可获得全部观测数据。

连续测时法的优点在于将研究过程的全部时间都记录下来，包括延迟、非工作因素、搬运等，清晰地描述了单元间特性和非作业时间的属性等。

（2）归零法（也称重复性计时）

在每个单元开始时启动秒表，指针由零位开始走动。在单元结束时，迅速按下秒表弹簧旋钮，使指针回到零位，这时可以直接得到单元的作业时间值。此时第二单元开始，在指针归零后，立即按下秒表，指针再次从零时开始走动，记录上一单元时间至"T"栏（参见表7-5），依此类推。由于上一单元结束之时即为下一单元开始之时，单元间呈连续状态，所以不必触动开关滑块。

（3）差值测时法

对于单元时间甚短的操作，采用差值测时法十分有效。该方法采用每次去掉一个单元的办法来测时。假设某工序有 a，b，c，d，e 共 5 个操作单元，每次只记录 4 个单元的时间值：

$A=a+b+c+d$，而去掉 e 单元；　　　$B=b+c+d+e$，而去掉 a 单元；

$C=a+c+d+e$，而去掉 b 单元；　　　$D=a+b+d+e$，而去掉 c 单元；

$E=a+b+c+e$，而去掉 d 单元。

设 $T=(a+b+c+d+e)$，则 $4T=A+B+C+D+E=4(a+b+d+c+e)$，求得 T。则：$a=T-B$；$b=T-C$；$c=T-D$；$d=T-E$；$e=T-A$。

7.1.2.6　时值记录

在计时时，需要先将各观测时值予以放大，以便获得整数记录值。如果采用十进分计秒表，因表面每一格代表 0.01 分，记录时将其放大 100 倍，即每格记为 1；如果采用十进时计秒表，因表面每一格代表 0.0001 小时，记录时将其扩大 10000 倍，记为 1。

时间研究记录表格有多种形式，这里介绍两种比较普遍和规范的表格形式，以资借鉴。

表 7-7 选自台湾东海大学工业工程杂志（傅武雄，时间研究表格之用法及有关问题），此类记录表与前面介绍短循环研究表相比，在形式上有所不同，但在内容和功能上基本一致。

开始时，将秒表按停归零。第一单元开始，立即按下划块，使秒表由零位开始走动。在第一单元终止时观测秒表，记录秒表读数于第一单元对应"R"栏。所记数字为 14，代表0.14 分。秒表不停，继续观测第二单元。到第二单元结束，再记录秒表读数于第二单元"R"栏。记录值为 30，代表 0.3 分。依次观测并记录。一个观测周期完毕，紧接着观测第二个周期，秒表不需停止，直至测时结束，按停秒表。

记录中需要注意，现场测时可能发生下列情况，时间研究人员可参照下述方法处理。

第一，如测时时来不及记录某一单元的时间，则应在该单元"R"行中记一"×"或"M"，表示失去记录。不准按照估计随意补入，以免影响其真实性。

第二，如操作中发现操作者省去某一单元，则在该单元的"R"行中划一"—"线，表示省去。

第三，如操作者不按照单元的顺序进行，则在该单元的"R"行内划一横线，横线上记完成时间，横线下记开始时间。

第四，外来单元的发生可能有两种情形，一种为正巧在某一单元完成时发生，另一种即在某单元内任何时间发生，现分别说明其记录方法。

如外来单元恰在某一单元完成时发生时，则于次一单元的"T"行内记注英文字母，如第一次发生则记 A，第二次发生则记 B，如此类推，且包括所有外来单元，亦包括单元内任何时间发生者，均取用英文字母。并于时间研究表右边"外来单元"栏，英文字母"R"的斜线下方，记入开始时间，待外来单元完成时，将其完成时间记入斜线的上方，完成时间减去开始时间即为该外来单元的时间，记入"T"栏内。最后，将该外来单元的内容记入"说明"

表 7-7　时间研究记录

日期：07/03/10　编号：011

Cy. No.	从桌上拿起零件放在夹具上 1		对准夹具并以手旋紧 2		开动机器铣刀空进 3		立铣 4 秒槽沟 4		床台空进 8 秒回原位并按停机器 5		旋松夹具取出零件 6		刷出碎屑 7		再安装零件准备第二次进刀 8		旋紧夹具回到操作位置 9		开动机器 10		铣刀空进 4 秒开始吃入零件 11		立铣 3/4 秒槽沟 12		横移床位 8 秒回原位 13		按停机器打开夹具 14		刷出碎屑 15	
No.	T	R	T	R	T	R	T	R	T	R	T	R	T	R	T	R	T	R	T	R	T	R	T	R	T	R	T	R	T	R
1	14	14	16	30	4	34	68	102	6	8	19	27	14	41	11	52	21	73	(	76	8	84	77	261	9	70	12	82	18	300
2	12	12	15	27	5	32	73	405	7	12	16	28	15	43	10	53	23	76	3	81	10	91	80	571	9	80	6	86	20	606
3	A22	36	17	53	4	57	64	1021	5	26	21	47	18	65	10	75	21	96	5	99	11	1110	75	85	11	96	10	1206	16	22
4	12	34	B16	32	⑩	42	70	1512	8	20	21	41	14	55	11	66	19	85	4	89	9	98	82	1680	11	91	8	99	19	1718
5	12	30	12	42	4	46	70	1816	7	23	22	45	16	61	9	70	22	92	2	94	9	1903	71	74	9	83	8	91	19	2010
6	13	23	17	40	4	44	66	2110	5	15	20	35	15	50	10	60	20	80	5	85	10	95	80	2275	C10	36	9	45	20	65
7	16	81	16	97	5	2402	73	75	5	80	(34)	2514	14	28	9	37	21	58	3	61	8	69	76	2645	④	49	10	59	18	77
8	15	92	17	2709	4	13	D (5□)	64	6	70	18	88	⑦	95	10	3005	20	25	5	M	11	41	E80	3732	9	41	12	53	16	69
9	14	83	17	3800	4	4	7-	75	6	81	21	3902	14	16	11	27	21	48	5	53	8	61	71	4032	10	42	14	56	15	71
10	17	88	12	4100	—	M	—	80	5	85	21	4206	14	20	10	31	22	53	—	M	—	M	—	4340	10	50	8	58	18	76
11	12	88	15	4403	5	8	68	4775	6	84	17	4504	14	4528/4514	10	4514/4504	20	4548/4528	4	52	10	62	75	4637	9	46	8	53	17	70
12	15	85	18	4703	4	7	68	78	6	81	17	98	15	4813	9	22	21	43	4	47	10	57	78	4935	10	45	8	53	20	73
13	11	84	17	5001	6	14	71	78	6	85	18	5103	16	19	10	29	20	49	4	53	8	62	80	52	11	51	9	61	18	78
14	13	92	17	5309	5	22	73	87	6	93	16	5409	15	24	9	33	19	52	5	57	8	65	77	5542	9	51	9	60	20	80
15	20	5600	18	18	4	22	71	93	5	98	19	5717	13	30	9	39	19	58	6	54	10	74	80	5854	11	65	9	74	19	93
16	13	5906	14	20	4	24	66	90	6	96	18	6014	14	28	11	39	20	59	5	64	12	76	74	6150	9	59	7	66	17	83

续表

单元说明（单元号）：

1. 从桌上拿起零件放在夹具上
2. 对准夹具并以手旋紧
3. 开动机器铣刀空进
4. 立铣 4 秒槽沟
5. 床台空进 8 秒回原位并按停机器
6. 旋松夹具取出零件
7. 刷出碎屑
8. 再安装零件准备第二次进刀
9. 旋紧夹具回到操作位置
10. 开动机器
11. 铣刀空进 4 秒开始吃入零件
12. 立铣 3/4 秒槽沟
13. 横移床台 8 秒回原位
14. 按停机器打开夹具
15. 刷出碎屑

日期:07/03/10　编号:011

No. Cy. No.	1 T	1 R	2 T	2 R	3 T	3 R	4 T	4 R	5 T	5 R	6 T	6 R	7 T	7 R	8 T	8 R	9 T	9 R	10 T	10 R	11 T	11 R	12 T	12 R	13 T	13 R	14 T	14 R	15 T	15 R
17	11	94	19	6213	5	18	70	88	6	94	20	6314	12	26	10	36	19	55	5	60	11	71	79	6450	8	58	8	66	20	86
18	12	96	20	6518	6	24	71	95	5	6600	20	20	15	35	9	44	20	64	6	70	9	79	80	6759	8	67	10	77	18	95
19	14	6809	16	25	5	30	75	6905	4	9	15	24	17	41	11	52	23	75	5	80	10	90	81	7971	9	80	8	88	17	7105
20	12	7117	18	35	6	41	72	7213	5	18	19	37	15	52	9	61	21	82	6	88	11	99	80	7379	9	88	10	98	22	7420
总和	2.80		3.27		0.84		12.26		1.16		3.61		2.80		1.99		4.12		0.85		1.84		14.76		1.81		1.81		3.67	
次数	20		20		18		18		20		19		19		20		20		19		19		19		19		20		20	
平均	0.140		0.163		0.047		0.701		0.058		0.190		0.147		0.100		0.206		0.045		0.097		0.777		0.095		0.090		0.184	
评比系数	1.10		1.10		1.10		1.00		1.10		1.10		1.10		1.10		1.10		1.10		1.10		1.00		1.10		1.10		1.10	
评比值	0.154		0.179		0.052		0.710		0.064		0.208		0.162		0.110		0.226		0.050		0.107		0.777		0.104		0.099		0.202	
宽放比率	15		15		15		15		15		15		15		15		15		15		15		15		15		15		15	
宽放后时间	0.177		0.206		0.060		0.806		0.074		0.239		0.186		0.126		0.260		0.058		0.123		0.892		0.120		0.114		0.232	

总　计

外　来　单　元

标识	说　明	T	R	标识	说　明
A	喝茶	308	914/606	E	换刀具
B	工头询问，工作中止	182	1416/1234	F	
C	规量零件	51	2326/2275	G	
D	尘屑入眼以手揉擦	201	2914/2713	H	

（E：T 611　R 3652/3041）

附注：

开始时间:1030AM
结束时间:1146AM
总时间:76分钟

栏内。

如外来单元在某单元内任何时间发生，则在该单元的"T"栏内记下英文字母，其他与第一种情形完全相同。

外来单元时间很短。此时，无法照上述方法记录时间，如物件掉在地上，拾起后随即开始工作，则不必分开，同单元时间一起记录在该单元时间内，同时在该单元"T"行内，记一英文字母，并在说明栏内说明该单元情况，或在"T"栏的数字上加一圆圈，因为小于0.06分钟，可以忽略。

随着技术的进步，电子秒表得到越来越多的运用，机械秒表逐步退出历史舞台。电子秒表能自动得出时间"T"，对于表7-7就可删除"R"，使表格更为简洁。

7.1.2.7　剔除异常值

时值记录之后即着手计算综合。首先应计算各单元的平均值，但在计算平均值之前，必须检查分析并剔除观测数值内的异常值。

美国机械工程协会（SAM）对异常值定义为：某一单元的秒表读数，由于一些外来因素的影响，而使其超出正常范围的数值。

异常值常由下列因素造成：

① 工人不按标准化的操作单元操作；

② 工人将某一操作单元遗漏，如经常遗漏，则需检查此项操作单元是否可从整个操作程序中删除；

③ 测时人员的疏漏或错误；

④ 外来因素的干扰，如材料规格变化、作业标准状态发生改变等。

当时间观测值中掺杂此类异常值时，应将各项异常数据剔除。

剔除异常值的方法有多种，最常用的方法是 $\overline{X}-\sigma$ 控制图法。将与平均值三倍标准差（3σ）以内的数值作为有效值，而距离平均值 3σ 之外的数值为异常值，其计算方法如下。

假设对某一操作单元观测 n 次所得时间为：X_1，X_2，$X_3\cdots X_N$，则平均值和标准差分别为：

$$\overline{X} = \frac{X_1 + X_2 + X_3 + \cdots + X_N}{n} = \frac{\sum\limits_{i=1}^{n} X_i}{n} \tag{7-6}$$

$$\sigma = \sqrt{\frac{(X_1 - \overline{X})^2 + (X_2 - \overline{X})^2 + \cdots + (X_N - \overline{X})^2}{n}} = \sqrt{\frac{\sum\limits_{i=1}^{n}(X_i - \overline{X})^2}{n}} \tag{7-7}$$

$\overline{X} \pm 3\sigma$ 即为判断正常值与异常值的分界点，如图7-5。

偏差上限为 $\overline{X}+3\sigma$，偏差下限为 $\overline{X}-3\sigma$，在上限与下限之间均视为正常值。凡不在这个区域内的数值，即异常值予以剔除。根据正态分布的原理，在正常情况下，若计算同一分布的抽样数值，其99.7%的数据应在均值正负三倍标准差区域内，图7-5为管制界限图，图中超过 $\overline{X} \pm 3\sigma$ 界限部分的数值即为异常值。

例如某一操作单元，观测24次，其中漏记一次，其余23次观测数据为：20，20，21，20，22，22，20，19，21，20，22，18，19，21，20，28，21，16，18，22，M，20，20，21。

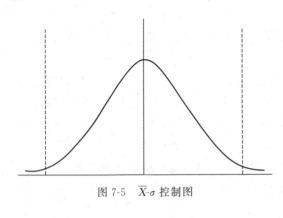

图 7-5　$\overline{X}$-σ 控制图

则：$\overline{X} = \dfrac{\sum\limits_{i=1}^{n} X_i}{n} = \dfrac{471}{23} = 20.5$

$\sigma = \sqrt{\dfrac{\sum\limits_{i=1}^{n}(X_i - \overline{X})^2}{n}} = 2.19 \approx 2.2$

控制上限 $U_\alpha = 20.5 + (3 \times 2.2) = 27.1 \approx 27$，控制下限 $L_\alpha = 20.5 - (3 \times 2.2) = 13.9 \approx 14$。最小数值 16 大于控制下限 14，应保留；数值 28 大于 27，在控制上限之外，为异常值，应予以剔除。剔除异常值除 $\overline{X} - \sigma$ 控制图法，还有 "R 控制图法"、"极端值检验法"、"连线法" 等。

7.1.2.8　评比

观测时间仅为该操作者个人的平均时间，还不能作为标准时间。因为操作者的动作可能比标准动作快，也可能比标准动作慢。所以必须利用 "评比" 予以修正，使其动作慢者变快，快者变慢，成为 "正常时间"。

评比是一种判断或评价技术，就是时间研究人员将所观测到的操作者的操作速度，与自己想象的理想速度（正常速度）所作的比较，从而获得 "评比系数"。评比是存在于观测者头脑中的一种主观判断，不同观测者设定的评比系数往往存在明显差异。为了获得精确的评比系数，评比时需将操作者的速度与理想速度作精确的比较，必须有具体的数字反映其速度的快慢。为了达到这个目的，就必须有一个评比的尺度。常用的速度评比尺度有三种，即 60 分法、100 分法和 75 分法，并以此为标准进行评分，如表 7-8 所示。如操作速度超过正常速度，则评分高于此标准；反之，则低于此标准。但具体得分情况则全凭经验与判断，经验愈丰富，判断愈精确，评比误差亦愈小。

表 7-8　评比举例列表

60 分法	100 分法	75 分法
1. 观测时间为 24 秒 　你的评比为 80 正常时间 $=24 \times \dfrac{80}{60} = 32$（秒）	1. 观测时间为 24 秒 　你的评比为 133 正常时间 $=24 \times \dfrac{133}{100} = 32$（秒）	1. 观测时间为 24 秒 　你的评比为 100 正常时间 $=24 \times \dfrac{100}{75} = 32$（秒）
2. 观测时间为 18 秒 　你的评比为 90 正常时间 $=18 \times \dfrac{90}{60} = 27$（秒）	2. 观测时间为 18 秒 　你的评比为 150 正常时间 $=18 \times \dfrac{150}{100} = 27$（秒）	2. 观测时间为 18 秒 　你的评比为 112 正常时间 $=18 \times \dfrac{112}{75} = 27$（秒）
3. 观测时间为 30 秒 　你的评比为 50 正常时间 $=30 \times \dfrac{50}{60} = 25$（秒）	3. 观测时间为 30 秒 　你的评比为 83 正常时间 $=30 \times \dfrac{83}{100} = 25$（秒）	3. 观测时间为 30 秒 　你的评比为 62 正常时间 $=30 \times \dfrac{62}{75} = 25$（秒）

在有刺激情况下，三种尺度的正常速度为：80、133、100。

在无刺激情况下，三种尺度的正常速度为：60、100、75。

评比最主要的作用，是将观测的时间修正为在正常时间。在实际应用中，还必须注意以下各点，以求得准确时间。

第一，标准而熟练的操作程度的评比。评比时不应只注意其动作的速度，因为操作者可能加入了不必要的动作，动作快的，不一定是高效率的工作。操作者需要按照作业程序和动作标准规范而熟练地操作，并保持应有的速度。

第二，受重与用力的评比。影响操作者动作的快慢的因素，用力的大小往往是原因之一。例如负荷有重物的行走，同无负重的行走，是不可能同样快速的，所以对用力的大小要给予合适的评比。

第三，困难操作的评比。简单的操作动作快，复杂、困难的操作动作慢。所以在评比时，应对操作的技术难度给予判断，给予适合的评比。

第四，工作环境的评比。对一项操作，要比较现实作业环境与"标准环境"的差异性，判断这种差异对正常速度的影响。

通过评比所获得的时间可以作为正常标准使用的时间，称之为正常时间。

$$正常时间＝每个操作单元的观测时间 \times \frac{时间研究人员的评比}{正常评比}（评比系数）$$

本书着重介绍几种最常用的评比方法。

（1）平准化法（Leveling）

平准化法又称西屋法（Westinghouse System），由美国西屋电气公司（Westing-house Electric Corporation）首创，后来分别由劳雷（Lowry）、梅纳德（Maynard）和斯太基门丁（Stegemerten）完善整个体系。此法应用最为广泛，它将熟练、努力、工作环境和一致性四者作为衡量工作的主要评比因素。每个评比因素再分为超佳（或理想）、优、良、平均、可、欠佳六个高低程度的等级，并用大写字母 A、B、C、D、E、F 对应表示，各个等级赋予固定而适当的系数。评比时，将个因素系数相加，即得评比系数。表 7-9 即为平准化所列因素及等级系数。

表 7-9　评比因素及等级系数表（综合表）

a. 熟练系数

超佳	A_1	+0.13
	A_2	+0.12
优	B_1	+0.10
	B_2	+0.08
良	C_1	+0.05
	C_2	+0.02
平均	D	0.00
可	E_1	-0.04
	E_2	-0.08
欠佳	F_1	-0.16
	F_2	-0.17

b. 努力系数

超佳	A_1	+0.15
	A_2	+0.13
优	B_1	+0.11
	B_2	+0.08
良	C_1	+0.06
	C_2	+0.03
平均	D	0.00
可	E_1	-0.05
	E_2	-0.10
欠佳	F_1	-0.16
	F_2	-0.22

c. 工作环境系数

超佳	A	-0.06
优	B	-0.04
良	C	-0.02
平均	D	0.00
可	E	0.03
欠佳	F	0.07

d. 一致性系数

超佳	A	+0.04
优	B	+0.03
良	C	+0.01
平均	D	0.00
可	E	-0.02
欠佳	F	-0.04

a. 熟练 操作者对某一既定工作方法掌握及运用的程度的反映,其分为 6 个等级。

b. 努力 操作者工作时对提高效率在主观意志上的表现,和熟练一样也分为 6 个等级。

c. 工作环境 工作环境因素虽不直接影响操作,但对操作者产生影响,在环境温度、湿度、通风、光线、噪音等存在明显差异的环境中,操作者的作业效率会有明显不同。工作环境亦分为 6 个等级。

d. 一致性 是指操作者在同一操作的周期上时值的差异,例如对同一操作单元如果每次观测的时间值都相同,其一致性当然最为理想。但工作时间往往易受材料、辅料、工具、疲劳等各方面因素影响而不一致。

目前,国外有很多企业将四项评定因素减少为"熟练"和"努力"两项因素,将"一致性"并入到"熟练"中考虑,而一般将"工作环境"视为平均环境水平,不作特殊考虑,如果存在比较明显的环境影响,则可在"宽放"过程中考虑。表 7-10 为熟练和努力两项评比因素的主要评价标准。

表 7-10　评比因素的主要评价标准

熟练的评价	努力的评价
(1)欠佳 对工作未能熟悉,不能得心应手; 动作显得笨手笨脚; 不具有工作的适应性; 工作犹豫,没有信心; 常常失败	(1)欠佳 时间浪费较多; 对工作缺乏兴趣; 工作显得迟缓; 有多余动作; 工作地布置紊乱; 使用不适当的工具; 工作拖沓
(2)可 对机械设备的用法相当熟悉; 可以事先安排大致的工作计划; 对工作还不具有充分的信心; 不适宜于长时间的工作; 偶尔发生失败、浪费时间; 通常不会有所犹豫	(2)可 勉强接受建议; 工作时注意力不太集中; 受到生活不正常的影响; 工作方法不太适当; 工作较为拖沓
(3)平均 对工作具有信心; 工作速度稍缓慢; 对工作熟悉; 能够得心应手; 工作成果良好	(3)平均 显得有些保守; 虽然接受建议但不实施; 工作上有良好的安排; 自己拟订工作计划; 按良好的工作方法进行工作
(4)良 能够担任高精度的工作; 可以指导训练他人提高操作熟练程度非常熟练; 几乎不需要接受指导; 完全不犹豫; 相当稳定的速度工作; 动作相当迅速	(4)良 工作有节奏性; 甚少浪费时间; 对工作有兴趣且负责; 很乐意接受建议; 工作地布置井然有序; 使用适当的工具
(5)优 对所担任的工作有高度的适应性; 能够正确地工作而不需检查、核对; 工作顺序相当正确; 十分有效地使用机器设备; 动作很快且正确; 动作有节奏性	(5)优 动作很快; 工作方法很有系统性; 各个动作都很熟练; 对改进工作很热心
(6)超佳 有高度的技术; 动作极为迅速,衔接圆滑; 动作犹如机器作业; 熟练程度最高	(6)超佳 很卖力地工作,甚至忽视健康; 这种工作速度不能持续一整天

（2）客观评比（Objective Rating）

在速度评比中，单纯靠"正常速度"的概念来衡量测时中存在的，而平准化法将影响工作的因素分为四种，每一因素又用六个等级来衡量，这两种方法都依靠时间研究人员的主观判断进行衡量。门达尔（M. E. Mundel）博士创新评比方法为"客观评比"，把观测人员的主观因素减少到最低程度。

客观评比将评比分为如下两大主要步骤。

第一步，将某一操作的观测速度同客观速度标准相比较，确定两者间适当的比率，作为第一个调整系数。所谓客观速度标准，指在其他工作上也表现为同一速度。因此，客观速度标准是不考虑工作难易程度差异性的理想化的速度。但不可避免的是速度标准仍需借助主观判断来确定。

第二步，为了区分工作的客观差异性，利用"工作难度调整系数"加以调整。客观评比将影响工作困难性的有关因素分成六种，根据实验结果赋予各因素难度调整系数，再将各类难度调整系数累加即获得第二个调整系数。

影响工作困难度的六种因素概述如下。

① 身体使用部位　观察工人工作时所使用的身体部位，以判定适当的调整系数。

② 足踏情形　使用不同的足踏方法，其速度变化有差异性。

③ 两手工作　两手对称同时工作，劳动效率高，但较单手（右手）运动速度慢，工作时间约增加 30%。

④ 眼手配合　动素分析中，"伸手"、"移物"与"寻找"、"选择"、"装配"与"对准"等动作单元，其动作时间都受到眼与手配合程度的影响。

表 7-11　工作难度调整系数

种类编号	说明	参考记号	条　件	调整系数/%
1	身体使用部位	A	轻易使用手指	0
		B	腕及手指	1
		C	前臂、腕及手指	2
		D	手臂、前臂、腕及手指	5
		E	躯体、手臂	8
		E2	从地板上举起	10
2	足踏情形	F	未用足踏，或单脚以脚趾为支点	0
		G	足踏而以前脚指、脚掌外侧为支点	5
3	两手工作	H	两手相互代替，相互协助	0
		H2	两手以对称方向做相同的工作	18
4	目与手配合	I	粗略的工作，主要靠感觉	0
		J	需中等视觉	2
		K	位置不宜大变	4
		L	需加注意，位置稍接近	7
		M1	在±0.04 米范围之内	10
5	搬运条件	N	可粗略搬运	0
		O	需加以粗略控制	1
		P	需加以粗略控制，但易碎	2
		Q	需小心搬运	3
		R	极易碎	5
6	重量因素	W	以实际重量计算	

⑤ 搬运条件 被搬运物体显然存在困难程度的不同，搬运时所投入的感官的注意程度不同。

⑥ 重量 物体重量对于搬运工作时间的影响非常复杂，尤其与搬运时间在整个工作周期中所占的比例关系密切。

难度调整系数确定，可根据六种因素实际情况对照表 7-11 查取，涉及重量难度调整系数可查表 7-12 得到。

表 7-12　重量难度调整系数

一次所取重量或所加压力	负重时间占全部周期时间的5%以下的基本值	1	2	3	4	5	6	7	8	9	10	20	30	40	50
1	2														
2	4														
3	7														
4	9	负重在 8.5 千克时，基本值与时间无关													
5	12	此栏的数值加上基本值后再四舍五入													
6	14	表上若无相当的增加部分值(%)，可用内插法求之													
7	16														
8	19														
8.5	20														
9	21	0	0.1	0.1	0.2	0.2	0.3	0.3	0.4	0.4	0.5	1	1.3	1.7	2
10	23	0.1	0.1	0.2	0.3	0.3	0.4	0.5	0.5	0.6	0.7	1.3	2	2.8	3
11	25	0.1	0.2	0.3	0.4	0.6	0.7	0.8	0.9	1	1.1	2.2	3.3	4.4	5
12	27	0.2	0.3	0.5	0.6	0.8	0.9	1.1	1.2	1.4	1.6	3.1	4.7	6.2	7
13	29	0.2	0.4	0.7	0.9	1.1	1.3	1.6	1.8	2	2.2	4.4	6.7	8.9	9
14	31	0.3	0.6	0.9	1.2	1.5	1.8	2	2.3	2.6	2.9	5.8	8.7	11.6	13
15	33	0.4	0.7	1.1	1.4	1.8	2.1	2.5	2.8	3.2	3.6	7.1	10.6	1402	16
16	34	0.4	0.9	1.3	1.8	2.2	2.7	3.1	3.6	4	4.4	8.9	13.3	17.8	20
17	36	0.5	1.1	1.7	2.2	2.7	3.3	3.9	4.4	5	5.5	11	16.7	22.4	25
18	37	0.7	1.4	2.1	2.8	3.4	4.1	4.8	5.5	6.2	6.9	13.8	20.7	27.5	31
19	38	0.8	1.6	2.4	3.2	4	4.8	5.6	6.4	7.2	8	16	24	32	36
20	40	0.9	1.8	2.7	4.6	4.4	5.3	6.2	7.1	8	8.9	17.8	26.6	35.6	40
21	41	1	2	3	4	5	6	7	8	9	10	20	30	40	45
22	43	1.2	2.3	3.5	4.6	5.8	6.9	8.1	9.2	10.4	1.6	23.1	34.7	46.2	52
23	44	1.3	2.5	3.8	5.1	6.3	7.6	8.9	10.1	11.4	12.7	25.4	38	50.7	57
24	45	1.4	2.8	4.1	5.5	6.9	8.3	9.6	11	12.4	13.8	27.6	41.3	55.1	62
25	46	1.5	3	4.5	6	7.4	8.9	10.4	11.9	13.4	14.9	29.8	44.6	59.5	67
26	47	1.6	3.2	4.9	6.5	8.1	9.7	11.4	13	14.6	16.2	32.4	48.6	64.9	73
27	49	1.8	3.6	5.4	7.2	9	10.8	12.6	14.4	16.2	18	36	54	72	81
28	50	1.9	3.9	5.8	7.7	9.7	11.6	13.5	15.5	17.4	19.3	38.7	58	77.3	87
29	51	2.1	4.1	6.2	8.2	10.3	12.4	14.5	16.5	18.6	20.6	41.3	62	82.7	93
31	54	2.3	4.6	6.9	9.3	11.4	13.7	16	18.8	20.6	22.9	45.7	68.6	91.6	1.3
32	56	2.5	4.9	7.4	9.9	12.3	14.8	17.3	19.7	22.2	24.6	49.3	74.9	98.7	111
33	57	2.6	5.2	7.8	10.4	13	15.6	18.2	20.8	23.4	26	52	78	104	117
34	58	2.7	5.4	8.1	10.8	13.6	16.3	19	22.7	24.4	27.1	54.2	81.3	108	122
35	59	2.9	5.7	8.6	11.5	14.3	17.2	20.1	22.9	25.3	28.7	57.3	86	115	130
36	61	3	6.1	9.1	12.2	15.2	18.3	21.3	24.4	27.4	30.4	60.8	91.3	122	137

客观评比得到的正常时间可表示为：

$$T_n = PT_o D \tag{7-8}$$

式中，T_n 为所求正常时间；P 为速度标准评比系数（第一评比系数）；T_o 为实测单元值平均值；D 为工作困难调整系数（第二评比系数）。

例如，某操作单元秒表测时的平均时间为 10 秒。第一次调整系数（速度评比）为 60%；第二次调整系数（工作难度）为：身体使用部位 E（8%），足踏情况 G（5%），两手工作 H（0%），眼与手的配合 J（2%），搬运条件 P（2%），重量 W（22%），总计为 39%（调整系数为 1.39），则正常时间 = 10×0.6×1.39 = 8.34 秒。

例如：某项工作，其单元 A 为 0.12 分钟，单元 B 为 0.10 分钟，单元 B 有负重 11 千克，其负重时间比率为 0.10/0.25 = 40%，增加部分为 40−5 = 35。则使用插入法得出：

$$重量调整系数 = 25 + \frac{4.4 - 3.3}{2} + 3.3 \approx 29$$

（3）合成平准化法（Synthetic Leveling）

速度评比、平准化法和客观评比，都不同程度地带有观测人员的主观判断，莫罗（R. L. Morrow）为了克服此困难，于 1946 年创立了合成评比法。该法是将作业的操作单元的实测时间与预定时间（PTS）相比较，得到相关操作单元的比较系数，再取其平均系值，作为该观测周期中所有操作单元的评比系数，其公式为：

$$单元评比系数(P_i) = \frac{预定时间标准(F_i)}{相同操作单元实测平均时间(T_i)} \tag{7-9}$$

$$评比系数(P) = \frac{1}{n}\sum_{i=1}^{n}(P_i) \tag{7-10}$$

例如，某一作业周程测定分为 6 个测时单元，其中第一操作单元实测平均值为 0.12，第三操作单元实测平均值为 0.17；第一操作单元的 PTS 值为 0.13，第三操作单元的 PTS 值为 0.19。则一、三操作单元的评比系数分别为：

$$P_1 = \frac{F_1}{T_1} = \frac{0.13}{0.12} = 1.08$$

$$P_3 = \frac{F_3}{T_3} = \frac{0.19}{0.17} = 1.12$$

则平均评比系数为：

$$P = \frac{1.08 + 1.12}{2} = 110\%$$

因此给予整个观测周程内各单元的评比系数为 110%。

7.1.2.9　宽放时间

正常时间是操作者连续稳定工作所需的时间。如果以正常时间为标准，则必然使操作者从早到晚工作，而不能有任何的停顿或休息。所以在制定标准时间以前，必须找出操作时所需的停顿或休息，加入正常时间，这才符合实际的需要，也才能使操作者稳定地维持正常的操作。这种进一步进行修正的时间称为"宽放时间"，其种类如下。

（1）私事宽放

这是考虑操作者生理上的需要，如喝水、上厕所、擦汗、更衣等。每天 8 小时工作，上下午无规定的休息时间时：①对于轻松工作，一般为正常时间的 2%～5%；②对于较重工作（或不良环境）则大于 5%；③对于举重工作（或天气炎热）定为 7%；④一般情形多以正常时间的 5% 计。

表 7-13　以正常时间的百分数来表示疲劳宽放

说　明	男/%	女/%
1. 基本疲劳宽放时间	4	5
轻重的基本疲劳宽放时间	9	11
2. 基本疲劳宽放时间的可变增加时间		
(1)站立工作的宽放工作时间	2	4
(2)不正常姿势工作时间		
轻微不方便	0	1
不方便(弯曲)	2	3
很不方便(躺势展身)	7	7
(3)用力或使用肌肉举重(推、举、拉)/千克		
2.5	0	1
5	1	2
7.5	2	3
10	3	4
12.5	4	6
15	6	9
17.5	8	12
20	10	15
22.5	12	18
25	14	
30	19	
40	33	
50	58	
(4)光线状况		
稍低于规定数值	0	0
低于规定数值	2	2
非常不充分	5	5
(5)空气状况(包括气候)		
通风良好,空气清新	0	0
通风不良,无有毒气体	5	5
在炉边工作或其他	5	15
(6)视觉紧张(密切注意)		
一般精密工作	0	0
精密工作	2	2
很精密或需高度注意的工作	5	5
(7)听觉紧张(噪声程度)		
连续的	0	0
间歇大声的	2	2
间歇很大声	5	5
很大声	5	5
(8)精神紧张		
相当复杂的操作	1	1
高复杂或需要全神贯注的工作	4	4
很复杂的工作	8	8
(9)单调(精神方面)		
低度	0	0
中度	1	1
高度	4	4
(10)单调(生理方面)		
相当长和讨厌	1	0
十分长和讨厌	2	1
非常长和讨厌	5	2

（2）疲劳宽放

疲劳是操作者在一段时间的连续工作后，有疲劳感或劳动机能衰退的现象，称为工作疲劳。疲劳是属于人的生理、生命现象的一部分。人从休息状态进入工作状态，则承受了"负荷"，为了适应这种"负荷"，并为了维护身体内部的正常，身体的呼吸、循环、内分泌器官以及其他内脏器官都发生了变化，负荷的持续使人受到的影响称为"负担"。随着工作时间的增长，人体的负担积累起来，就成为疲劳。疲劳还有生理疲劳和心理疲劳之分，但无论哪种疲劳都会影响工作效率，所以必须给予"宽放"时间，以消除疲劳。

到目前为止，尚无一满意的方法来计算疲劳的宽放值，所以一般还是以估计的方法来确定。在一般情况下常以正常时间的百分率来表示，如表 7-13 所示。

（3）程序宽放

操作中无法避免的延迟所需要的宽放时间。也就是这种宽放为补偿操作者因其从事的操作内发生强迫等待的时间，如本来操作两台机器，但一台机器发生故障，仅能操作一台时。

（4）特别宽放时间

按其发生的情形分成 3 类：①周期动作宽放时间，如刃磨工具、清洁机器或工厂、周程检查，发生在一固定间隔或一定周期之后的动作时间。②干扰宽放时间。一人操作多台机器，当在这台机器操作时，另一台机器已停止，等待来操作。③临时宽放。对可能发生而不能确定会发生的事件发生时，给予临时宽放时间，通常规定此类宽放时间不得超过正常时间的 5%。

（5）政策宽放时间

政策宽放并非"时间研究"的一部分，但应用上实际有效。它是作为管理政策上给予的宽放时间。它不但能配合事实上的需要，而且能保持"时间研究"的原则不受破坏。例如因某种原因，某类操作者在市场上的工资已升高，按工厂标准工资已无法雇到此类操作者，则可以将其差额用"政策宽放"给予补偿。其他如材料的品质不良，或机器的机能欠佳时，也都常给予此类宽放。当这些影响因素消失时，这种宽放也就取消。

$$宽放率(\%) = \left(\frac{宽放时间}{正常时间}\right) \times 100\% \tag{7-11}$$

对于一般加工和装配作业，由于具体作业（工种）间存在一定的差异性，各类宽放水平不尽相同，文中就车间作业实际情况，根据不同作业性质给出表 7-14 的宽放比率。

表 7-14　各种车间的宽放率举例　　　　　　　　　　　　　　单位：%

工种	作业宽放	车间宽放	私事宽放	疲劳强度	其他宽放	合计	备注
机械加工（小件）	5	3	3	5	6	22	小型电机零件加工车间
						25	
	5	3	3	4		15	
机械加工（大件）	10	5	4	5	2	26	重型机电零件加工车间
	7	5	3	7	—	22	
装配	7	5	3	3~8	1	19~24	家电装配车间
	5	4	3	5	—	17	
	18	4		4~8		26~30	

7.1.2.10 标准时间

（1）标准时间的构成

由最初用秒表测得的时间，经评比修正为正常时间，然后考虑宽放时间的加入，最后得到标准时间，其构成如图 7-6 所示。

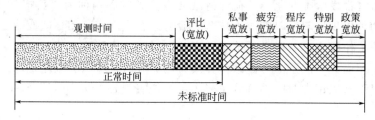

图 7-6 标准时间的构成

（2）标准时间的计算方法

$$标准时间＝正常时间＋（正常时间×宽放率）＝正常时间×（1＋宽放率）$$

其中，正常时间＝观测时间×评比系数

例如，某一单元观测时间为 0.8 分钟，评比为 110％，宽放为 5％，则该单元作业的标准时间为 0.8×60×110％×（1＋5％）＝55.44≈55 秒。

7.1.2.11 时间研究应用实例

现以在铣床上铣通槽为例（表 7-7）来说明其应用。此例中共有以下 15 个操作单元：拿起零件放在夹具上；夹紧零件；开动机床，铣刀空进；立铣通槽；按停机床，床台退回；松开夹具，取出零件；刷出铁屑；再安装零件准备二次进刀；旋紧夹具回到操作位置；开动机床；刀具空进出入零件；立铣沟槽；横移床位；按停机床打开夹具；刷出铁屑。通过对这 15 个操作单元的 20 次观测，得到每个操作单元的平均操作时间。例如第 1 单元的平均操作时间为 0.140 分钟，第 2 单元为 0.163 分钟等。除第 4 操作单元的评比系数为 100％，其余 14 个单元的评比系数为 110％。宽放率合计均为 15％。

以第 1 单元为例，则：

$$正常时间＝观测时间×评比系数＝0.140×1.10＝0.154 分钟$$

$$标准时间＝正常时间×（1＋宽放率）＝0.157×（1＋0.15）＝0.177 分钟$$

如此类推，依次求得第 2 至第 15 单元标准时间分钟分别是：0.206；0.060；0.806；0.074；0.239；0.186；0.126；0.260；0.058；0.123；0.892；0.120；0.114；0.232。

将上述 15 个单元的标准时间求和得 3.44，化为普通钟表时间，即得在铣床上铣槽时间。

【本节案例】

案例 1：用秒表时间研究方法制定标准时间某项作业的名称为在铣床上铣通槽，要求用秒表时间研究方法，制定该作业的标准时间（表 7-15）。

（1）划分操作单元将整个作业分为 7 个单元

各个单元操作内容如下：①拿起零件放到夹具上；②夹紧零件；③开动机床，铣刀空进；④立铣通槽；⑤按停机床，床台退回；⑥松开夹具，取出零件；⑦刷出铁屑。

（2）运用连续测时法进行测时

连续观测 10 个周期，并将结果（R 值）记录在时间研究表上，见表 7-15（单位：DM，即分钟）。

表 7-15　铣通槽作业时间研究表

单元	① 拿起零件放上夹具		② 夹紧零件		③ 开动机床铣刀空进		④ 立铣通槽		⑤ 按停机器床台退回		⑥ 松开夹具取出零件		⑦ 刷出铁屑		外来单元			
周程	R	T	R	T	R	T	R	T	R	T	R	T	R	T	符号	R	T	说明
1	15	15	30	15	35	5	100	65	108	8	27	19	44	17	A	592/286	306	喝茶
2	58	14	74	16	78	4	246	68	53	7	70	17	86	16	B	937/756	181	组长询问
3	610	A18	27	17	33	6	99	66	705	6	25	20	43	18	C	1450/1249	210	擦眼睛
4	56	13	53	B16	60	7	1030	70	40	10	61	21	76	15	D	2537/1348	609	换刀具
5	88	12	1100	12	1104	4	74	70	81	7	1200	19	17	17	E			
6	32	15	49	17	54	C4	1520	66	26	6	1560/1540	20	1540/1526	14	F			
7	1573	13	92	19	97	5	1670	73	75	6	96	21	710	14	G			
8	25	15	42	17	48	6	426	D69	32	6	50	18	67	17	H			
9	81	14	98	17	2502	4	73	71	79	6	2600	21	2614	14	I			
10	31	17	43	12	M		2700		2750	5	26	21	40	14	J			
统计	146		158		45		618		66		197		156					
观测次数	10		10		9		9		10		10		10					
平均	0.146		0.158		0.05		0.687		0.066		0.197		0.156		总时间:27.4 分钟			
评比	1.20		1.20		1.10		1		1.20		1.10		1.10					
正常时间	0.175		0.190		0.055		0.687		0.792		0.217		0.172					
宽放率/%	15		15		15		15		15		15		15					
标准时间	0.201		0.218		0.063		0.790		0.091		0.25		0.198		1.811 分钟			

（3）进行数据处理

首先计算每个周期各单元的实际工作时间（T 值），并将各单元 10 次观测结果的和记入统计栏，为了计算方便，采用 DM 单位。然后，求各单元平均工作时间（此处时间单位换算为分钟）。例如第一单元的平均时间为 0.146 分钟，第二单元的平均时间为 0.158 分钟……

（4）进行作业评定

用速度评定法对各单元作业进行评定，评定系数为：第 1、2、5 单元的评定系数为 1.20，第 3、6、7 单元的评定系数为 1.10，第 4 单元的评定系数为 1.00。

（5）计算正常时间

以第 1 单元为例正常时间为正常时间＝观测时间平均值×评定系数＝0.146×1.2 分钟＝0.175 分钟。

（6）确定宽放比率

经过对作业及现场环境等的综合考虑，确定宽放率为 15％。

（7）计算标准时间

以第 1 单元为例：

标准时间＝正常时间(1＋宽放率)＝0.175(1＋15％)分钟＝0.201 分钟

依此类推，各单元的标准时间之和，即为铣通槽作业的标准时间。

作业标准时间＝(0.201＋0.218＋0.063＋0.790＋0.091＋0.25＋0.198)分钟＝1.811 分钟。

案例 2：板式家具因其"部件加接口即产品"的构造特征，使其具有高互换性、高标准化的优势，近年来，得到了迅猛的发展，已成为主流家具。目前，在全球木质家具中，实木家具约占 10％，人造板家具约占 80％。因此研究板式家具的生产效率问题，对促进和保证整个家具行业的可持续发展就显得尤为重要，而工时研究是一种非常有效的提高效率、降低成本、平衡生产的方法，对生产板式家具的各道工序进行工时测定，将有助于企业进行科学管理，全面减少生产环节的各种浪费，提高人员、设备的工时利用率，最大限度地减少不良品，最终达到提高板式家具生产企业生产效率的目的。

举例说明开料工序标准工时的测定及分析：

(1) 测定对象

测定对象为苏州某厨房家具厂，生产纯板式可拆装厨房和办公家具，下面简称为 A 厂。

(2) 对测定工时的一些说明

① 确定开料工序的一个周期 以一个加工周期为标准，进行各基本单元的测时。开料工序，从抬板上机开始到完成一张板的锯裁后抬板下机直至摆放好为一个周期；其中，找材料、移走边角料、写尺寸、标符号、清理皆不算入生产周期内，因为这些工作皆可在裁板的设备作业时间内进行。

② 工序分解要合理，便于区分，便于对工人的操作进行"效率评定"，确定"正常时间"。

③ 用秒表测定时使用"连续测时法"和"快速返回法"。

前一种即在表不停时就对连续操作的不同时刻进行观测记录，这一般用在分解动作的测定上；对于一个加工周期的测定，一般用"快速返回法"。

④ 测时都在同一个工作地布置的条件下进行。

(3) 测定过程和结果

从表 7-16 可知：对于零套下料，裁一张 $4'\times8'\times20$ (表示长为 $\frac{4}{3}$ 米、宽为 $\frac{8}{3}$ 米、厚为 20 毫米，余同) 双贴 MDF 的素板，一个周期的正常时间为 3.34 分钟/张，A 厂宽放率按 25％计算，又设 T_d 表示标准工时，T_n 表示正常工时，$A\%$ 表示宽放率，N_1 表示每小时的生产量，N_2 表示每工作日的生产量 (每工作日按 8 小时计算)，则裁一张 $4'\times8'\times20$ 双贴 MDF 的标准时间为 $T_d＝4.18$ 分钟/张。

在利用周期循环的时间计算标准工时的同时，又利用动作单元法测定 10 张 $4'\times8'\times28$ 的刨花板，平均时间为 3.58 分钟/块，与计算出的 $T_n＝3.34$ 分钟/张相比，平均每张多用 0.24 分钟 (14.4 秒)，这 0.24 分钟反映出的就是实际下料过程中已包含的一部分宽放时间 (材料的变化，厚度的变化，加工路径的变化等所必须额外花费的时间)；而与 $T_d＝4.18$ 分钟/张相比，平均每块少用 0.6 分钟 (36 秒)，这个少用的时间就是用来作为其他补偿的宽放时间。利用这台设备，达到标准生产速度，必须配备 2 人，辅助工人必须在设备加工时间内完成辅助搬、抬、放、清理、标注尺寸与符号等工作，否则，会使实际生产效率远低于正常效率。

表 7-16　开料工序的工时测定

时 间 研 究 用 表

作业名称	开料	
图面 NO.	9911055-04	
工作名称	几种规模的板块	
加工设备	自动板材开料锯 SS32/2500	
作业人员		
分析人员		
分析时间	99.12.03　8:40～11:00	

板的规格:4′×8′×20
板的种类:双面贴 MDF
裁板特点:零套、规格多
研究对象:零套下料
T 周:裁一张素板总的时间,分钟。
T 总切:裁一张素板总的切削时间,分钟。
T:裁每一个零件所需时间的平均值,分钟。

板的序号	每张板切削块数	切削刀数	T 周/分钟	T 总切	T/分钟	(T 总切/T 周)/%
1	4	6	3.42	6×6 秒＝0.60 分钟	0.86	17.54
2	3	3	2.55	3×6 秒＝0.30 分钟	0.85	11.77
3	6	6	3.75	6×6 秒＝0.60 分钟	0.83	16.00
4	3	5	3.93	5×6 秒＝0.50 分钟	1.31*	12.72
5	4	6	4.15	6×6 秒＝0.60 分钟	1.04*	14.46
6	8	10	5.20	10×6 秒＝1.00 分钟	0.66	18.87
7	10	12	7.12*	12×6 秒＝1.20 分钟	0.71	16.85
8	3	4	2.53	4×6 秒＝0.40 分钟	0.84	15.81
9	3	4	2.50	4×6 秒＝0.40 分钟	0.83	16.00
10	3	5	4.07	5×6 秒＝0.50 分钟	1.36*	12.29
11	5	6	3.15	6×6 秒＝0.60 分钟	0.63	19.05
12	2	3	1.62	3×6 秒＝0.30 分钟	0.81	18.52
13	2	3	1.43	3×6 秒＝0.30 分钟	0.72	20.98
合计	56	73	33.37 (除带 * 值)	7.30	7.54 (除带 * 值)	210.86
平均	4.31	5.62	3.34	0.56	0.75	16.22

注:1. 一个裁板周期为从抬板上机到裁好卸下为止的时间。

2. 切削块数不包括切削的边条,只算裁好的零件。

3. T 值栏中,打 * 的值为异常值,剔除,因在测试中,有其他原因使机器和人的正常操作延迟。

4. 由于可变的因素较多,故以周期循环时间的平均值作为计算标准时间的正常周期时间。

5. 剔除 3 个异常值,裁 10 张板的周期时间的平均值为 3.34 分钟/张。

6. 经计算,每张 4′×8′的板平均约裁 4 块零件。

7. 裁每一个零件,约需 7.54/10＝0.75 分钟。

8. "T 总切"栏中的 6 秒来自有效实测 20 次的统计值,即为开料锯正常切削(裁一刀)的时间,不包括压板下落到压板抬起所用的时间(下落和抬起合计一般约为 6.5 秒左右)。

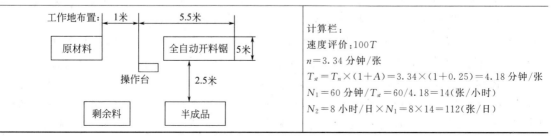

计算栏:
速度评价:100T
n＝3.34 分钟/张
$T_{st}＝T_n×(1＋A)＝3.34×(1＋0.25)＝4.18$ 分钟/张
$N_1＝60$ 分钟/$T_{st}＝60/4.18＝14$(张/小时)
$N_2＝8$ 小时/日 $×N_1＝8×14＝112$(张/日)

从表 7-16 还可知，真正切削的时间只占一个裁板周期的 16.22％。抬板装机单趟要 11 秒，不算生产中的搬运，周期结束的搬运一般需 9 秒，因此，仅搬运就占到一个裁板周期的 25％左右，其他诸如看图纸、调尺寸、找料、校核尺寸等，又占去了一多半时间。因此，要想提高效率，减少设备闲置，就必须在工作地布置、基材的准备、技术文件的质量、设备的保养、操作的熟练度、工件的摆放等方面下功夫，减少一切可能影响生产效率的不利因素，才可能保证效率的稳定和提高。

在进行工时测定的同时，对这台开料设备和工人的作业状况在不同时间又分别进行了工作抽查，结果为：对设备作业状况第一次抽了 229 次，生产性比率占到 86％；第二次抽查了 200 次，生产性比率只占到 65.5％。对工人作业状况的抽查结果来看，第一次抽查总计 347 次，其中生产性比率占到 75.2％；第二次抽查了 59 次，生产性比率占到 60.85％。两种比率的变化幅度都达到 15％～20％，是很不正常的，而且设备利用率和人工利用率都偏低。

经观察研究发现，造成这一现象的原因是：生产任务安排不均衡，标准化程度低，材料种类和规格过多，不重视操作前的准备工作等。这都反映出该企业各项管理工作还没有走上规范有序的轨道，缺乏科学性，有待调整和加强。

（4）影响开料效率的因素

① 设计的标准化程度　零部件的标准化是板式家具进行工业化生产的灵魂所在。该企业由于标准化程度低、产品种类多、零部件规格多、原材料品种多，造成开料工序复杂化、调整机器频率高、看图纸时间长、量尺寸次数多、非生产时间增加，即使是生产时间，其中不产生经济效益的时间也偏高，大大影响了企业的生产效率。

② 生产过程的组织　对于品种多，批量小的生产现状，由于粗放的生产计划造成的时间损耗较多，因此，要研究如何集中生产，利用制造数量分析、经济批量研究和成组技术，得到类似成批生产的经济效果。在这一点上，A 企业做得较差，缺乏这种意识和技术，没有充分考虑目前的产品和生产特点，进而合并重组，既没有简化操作，又增加了材料和人力浪费，因此，非生产比率偏高。

③ 技术文件的质量　在家具生产企业中，设计意图能否被生产部门充分领悟是一个较为突出的问题，许多质量和效率问题往往都出在部门与部门之间的"接"处。A 企业这个问题也非常突出。通过大量的工作抽查发现，工人用在看图纸的时间比率达到 8％～26％，多集中在 16％左右。质量问题也往往出在由于图纸标注或说明不清而造成的问题上。这说明技术文件质量有待加强。

④ 板材的综合质量　人造板的质量是最终产品的保证，也是每一道工序效率和质量的保证。如刨花板的刨花粗大，不仅开料时易爆边，影响加工效率和质量，而且也影响后续的贴面和封边工序的效率和质量。含水率、密度、厚度公差、厚度膨胀率、应力等每一项指标的偏离，都将影响加工效率和质量。

⑤ 板材摆放的位置　这对生产效率影响较大。摆放不合理，不仅增加了运距，而且增加了劳动强度，同时也增加了板件损坏的几率。这是企业普遍存在又最容易被忽视的问题。通过工作抽查，得出工人搬运工件的时间占总生产时间的 9.7％，而台湾家具企业仅占 4％。

⑥ 操作者的作业方法，识图能力，编程能力以及经验　人是设备、材料与技术要求的组织者和实施者，对企业是最重要的因素。而企业往往忽视了这一点。许多家具企业不重视技能培训，又缺乏标准作业指导书，即使有，也很简单，缺乏规范性，因此，工人

常常只能凭借自己的经验和工作习惯进行操作。由于缺乏正规培训和指导，加上奖励机制也不健全，操作中存在着很大的收缩性。重视技能培训，将大大有利于生产效率的提高。

（5）结论

通过对板式家具下料工序进行工时测定，得出以下结论。

① 下料时应根据批量、材料种类、质量、用途的不同，及时调整切削方式、切削速度和切削量，以保障切削效率和质量。

② 板式家具零套下料时，用 SS32/2500 型自动板材开料锯，两人作业，裁一张 $4'\times8'\times20$ 双贴 MDF 的素板的标准时间约为 4.18 分钟/张（当企业的宽放率为 25％时），则一个班可裁相同规格的素板约为 112 张。

③ 在一个裁板周期中，用于切削的时间约占到一个裁板周期的 16.22％，其他主要的时间都消耗在搬运，调整机器，看图纸以及闲置上。因此，要想提高裁板的效率，就必须减少除切削以外的其他辅助时间。

④ 影响下料工序效率的因素主要有：设计的标准化程度、生产过程的组织、技术文件的质量、板材的综合质量、板材摆放的位置以及操作者的作业方法、识图能力、编程能力以及经验等。其中，最关键的因素是产品的标准化设计及操作规范的标准化程度。

7.2 预定时间标准法

7.2.1 预定时间标准的概念和特性

7.2.1.1 基本概念和分类

预定时间系统（Predetermind Time System，简称 PTS）法，在我国常称预定时间标准（法），是国际公认的制定时间标准的先进技术。它利用预先为各种动作制定的时间标准来确定进行各种操作所需要的时间，而不是通过直接观察来测定。在确定标准时间过程中，不需要进行作业评定，一定程度上避免了时间研究人员的主观影响，使确定的标准时间更为精确可靠。对于测定 0.02 分钟以下的操作单元尤其有效（对这类单元，即使熟练的时间研究人员也难以测定）。

自 1924 年提出动作时间分析（MTA）以来，许多从事工业企业管理的人，都在致力于创造出科学的简便可行的 PTS 法，到目前为止，世界上已有 40 多种预定时间标准，其中用得较多的列于表 7-17 中。本节将重点介绍模特排时法和方法时间测定法。

7.2.1.2 预定时间标准法的特点

① 在作业测定中，不需要对操作者的速度、努力程度等进行评价，就能预先客观地确定作业的标准时间。

② 可以详细记述操作方法，并得到各项基本动作时间值，从而对操作进行合理的改进。

③ 可以不使用秒表，在工作前就决定标准时间，并选定操作规程。

④ 当作业方法变更时，必须修订作业的标准时间，但所依据的预定动作时间标准不变。

⑤ 用 PTS 法平整流水线是最佳的方法。

表7-17　预定时间标准的典型方法

方法的名称	开始采用时间	编制数据的方法	创始人
动作时间分析（Motor Time Analysisi,简称 MTA）	1924 年	电影、为动作分析、波形自动记录图	西格（A. B. Segnr）
肢体动作分析	1938 年	—	霍尔姆斯（Holmes）
装配工作动作时间数据	1938 年	时间研究、现场作业片、实验室研究	恩格斯托姆（Engstrom） 盖皮恩格尔（Geppinger） 通用电气公司有关人员
工作因素法（Work Factoe System,简称 WF）	1935 年	时间研究、现场作业片、频闪观测器摄影研究	奎克（Quiek） 谢安（Shea） 柯勒（Keohler）
基本手工劳动要素时间标准	1942 年	波形自动记录器、作业片和点时间研究记录器	西屋电气公司
方法时间测定法（Methods Time Manangement,简称 MTM）	1948 年	时间研究和现场作业片	梅纳德（H. B. Maynad） 斯太门丁（G. J. Stegemerth） 斯克瑞（J. L. Schwab）
基本动作时间研究（Basic Motion Time,简称 BMT）	1950 年	实验室研究	普雷斯格里夫（Presgruve） 贝利（Bailey）
空间动作时间（Demosinal Motion Times,简称 DMT）	1952 年	时间研究、影片、实验室研究	盖皮恩格尔（Geppinger）
预定人为动作时间（HPT）	1952 年	现场作业片	拉扎拉斯（Lazarus）
模特排时法（Modolar Arrangement of Predetermind Time Standard,简称 MOD 法）	1966 年	—	海蒂（G. C. Heyde）

7.2.1.3　预定时间标准方法的实施步骤

① 选择合适的动作研究方法，把将要研究作业分解成为各个有关的动作要素；

② 根据作业的动作要素和其相应的各种衡量条件，查表得到各种动作要素时间值；

③ 把各种动作要素时间值的总和作为作业的正常时间；

④ 正常时间加宽放时间即得标准时间。

7.2.2　模特排时法

7.2.2.1　模特法原理及分类

1966 年澳大利亚的海蒂（G. C. Heyde）博士在长期研究的基础上所创立的模特排时法（Modolar Arrangement of Predetermind Time Standard，简称 MOD 法）是一种使动作和时间融为一体，而精度又不低于传统技术的、更为简单易掌握的 PTS 技术。

（1）MOD 法基本原理

① 所有人力操作均包括一些基本动作。通过大量的试验研究，模特法把生产实际中操作的动作归纳为 21 种。

② 不同的人做同一动作（在条件相同时）所需的时间值基本相等。表 7-18 为人体各部位动作一次的最少平均时间。这里所说的条件相同，是指操作条件相同。例如，手在无障碍物时的移动和在有障碍物时的移动以及不同高度且有障碍物时的移动，其时间值是不同的。

表 7-18　人体各部位动作一次最少平均时间

动作部分	动作情况		动作一次最少平均时间/秒
手	抓取动作	直线的	0.07
		曲线的	0.22
	旋转动作	克服阻力	0.72
		不克服阻力	0.22
脚	直线的		0.36
	克服阻力的		0.72
腿	直线的		0.66
	脚向侧面		0.72～1.45
躯干	弯曲		0.72～1.62
	倾斜		1.26

表 7-19 为人体各部位动作的最大频率。由表中可知，每一动作即使是重复动作，其时间值也都会有一事实上的差异，所以说是"基本相等"。

表 7-19　人体各部位动作的最大频率

动作部位	最大频率/(次/分钟)	动作部位	最大频率/(次/分钟)
手指	204～406	臂	99～344
手	360～430	脚	300～378
小臂	190～392	腿	330～406

③ 使身体不同部位动作时，其动作所用的时间值互成比例（如手腕的动作是手指动作所需时间的两倍），因此可以根据不同身体部位动作的时间值来相互推算。

模特法在人体工程学实验的基础上，根据人的动作级次（见动作经济原则第二条），选择以一个正常人的级次最低、速度最快、能量消耗量最少的一次手指动作的时间消耗值，作为它的时间单位，即 1MOD＝0.129 秒。模特法 21 种动作都以手指一次（移动约 2.5 厘米）的时间性消耗值为基准进行试验、比较，来确定各动作的时间值。

大量的试验研究表明，一个人（或不同的人）以最快速度进行操作时其动作所需时间，与这个人（或不同人）以正常速度进行操作时其动作所需时间值之比，是一常数（或基本接近常数）。

假设：身体一部分最快动作的时间值为 t_1，身体某一部位正常动作的时间值为 T_1；身体其他一部位最快动作的时间值为 t_2，身体其他一部位正常动作时间值为 T_2；身体另外一部位最快动作时间值为 t_3，身体另外一部分正常动作时间值为 T_3⋯，身体第 n 部位的最快动作时间为 t_n，身体第 n 部位正常动作时间值为 T_n。则

$$\frac{t_1}{T_1}=\frac{t_2}{T_2}=\frac{t_3}{T_3}\cdots=\frac{t_n}{T_n}=K \tag{7-12}$$

因为

$$\frac{t_1}{T_1}=\frac{t_2}{T_2},$$

故

$$\frac{T_2}{T_1}=\frac{t_2}{t_1}或\frac{t_3}{t_1}=\frac{T_3}{T_1},\frac{t_n}{t_1}=\frac{T_n}{T_1} \tag{7-13}$$

也就是说，两个动作的最快速度所需时间之比，等于两个动作的正常速度所需时间之

比。由于正常速度仅是时间研究人员头脑中的一个概念，在实际中难以确定。而动作的最快速度所需时间可以通过大量的实测，用数理统计方法来求得其代表值，即可求得 K 值。这样只要令 t_1 为手指动作一次的正常值，就可根据上式求得身体其他部位一次动作与手指一次动作的比值，从而决定其他部位动作的模特值。试验表明，其他部位动作一次的 MOD 数都大于 1MOD，通过四舍五入简化处理，得到其他动作一次所需的正常时间值均为手指动作一次 MOD 数的整倍数。

（2）MOD 法的特点

① 易懂、易学、易记 模特法将动作归纳为 21 种，不像其他方法有几十种、甚至百余种（见表 7-20）。

表 7-20 模特法与其他方法比较

PTS 名称	MOD	MTM	WF	MSD	MTA	BMT
基本动作及附加因素种类	21 种	37 种	139 种	54 种	38 种加 29 个公式	291 种
不同的时间值数字个数	8 个	31 个	—	39 个	—	—

用一张模特排时法基本图就可以全部表示出来（见图 7-7），图上有 21 个方形图示，表示 21 个动作。21 个动作分两大类，上部为基本动作，11 种，下部为身体及其他动作，10 种。上部的 11 种动作分为三大类：即移动（M）、抓取（G）、放置（P）。每个动作右边的数字表示相应动作的时间值，下部分 10 种动作，表示身体及其他方面的动作，同时也反映

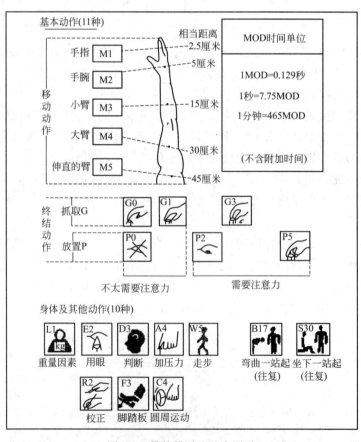

图 7-7 模特排时法基本图示

了时间值。这样一张示意图就表达了模特分析的基本动作。

模特法把动作符号与时间值融为一体。如 G3 表示复杂的抓取动作，同时也表示了该动作的时间为 3MOD＝3×0.129 秒＝0.387 秒。如果是移动小臂去抓放在零件箱中的一个小螺钉（抓时要同时扒开周围的其他零件），在模特法中用 M3G3 表示，其中 M3 表示小臂的移动，G3 表示复杂的抓取，M3G3 时间值是 6MOD（其中 M3 为 3MOD，G3 为 3MOD）。因此只要知道动作的符号，也就知道了时间。

在模特法的 21 种动作中，不相同的时间值只有 "0，1，2，3，4，5，17，30" 8 个，而且都是整数。这样只要有了动作表达式，就能用心算很快计算出动作的时间值。

② 实用性　采用模特法不需测时，亦不要进行评比，就能根据其动作决定正常时间。使用它来分析动作、评价工作方法、制定标准时间、平整流水线，都比其他 PTS 法容易。

在实际使用中，还可以根据企业的实际情况，决定 MOD 的单位时间值的大小。如：

1MOD＝0.129 秒＝0.00215 分正常值、能量消耗最小动作；

1MOD＝0.1 秒高效值，熟练工人的高水平动作时间值；

1MOD＝0.143 秒包括消除疲劳时间的 10.7％ 在内的动作时间；

1MOD＝0.12 秒快速值，比正常值快 7％ 左右。

模特法的实用性还表现在，用模特法的时间值计算动作时间的精度（对 1 分以上的作业）并不低于其他 PTS 法。表 7-21 为日本早稻田大学采用实测值与模特法分析值的比较，由表可见实测值与模特法分析值很接近。

表 7-21　实测值与模特法分析值的比较

序号	作业内容	取样数	实测区间推定值	实测平均值	标准偏差	MOD分析值	平均实测值与 MOD分析值之比
1	双手贴透明胶条	75	2.744～2.887	2.806	0.246	2.333	1.203
2	单手贴透明胶条	75	2.265～2.482	2.343	0.425	2.451	0.96
3	贴橡皮胶	75	6.770～6.981	6.876	0.424	6.837	1.01
4	往信封装 1～3 册杂志	50	2.812～3.435	3.124	0.961	3.612	0.86
5	往信封里装 5 册以上杂志	25	6.048～6.928	6.468	1.000	6.837	0.95
6	往信封里装印刷品	75	1.901～2.046	1.974	0.296	1.984	0.99
7	取得 3 册读物	75	2.662～2.769	2.716	0.213	2.838	0.96
8	数 10 册左右杂志	75	3.930～4.126	4.033	0.346	4.386	0.92
9	拿在手中数 10 册杂志	50	3.624～4.159	3.892	0.836	4.773	0.82
10	拿在手中数 10 册以上杂志	25	9.716～10.640	10.180	1.056	10.320	0.99

（3）模特法动作分类

根据工业生产的实际统计，一般最常见的手工操作，其操作动作有 95％ 以上是上肢为主的动作，并且上肢动作的基本特点是由成对出现的 "移动动作" 和 "终结动作" 结合而成的。一个操作动作的完成就对应着 "移动-终结" 动作及一些其他少量的附加因素的组合。其动作分类见表 7-22。

7.2.2.2　模特法的动作分析

（1）基本动作——上肢动作

① 移动动作（M）　包括 5 种，分别以手指，手和手臂进行作业来区分。

表 7-22 模特法动作分类

在工厂中常见的操作动作	上肢动作（基本动作）	移动动作	移动动作	M1：手指动作	注1、注2：需要注意的动作
				M2：手腕动作	
				M3：小臂动作	
				M4：大臂动作	
				M5：伸直手臂	独：只有在其他动作停止时才进行的动作
			反复多次的反射动作	M0.5,M1,M2,M3	
		终结动作	触摸动作抓捏动作	G0：碰、接触	
				G1：简单地抓	
				G3：(注1)复杂地抓	
			放置动作	P0：简单放置	
				P2：(注1)复杂的放置	
				P5：(注2)装配	
	其他动作	下肢动作	F3：踏板动作		往：往复动作，即往复一次回到原来的状态
			W5：走步动作		
		附加因素	L1：重量因素		
		其他动作	E2：(独)目视		
			R2：(独)校正		
			D3：(独)单纯地判断和反应		
			A4：(独)加压动作(按下)		
			C4：旋转动作		
			B17：(往)弯体动作		
			S30：(往)坐立		

a. 手指动作 M1　表示用手指的第三个关节前的部分进行的动作，每动作一次时间值为 1MOD，相当于手指移动了 2.5 厘米的距离。如：用手指把开关拨到 ON（或 OFF）位置的动作；用大拇指和食指旋转螺栓上的螺母，每拧一次为 M1，即 1MOD；用手指按擦密封条。

b. 手腕动作 M2　用腕关节以前的部分进行动作，包括手指的动作，每拧一次为 2MOD，相当于动作距离为 5 厘米左右。如用手指转动调谐旋钮，每次转动不超过 180°；将电阻插在印刷电路板上；用手翻书。动作或多或少都牵动小臂，在分析时仍为 M2。

c. 小臂的动作 M3　肘关节以前（包括手指、手、小臂）的动作。每动作一次时间值为 3MOD，相当移动 15cm 左右的距离。如在纸上划一条约 15cm 长的线；在作业范围内，移动小臂去取放在工作台上的零件。在实际操作中，M3 动作会或多或少都牵动大臂，或者移动了肘关节，此时仍按 M3 分析。在操作中，M3 的移动动作范围叫正常作业区（见图 7-8）。在设计作业范围时，尽量使操作动作用 M3 动作来完成。

d. 大臂动作伴随肘的移动 M4　小臂和大臂作为一个整体在自然状态下伸出的动作，其时间值为 4MOD，相当于移动距离 30 厘米。如把手伸向放在桌子前方的零件；把手伸向放在略高于操作者头部的工具。在设计作业区时，不一定能把所有的动作范围全部设计在 M3 的正常作业区内，此时可将某些动作或某些工具，设计在 M4 的区域内。

e. 大臂尽量伸直的动作 M5　在胳膊自然伸直的基础上，再尽量伸直的动作，时间值为

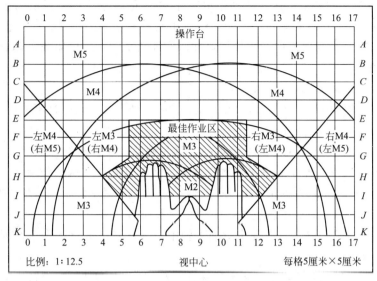

图 7-8　模特法移动的作业范围

5MOD，相当于移动距离为 45 厘米。在进行该动作时，有一种紧张感，感到臂或肩、背的肌肉被拉紧的情况。如把手尽量伸向工作台的侧面；尽量伸直胳膊取高架上的东西；坐在椅子上抓放在地上的物体。从方法研究的角度讲，用这些姿势取物不恰当，属 5 级动作，不符合动作经济原则，在实际中应取消或尽量避免。

② 终结动作　包括抓取和放置动作。移动动作后，手或手指握住（或触及）目的物的动作，叫做抓取动作，用符号 G 表示。抓取动作随着对象与方式的不同分为三种。

a. 触摸动作 G0　用手、手指去触目的物的动作，它没有抓取目的物的意图，只是触及而已，所以为 0MOD。如用手去按计算器的按键时，必先伸手去接触按键，然后再按数字键；用手去推动放在桌上某一物件时，必先接触该物体，才能推动该物体。

b. 简单地抓 G1　在自然放松的状态下用手或手指抓取物件的动作，在被抓物件的附近没有障碍物，是比较简单地抓，时间值为 1MOD。如抓起放在工作台上的旋具；抓起放在书桌上的钢笔。该动作用来抓取容易取的物件，不太需要注意力，一抓即可。

c. 复杂的抓取动作 G3　需要注意力的动作，是 G1 所不能实现的。在抓取目的物时有迟疑现象，或是目的物周围有障碍物，或是目的物比较小，不容易一抓就得，或是目的物易变形、易碎，时间值为 3MOD。如抓起放在工作台面上的垫片；抓起放在台子上的一支绣花针；抓起放在零件箱中的小螺钉，抓时必须排开周围其他物件。

将手中的物体放置在一定的位置所作的动作，叫做放置动作，用符号 P 表示。由于放置的方法与条件不同，有的需有注意力，有的不需注意力。分为以下三类。

a. 简单的放置 P0　把抓着的物品运送到目的地后，直接放下的动作。该动作是放置动作中最简单的一种，它不需要用眼注视周围的情况，放置处也无特殊要求，被放下的物体允许移动或滚动，因此无需时间值，所以为 0MOD。如将拿着的旋具放到桌子旁；把放下工具的手移回原来的位置。

b. 需要注意力的放置动作 P2　放置物体时，需要用眼睛看，以决定物体的大致位置，时间值为 2MOD。如把垫圈套入螺栓的动作；电烙铁用完后，放到烙铁架上；将装配完了的零件放到传送带上；把茶杯盖在茶杯上。

c. 需要有注意力的复杂的旋转的动作 P5 将物体正确地放在所规定的位置，或进行配合的动作。是比 P2 更复杂的动作，从始至终需用眼看其精确的位置，时间值为 5MOD。如把旋具的头放入螺钉头的沟槽中；把导线焊在印刷线路板上；把电阻插入印刷板的孔中；把轴与套配合的动作。

基本动作应注意以下几点。

a. 11 种基本动作中，M1，M2，M3，M4，M5，G0，G1，P1 是不需要注意力的动作，而 G3，P2，P5 是需要注意力的。

b. 移动动作和终结动作总是成对出现的，例如伸手是移动动作，伸手去干什么（目的）必然有一个目的，这就是伸手去拿某件物件或者去放置某物件。例如伸手取笔，伸手为移动

M3，取笔为抓取 G1。所以伸手取笔的基本动作是移动加抓取，表示为：M3G1＝4MOD。例如，将轴套套入轴上（图 7-9）。把轴套放在 A 点上，为 M3P5。到 B 点时为少量插入轴中。套依靠自重自然落下，则不需加算移动动作。

③ 反射动作（又称特殊移动动作）指不是每次都特别需要注意力，或保持特别意识的反复出现的重复动作叫反射动作。例如用锉刀锉物；用锯子锯物；用铁锤钉钉子等。这种反射动作一般速度快，使用的工具与身体部位不变，因此其时间消耗为正常动作的 70％。所以反射动作的时间值为：

轴套

阶梯轴

图 7-9 轴套装配

手指的往复动作 M1，每一个单程动作时间为 1/2MOD；

手的往复动作 M2，每一个单程动作时间为 1MOD；

前臂的往复动作 M3，每一个单程动作时间为 2MOD；

大臂的往复动作 M4，每一个单程动作时间为 3MOD；

M5 的动作一般不发生反射动作与终结动作，都是成对出现的，所以反射动作的时间值最大为 3MOD。

如前所述，模特法中移动动作与终结动作都是成对出现的，唯有反射动作没有终结动作，所以称它为特殊移动动作。

④ 同时动作 用不同的身体部位同时进行相同或不同的两个以上的动作，称为同时动作。一般以两手的同时动作为佳（排除一手空闲的情况），这样可以提高工作效率（见动作经济原则）。如桌上放着橡皮和削尖的铅笔，两手同时伸出（M3），用左手抓橡皮（G1），右手抓笔（G1），然后放到自己面前；桌上放着螺钉箱，另在高于头的地方吊着旋具。两手同时伸出（M3，M5），左手抓螺钉（G3），右手抓旋具（G1），拿到身前，螺钉槽与旋具尖对好；桌子上放着零件箱，A 箱装螺钉，B 箱装垫圈。两手同时伸出（M3），左手抓螺钉（G3），右手抓垫圈（G3），然后同时拿到身前安装。

两手不是在任何情况下都能同时进行动作的，在下面两种情况下可以同时动作。

a. 两只手的终结动作都不需要注意力的时候。例如一只手去抓旋具，另一只手去拿螺钉，因为两只手的终结动作都是 G1，都是不太需要注意力的，所以可同时动作。又如双手同时伸出去拿箱子中的销子，每只手拿一只，都是 G1 的终结动作，所以可同时进行。

b. 当一只手的终结动作是需要注意力的，而另一只手的终结动作是不需要注意力的时候。例如一只手去抓取螺钉，另一只手去抓取放在台子上的一只平垫圈。这时只有一只手的终结动作是需要注意力的，所以可同时动作。对于两只手都要注意力的动作，不可能同时进行。因为此时两只手的终结动作都需要注意力。例如两只手同时去拿放在工作台面上的平垫

片，就不可能同时进行，而只能完成一只手的终结动作，再做另一只手的。

两手可以同时动作时，时间值大的动作叫做时限动作，用时限动作的时间值来表示。两手同时动作时间值的分析举例见表 7-23 与表 7-24。由于左、右两只手的终结动作均为 G1，是不需要注意力的，所以可同时进行。左手时间值 M3G1＝4MOD，右手动作时间值为 M4G1＝5MOD。所以右手的动作为时限动作。当两手动作的时间值相同时，可任取一只手的时间值计算。

表 7-23　终结动作两手动作分析表

状况	同时动作	一只手的终结动作	另一只手的终结动作
1	可能	G0 或 P0 或 G1	G0 或 P0 或 G1
2	可能	G0 或 P0 或 G1	G0 或 P0 或 G1
3	不可能	P2 或 P3 或 P5	P2 或 G3 或 P5

表 7-24　时限动作举例表

左手动作	右手动作	标记符号	MOD
抓零件 （M3G1）	抓旋具 （M4G1）	（M4G1）	5

当两手的操作都需要注意力时，例如左手 M3G3，右手 M4G3，由于移动动作是不需要注意力的，所以两手可同时伸出。当左手伸到所需位置时，就进行抓取 G3 的动作，此时右手不能做 G3 的动作，所以在目的物旁等待，等到左手做 G3 的动作。所以在目的物旁等待，等到左手做完动作后，右手只稍动一下，即可进行终结动作 G3。右手稍动一下是因为人不可能用僵直的手去取物，这个动作为 M2，其分析如图 7-10 所示。这样左手先做完 M3G3 的动作，随后右手做 M2G3 的动作，其时间值为 M3G3＋M2G3＝11MOD。

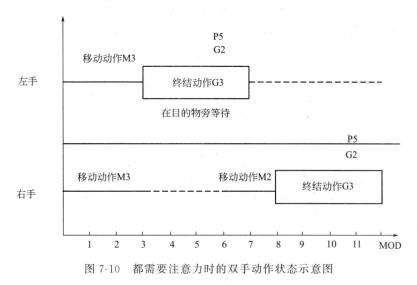

图 7-10　都需要注意力时的双手动作状态示意图

（2）其他动作

① 下肢和腰的动作。

a. 脚踏动作 F3　脚跟踏在地板上进行足胫动作，表示为 F3，时间值 3MOD。例如，蹬踏脚踏板的动作。把从脚踝关节到脚尖的一次动作表示为 F3，再抬起返回的动作又为 F3。

在 F3 脚踏动作中如果脚跟离开踏板，则应为 W5。脚离开地面，再踏脚踏板开关的动作，应判定为 W5（身体水平移动动作）。

b. 步行动作 W5（身体水平移动）　运动膝关节，使身体移动或回转身体的动作。包括向前、向后、向横侧，凡属用脚支配身体的水平移动的动作均属此动作，时间值为 5MOD。

有时伸手取物时，需把臂伸向横侧，为保持身体的平衡，而把脚也向横侧走一步，此时是以臂的动作为主，而脚仅是辅助手的移动，只计手臂移动的值。

② 附加因素动作　搬运动作的重量修正表示为 L1，时值为 1MOD。搬运重物时，由于重物的影响，操作者步幅会发生变化，载重运到目的地的步数和无负荷返回的步数不同。物体的重量影响动作的速度，并且随物体的轻重而影响时间值，步行中有负荷时要用搬运重量因素加以修正。搬运是由抓、运、放的连续动作构成的，抓物体搬运时要在终结动作中（P0、P2、P5）进行重量修正；用两手搬运时，应换算成单只手进行修正。

重量因素按下列原则考虑：有效重量小于 2 千克，不考虑；有效重量为 2～6 千克的，重量因素为 L1，时间值为 1MOD；有效重量为 6～10 千克的，重量因素为 L1×2，时间值为 2MOD。以后每增加 4 千克，时间值增加 1MOD。用手搬非常重的物体，则在劳动环境中是不希望的，应考虑用搬运工具的改善。

有效重量的计算原则为：单手负重，有效重量等于实际重量；双手负重，有效重量等于实际重量的 1/2；滑动运送物体时，有效重量为实际重量的 1/3；滚动运送物体时，有效重量为实际重量的 1/10。

两人用手搬运同一物体时，不分单手和双手，其有效重量皆以实际重量的 1/2 来计算。重量因素在搬运过程中只在放置动作时附加一次，而不是在抓取、移动、放置过程中都考虑，且不受搬运距离长短的影响。

③ 其他附加动作　包括目视（E2）、矫正（R2）、单独地判断和反应（D3）、加压动作（A4）、旋转动作（C4）、弯体（腰）动作（B17）、坐立动作（S30）。其中前四个动作为独立动作，所谓独立动作，是指其他动作都停止的情况下独立进行的动作。例如要看清仪表盘上的读数，首先必须转移视线，将视线由别的地方转移到仪表盘面上来，用 E2 表示，时间 2MOD。然后进一步看清盘面的读数（调整焦距），则给一个调焦动作 E2，时间 2MOD。

a. 目视动作（E2）（独立动作）　为看清事物而眼睛移动（向一个新的位置移动视线）和调整焦距两种动作中，每做其中一个动作，都用 E2 表示，时间值为 2MOD。眼睛的动作一般是在动作之前或动作中进行的，动作分析时一般不赋予时间值，只有眼睛独立动作时才赋予时间值，如读仪表指针的位置、认真检查或为了进行下一个动作，向其他位置转移视线等。一般作业中，独立地使用眼睛的频率不多。在生产线装配工序和包装工序中，进行包含某种检查因素的作业，一般都是同其他的动作同时进行的，E2 动作使用要慎重。

b. 矫正动作 R2（独立动作）　R2 是指矫正抓零件和工具的动作，从手指向手中握入、握入的物件向手指送出、将其回转或改变方向而进行的动作，用 R2 表示时间值为 2MOD。例如抓取螺丝刀，转为握住；把有极性的二极管，拿住并矫正好方向；把铅笔拿起，矫正成写字的方式。矫正动作同样是独立进行的动作。当进行其他动作同时完成该动作时，R2 动作将不计入时间值。例如用 M3 的动作抓零件或工具，运到手前，在其移动过程中矫正成为最容易进行下一个动作的状态（改变其位置或方向），这种状况只记移动和抓取的时间值。

c. 判断动作 D3（独立动作）　D3 是指动作与动作之间出现的瞬时判定，用 D3 表示，时间值为 3MOD。D3 在其他动作停止间歇时发生，如检查作业规范时的单纯判断动作、判断计量器具类的指针、刻度。例如，眼睛从被测零件移向仪表指针，判断指针是否在规定的范围内，此动作应分析为 E2E2D3。

d. 加压动作 A4（独立动作） 在操作动作中，需要推力、压力以克服阻力的动作用 A4 表示，时间值为 4MOD。A4 是一独立动作，当加压在 20 牛以上，且其他动作停止时，才给予 A4 时间值。A4 一般是在推、转等动作终了后才发生，用力时发生手和胳膊肌肉或脚踏使全身肌肉紧张的现象。如铆钉对准配合孔用力推入配合旋钮。

e. 旋转动作 C4 以手腕或肘关节为圆心，按圆形轨道回转的动作叫旋转动作。旋转一周的动作用 C4 表示，时间值为 4MOD。例如旋转机器手柄，机床把柄旋转 1/2 周以上的为旋转动作，旋转不到 1/2 周的为移动动作。因是以手腕或肘关节为圆心，与圆周直径无关。带有 2 千克以上负荷的旋转动作，由于负荷大小不同，时间值也不相同，应按有效时间计算。

f. 身体弯曲动作 B17 从站立的状态，弯曲身体或蹲下，单膝触地，然后回复到原来状态的往复动作，一个周期时间值为 17MOD。如果在 B17 中遇到搬运重物的情况，则必须加上重量因素。

g. 坐立动作 S30 从坐着的椅子上站起来（包括用手将椅子向后面推），再坐下的动作（包括把椅子向前拉的动作时间）的一个周期动作，时间值为 30MOD，用 S30 表示。

（3）动作分析时使用的其他符号

① 延时 BD BD 表示一只手进行动作，另一只手什么也没做，即为停止状态，不给予时间值。综合分析以另一只手的动作为准。

② 保持 H 表示用手拿着或抓着物体一直不动的状态。有时为了防止零件倒下，而用固定的工具也为 H。H 也不给时间值，当进行模特分析时，如一只手处于保持状态，另一只手进行动作，综合分析则以另一只手的动作为准。

③ 有效时间 UT UT 是指人的动作之外的机械或其他固有的加工时间。有效时间要用计时仪表分别确定其时间值。例如，用电动扳手拧螺母、焊锡、铆铆钉、涂粘接剂等。

在动作分析时，应把有效时间值如实地填入分析表中的有效时间栏内。在不影响安全生产或产品质量的前提下，应充分利用有效时间，安排人进行其他作业，灵活地运用有效时间是改善作业的重点。在改善作业中，BD 和 H 出现的越少越好。

7.2.2.3 模特法的应用

（1）动作的改进

根据应用模特排时法的实践经验，对改善各种动作着眼点归纳整理如下。

① 替代、合并移动动作 M 应用滑槽、传送带、弹簧、压缩空气等替代移动动作；用手或脚的移动动作替代身体其他部分的移动动作；应用机器、工夹具等自动化、机械化装置替代人体的移动动作；将移动动作尽量组合成为结合动作；尽量使移动动作和其他动作同时动作；尽可能改进急速变换方向的移动动作。

② 减少移动动作 M 的次数 一次运输的物品数量越多越好；采用运载量多的运输工具和容器；两手同时搬运物品；用一个复合零件替代几个零件的功能，减少移动动作次数。

③ 用时间值小的移动动作替代时间值大的移动动作 应用滑槽、输送带、弹簧、压缩空气等。简化移动动作，降低动作时间值；设计的尽量采用短距离的移动动作；改进操作台、工作椅的高度；将上下移动动作改为水平、前后移动动作；将前后移动动作改为水平移动动作；用简单的身体动作替代复杂的身体动作；设计成有节奏的动作作业。

④ 替代、合并抓取动作 G 用磁铁、真空技术等抓取物品；抓的动作与其他动作结合，变成同时动作；即使是同时动作，还应改进成为更简单的同时动作；设计成能抓取两种物品以上的工具。

⑤ 简化抓取动作 G 工件涂以不同颜色、便于分辨抓取物；物品做成容易抓取的形状；使用导轨或限位器；使用送料（工件）器，如装上、落下送进装置，滑动、滚动运送装置等。

⑥ 简化放置动作 P 使用制动装置；使用导轨；固定物品堆放场所；同移动结合成为结合动作；工具用弹簧自动拉回放置处；一只手做放置动作时，另一只手给予辅助；工件采用合理配合公差；两个零件的配合部分尽量做成圆形的；工具的长度尽可能在 7 厘米以上，以求放置的稳定性。

⑦ 尽量不使用眼睛动作 E2 尽量与移动动作 M、抓取动作 G 和放置动作 P 结合成为同时动作；作业范围控制在正常视野范围内；作业范围应豁亮、舒适；以声音或触觉进行判断；使用制动装置；安装作业异常检测装置；改变零件箱的排列、组合方式；使用导轨。

⑧ 尽量不做矫正动作 R2 同移动动作 M 组合成为结合动作；使用不用矫正动作 R2 而用放置动作 P 就可完成操作动作的工夹具；改进移动动作 M 和放置动作 P，从而去掉矫正动作 R2。

⑨ 尽量不做判断动作 D3 与移动动作 M、抓取动作 G 和放置动作 P 组合成同时动作；两个或两个以上的判断动作尽量合并成为一个判断动作；设计成没有正反面或方向性的零件；运输工具和容器涂上识别标记。

⑩ 尽量减少脚踏动作 F3 与移动动作 M、抓取动作 G 和放置动作 P 尽量组合成为同时动作；用手、肘等的动作替代脚踏动作。

另外还应尽量减少按、压动作 A4：利用压缩空气、液压、磁力等装置；利用反作用力和冲力；使用手、肘的加压动作代替手指的加压动作；改进加压操作机构。尽量减少行走动作 W5、身体弯曲动作 B17、起坐动作 S30：设计使工人一直坐着操作的椅子；改进作业台的高度；使用零件、材料搬运装置；使用成品搬运装置；前后作业相连接等。

（2）应用模特法制定标准时间

$$标准时间＝正常时间×（1＋宽放率）$$

正常时间由模特法确定，不需评比，下面将用案例进行说明。

【本节案例】

案例 1：在车床上松开三爪卡盘将零件取下，再夹紧一个毛坯，确定这一作业的正常时间和标准时间。

（1）操作方法

左手伸出抓取 T 形扳手，移向并插入三爪卡盘的调整孔，双手松开卡盘。右手取放零件后，再拿起毛坯放入卡盘，同时左手旋转 T 形扳手，稍微拧紧毛坯，右手随即取一金属块（或 T 形扳手），敲打毛坯以矫正毛坯的夹持位置，然后双手用劲旋转 T 形扳手平夹紧毛坯，左手将 T 形扳手从调孔中取出放回原处。

（2）动作分析

第一个动作组合：左手伸出去拿起 T 形扳手，并移向三爪卡盘的调整孔中，右手同时伸向三爪卡盘并拨转卡盘以调整孔的位置，以使 T 形扳手插入。

第二个动作组合：双手用力放松卡盘，左手握持 T 形扳手，右手同时取出零件，放入零件箱中。

第三个动作组合：右手拿起毛坯并插放入三爪卡盘，左手旋转 T 形扳手稍微拧紧毛坯，右手取拿 T 形扳手敲打毛坯，以矫正毛坯的夹持，同时左手旋转卡盘，以使右手敲打需要矫正的部位。

（3）按模特法作出动作分析式

第一个动作组合：

左手：伸手取 T 形扳手，移向并插入卡盘调整孔 M4G1M4P5。

右手：移向卡盘，拨动卡盘 M4G0M3P0。

MOD 值：5＋9＝14（MOD）

第二个动作组合：

左手：扶持扳手；右手：移向并握取扳手 M3G1。

双手用力放松抓手 M4P0A4。

左手：旋松卡盘，扶持扳手 M2P0；右手：扶持零件。

左手：扶持零件；右手：取出零件，转身放入零件箱 M3P0W5M2P2（12MOD）。

MOD 值：4＋8＋2＋12＝26（MOD）

第三个动作组合：

左手：扶持扳手，当毛坯插入时，旋转扳手，夹紧毛坯，M2P0（2MOD）；右手：移向并取出毛坯，转身插入卡盘 M4G1W5M2P2（14MOD）。

左手：取起扳手，交给右手，M3P0；右手：接起扳手 M2G1（3MOD）。

左手：移向卡盘，拨动卡盘两次 M3G0（M3P0M2G0)×2（13MOD）

MOD 值：2＋14＋3＋13＝32（MOD）

第四个动作组合：

左手：移向并握持扳手，插入调整孔 M3G0M2P2；右手：移动扳手，让左手握取，同时插入调整孔 M3P0M2P2（7MOD）。

双手用力夹紧毛坯 M3P0A4（7MOD）。

双手取出扳手移入下一个调整孔，再用力夹紧 M3P2M2POA4（11MOD）。

左手取出扳手放到主轴箱盖上 M3G0M4P0（7MOD）。

MOD 值：7＋7＋11＋7＝32（MOD）

总 MOD 值：14＋26＋32＋32＝104（MOD）

计算标准时间，按表 7-13 取宽放宽率为 22%，则：

$$标准时间＝104×（MOD）×（1＋22\%）＝104×0.129×1.22＝16.37（s）$$

该操作过程动素分析如表 7-25 所示。

案例 2：某公司决定从今年起把公司的产能扩大为现在的 3 倍，为优化生产能力利用，公司决定对生产线瓶颈工序劳动定额进行重新制定和改善。以端子连接器生产线为例进行分析。

（1）原工序分析

目前公司拥有四条该生产线，其主要工序包括装端子、蘸锡、装套管、烫套管、电测、理线，各工序时间定额如表 7-26 所示。原有劳动定额是根据经验法和秒表测定法制定的，这两种方法制定的劳动定额存在以下问题：

表 7-25　动素分析

组合	NO	左手动作	分析式	右手动作	分析式	MOD 值
作业内容:取零件后夹毛坯			工位序号:		定　员:1	
操作者:			日　期:		MOD 数:104	
1	1	伸手取 T 形扳手	M4G1	移向卡盘	M4G0	5
	2	移向三爪卡盘调整孔	M4P5	拨动卡盘	M3P0	9
2	3	扶持扳手	H	移向握取扳手	M3G1	4
	4	用力放松抓手	M4P0A4	用力放松抓手	M4P0A4	8
	5	旋转卡盘,扶持扳手	M2P0	扶持零件	H	2
	6	扶持零件	H	取出零件,转身放入零件箱	M3P0W5M2P2	12
3	7	扶持扳手,当毛坯插入时,旋转扳折,夹紧毛坯	M2P0	扶持	H	2
	8	扶持	H	移向并取出毛坯,转身插入卡盘	M4G1W5M2P2	14
	9	取起扳手,交给右手	M3P0	接起扳手	M2G1	3
	10	移向卡盘	M3G0	握持	H	3
4	11	拨动卡盘两次	(M3P0M2G0)×2	握持	H	10
	12	移向并握持扳手插入调整孔	M3G0M2P2	移动扳手,让左手握取,同时插入调整孔	M3P0M2P2	7
	13	用力夹紧毛坯	M3P0A4	用力夹紧毛坯	M3P0A4	7
	14	取出扳手移入下一个调整孔,再用力夹紧	M3P2M2P0A4	取出扳手移入下一个调整孔,再用力夹紧	M3P2M2P0A4	11
	15	取出扳手放到主轴箱盖上	M3G0M4P0	等待	BD	7
	合计		74		73	104

表 7-26　改善前各工序作业标准时间

工序	装端子	蘸锡	装套管	烫套管	电测	理线
标准时间	3	2.8	2.7	5	2.9	2.4

①测定工时在实际操作中并不顺利,它会引发操作工人的抵触情绪,如在其能力范围内故意放慢动作,使得测试的数据不能真实反映出实际的工序能力。

②各工序的作业动作均为处于该工序操作工的习惯性动作,而没有统一的标准化动作,使得劳动定额缺乏通用性。

③各工序作业分布不均,操作人员等待的时间较多。

要衡量工艺总平衡状态的好坏,引入生产线平衡率,它在定量上表示了生产线的平衡性,生产线平衡率通常用公式给予确定,同时应用公式衡量生产线的产能。

$$生产线平衡率 = \frac{各工序的时间总和}{人或机器的数目×周期时间}×100\% = \frac{3+2.8+2.7+5+2.9+2.4}{6×5} = 62.67\%$$

$$日产能 = \frac{日作业时间×工时利用率×产品良率}{生产线周程时间} = \frac{8×3600×0.95×0.95}{5} = 5198 件$$

这意味着在生产过程中，有 37.33% 的时间由于生产线不平衡而损失了，确切地说，导致生产线平衡率低的主要原因是瓶颈工序的工时定额与其他工序的工时定额相差较大。改善的目的就是通过劳动定额的重新制定均衡生产线。

（2）瓶颈工序分析

在端子连接器生产线中"烫套管"作为瓶颈工序，是重新制定工时定额的重点。按照"烫套管"工序的工人原操作程序，首先，伸右手去取放在半成品暂放盒中的线，放在相应的位置，双手握住线的一端，插入套管定型模板，调整套管位置，右手取吹烫机，并反复吹烫套管，然后放回吹烫机，左手取下烫好的线并放回暂放盒中。整个操作的 MOD 分析式如表 7-27。

表 7-27　改善前左右手 MOD 分析表

左 手 动 作		时　间	右 手 动 作	
动作描述	分析式	MOD 值	分析式	动作描述
空闲	BD	6	M5G1	伸手取线
空闲	BD	5	M5P0	放到相应位置
辅助右手	M1	4	M2P2	插入套管模板
空闲	BD	5	M4G1	取吹烫机
空闲	BD	3	M3	反复吹套管
空闲	BD	4	M4P0	放回吹烫机
将线取下	M3G1	4	BD	空闲
放到盒中	M3P0	3	BD	空闲
合计		34		

依据动作经济原则，减小动作幅度，缩短动作距离，有效发挥人的动作能力，既能使作业者的疲劳最少，又使动作迅速而容易，增加有效的工作量。设计操作动作和工装器具位置时，尽量采用最不易引起疲劳的肘以下的 3 级动作。对上述工序观察发现两大弊端。

① 货架的构造不符合动作经济原则　实际的生产线布置中，物料和工具远离操作者，操作者每次取物料或工具都需努力伸臂，这是一个 5 级或 4 级伸臂动作，导致作业时间偏长，而且增加了操作者疲劳。

② 操作中大量的单手作业使操作动作不平衡而且延长了工序时间，操作者效率比较低。

（3）改善方案设计

① 对烫套管工序货架的结构进行改造　线作为物料应放置在适合双手操作的工作区域内，使之尽量靠近操作员，并将货架的摆放改为弧型，操作者以 3 级动作即可取到物料，同时将吹烫机放置在右手侧近处，取放吹烫机的动作都由 4 级调整为 3 级，不仅减少了操作员手移动的距离，也降低了操作员的劳动强度。

② 改单手动作为双手同时动作　原方案中右手操作放回吹烫机和左手操作将线取下，分两步完成。经过分析左手终结动作是 G1，右手终结动作是 P0，均不需要注意力，具备双手同时动作条件，大大提高了效率（表 7-28）。

③ 由于取线采用了小臂动作，将线取回直接插入套管，就省掉了"放置到相应位置"的操作（表 7-28）。

表 7-28 改善后左右手 MOD 分析表

左手动作		时 间	右手动作	
动作描述	分析式	MOD 值	分析式	动作描述
空闲	BD	4	M3G1	伸手取线
辅助右手	M1	3	M3P0	插入套管模板
空闲	BD	4	M3G1	取吹烫机
空闲	BD	3	M3	反复吹套管
将线取下	M3G1	4	M3P0	放回吹烫机
放到盒中	M3P0	3	BD	空闲
合计		21		

由于本工序属于简单手工操作，取作业和车间宽放率为 10％；私事宽放率为 2％；疲劳宽放率 3％；制定出工时定额。

$$标准时间＝21×(1+15％)×0.129＝3.1（秒）$$

（4）改善结果

可以看出改善后该道工序由 5 秒降为 3.1 秒，改善前后的工序时间对比如图 7-11 所示。

$$生产线平衡率＝\frac{各工序的时间总和}{人或机器的数目×周期时间}×100％＝\frac{3+2.8+2.7+3.1+2.9+2.4}{6×3.1}＝90.86％$$

$$日产能＝\frac{日作业时间×工时利用率×产品良率}{生产线周程时间}＝\frac{8×3600×0.95×0.95}{3.1}＝8385 件$$

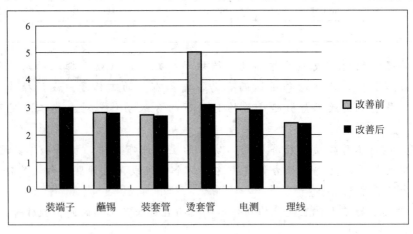

图 7-11 改善前后各工序作业标准时间对比直方图

生产线的平衡率由原来的 62.67％上升到现在的 90.86％，生产线的理论日产能由 5198 件增产到 8385 件，提高达到了 61.3％，原计划增加 8 条生产线，现在只需要增加 4 条就已经超额完成提高产能的目的，可直接减少设备和厂房扩充的投资。

7.2.3 方法时间测定法

7.2.3.1 方法时间测定法概述

方法时间测定法（Methods Time Measurement，简称 MTM）是将操作分解成若干个"基本动作"，根据基本动作制定标准时间的一种方法。MTM 是目前国际工业工程领域最先进实用的时间测量技术之一，不但可获得准确客观的时间标准，而且可以建立和改进工作方法，对短周期、高重复性的操作尤为适用。

方法时间测定法把人的动作分解为多种基本动作，如足动、腿动、转身、俯屈、跪、坐、站、行及手握等。在工业生产中，用手臂动作的操作最多，手臂动作又分为伸向、移动、转动、加压、抓取、释放、定位及拆卸等动素，将每个基本动作宽放，再将这些推算出来的时间相加，即可得出完成一项工作所必需的时间，作为建立标准时间的依据。

方法时间测定的时间单位为 TMU（Time Measure Unit），其与普通时间单位换算关系为：1TMU＝0.00001 小时＝0.0006 分钟＝0.036 秒。

7.2.3.2 MTM 方法的种类

MTM-1 是最初的 MTM 体系，把时间值定义为 7 种基本动作：伸手、移动、转动、抓取、定位、拆卸、释放。分析资料和结果是通过对不同类型工作的图形胶片一帧一帧地细致分析而得到的，用来分析那些存在疑问的操作的动作内容以及推断动作本身的难易程度，得到标准动作时间。

MTM-2 是第二代 MTM 系统，由基本 MTM 动作及其扩展合并而构成，涵盖了 11 种动作分类，动作时间范围为 3～61TMU。

第三代系统 MTM-3 对 MTM-1 和 MTM-2 进行了一些补充，包括搬运、传送、移步和足部动作、弯腰和起身四类动作，尤其适用于节省时间比精确度更为重要的工作场合，对于 MTM-3 的各个编码要素需要根据企业实际进行分析。该系统使用简便，时间消耗少，常用于快速分析，且通用性强，能在各行业的生产中广泛使用（图 7-12）。

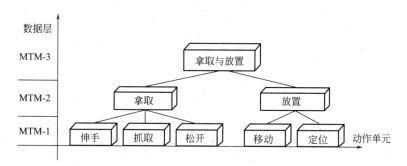

图 7-12　MTM-1、MTM-2、MTM-3 的划分

MTM-V 是 MTM 系统的第四代，是用于金属切割操作的 PTS 系统，包含了用于处理和调整任何重量和型号的工件所需要的时间值。

MTM-C 是一种可操作的操作测量系统，是由银行和服务业协会开发出来的，基于两个层次的操作描述、精确度和分析速度，用于对与办公室相关的工作建立时间标准。

MTM-M 也是一种可操作的基础层次的系统，是一种类似于 MTM-2 的更高层次的系统。专门为使用立体显微镜的推断工作而设计，其所使用的原始数据由美国和加拿大 MTM 协会提供。

目前还有 3 种特殊的 MTM 方法：MTM-TE，MTM-MEK 和 MTM-UAS（图 7-13）。

MTM-TE 适用于电子测试，并应用了源自 MTM-1 的两个层次的资料。第一层次包括拿、移动、身体动作、识别、调整等要素以及多种资料；第二层次包括拿和放、读取和识别、调整、身体动作和记录。

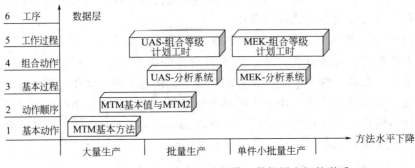

图 7-13 MTM 各系统与生产规模、数据层之间的联系

MTM-MEK 也是一种从 MTM-1 发展而来的两层次系统，并且只要满足一定条件，就可用来分析所有的手工动作。通常用来测量单一品种和小批量生产，应用范围很广泛，比如非高度重复的操作、任务较复杂且员工需要培训的操作，使用的工作地点、工具和设备在性质上较为一致的操作。

MTM-UAS 用来研制给出工艺描述和决定与大批量生产有关的宽放时间。可以应用MTM-UAS 的批量生产应具有以下特征：任务相似、工作地点规范、高水平的工作组织、说明书详细、操作人员接受过良好的培训等。

7.2.3.3 MTM 动作分类

采用方法时间衡量确定作业时间，要根据作业来决定基本动作，然后测定基本动作的大小（如距离等），最后识别动作的基本性质。作业基本动作的分类如表 7-29 所示。

表 7-29 MTM 动作分类

序号	动作名称	英　文	代号简写	动作描述
1	伸手	Reach	R	略
2	移动	Move	M	移动是用手指或手将物体移动的基本动作
3	抓取	Grasp	G	抓取是用手指或手控制住物体，以便完成下一个基本动作
4	转动	Turn	T	略
5	加压	Apply Pressure	AP	加压动素是将肌肉的力量施加在基本上不发生移动（移动距不超过 6.4 毫米）的受控物体上的动作
6	放手	Release	RL	放手是指放开或卸下以手指或手所控制物体的动作
7	定位	Position	P	定位是使目的物与另一物体对准、定向插入的动作
8	拆卸	Disengage	D	拆卸是指使两个物体相互脱离的基本动作
9	目视动作	Eye Fixate	EF	在大部分的手动操作中，总是用眼睛持续不断地引导手指和手进行动作，并通知大脑关于正在完成的动作的情况
10	摇转	Crank	C	旋摆是指以肘为轴，手沿着圆形轨迹摆动的基本动作
11	身体移动	Body Transports	BT	略
12	全身动作	Body Motion	BM	所谓全身动作是指脚或身体的动作
13	同时动作或合并动作	Simultaneous or Combined Motions	SCM	两个或两个以上同时发生的动作，成为同时动作或合并动作

方法时间测定法的基本动作分类与模特排时法相似，在描述代号上有所区别。对工序中的各个操作动作进行描述时往往使用上表中的代号简写，后加相关情况的描述，如动作的距

离、时间、幅度以及难易程度等，用数字和字母表示，在此不予详述。

【本节案例】

以预插 DVI（数字视频接口）第一层端子为例介绍 MTM 方法的具体应用。

作业描述：左右手同时伸向大约正前方 45 厘米处抓取端子和塑胶主体，然后左手持塑胶主体，右手拿端子，将端子对正插入塑胶主体并用右手拇指轻轻按压端子折弯处，检验确认插好后将半成品整齐摆放于胸前物料盘，至此该作业完成。

（1）按照作业描述将该工序作业进行工作要素分解，确定研究的具体对象。该作业可以分解为以下工作要素：

① 取 DVI 端子和塑胶主体；

② 预插端子；

③ 检验放置半成品。

（2）划分作业要素后，为了方便应用时间数据表格，必须将作业要素进行进一步的划分，即要将作业要素细分至 MTM 所划分的动作要素为止。取 DVI 端子和塑胶主体包含伸手（R）、目视（EF）、抓取（G）、移动（M）等动作（如图 7-14 所示）。

工序名称	预插第一层端子		产品名称		DVI&VGA		料号	DSB-ABA-DVI-001
线别	MA26		部门		生产部		编号	XXX-XXX-XXX
序号	工作要素说明	●	➡	■	D	▽	分析式	时间/TMU	备注说明
1	伸手(去拿端子和塑胶)		●				R45B	17.0	此处取两者中较大值
2	眼睛移动时间			●			ET	45.6	
3	抓取(端子和塑胶主体)	●					G4C	20.1	
4	移动至胸前位置		●				M45C	12.9	
5	目视检验(歪针、划伤)			●			EF	7.3	另加入1秒检验时间
6	定置(准备插入)	●					P2NSD	53.4	
7	按压端子	●					AP2	10.6	
8	目视检验是否到位			●			EF	7.3	另加入1秒检验时间
9	放置半成品		●				RL1	2.0	
总计	次数	3	3	2	1	0			$T_E=15.2T/D$
	时间/秒	2.8	1.4	2.5	1.6	0.0	12.5	176.2	其中：T为目光移动距离
	百分比/%	22	11	20	13	0	100		D为眼睛到T线垂直距离

图 7-14　预插第一层端子 MTM 分析

特别说明的是，若抓取的动作较为粗略，对象容易抓取，在熟练的情况下即使不看也不会出差错，则不必加注视时间和目光移动时间。但如果对象较难抓取，则要根据实际情况考虑是否加入注视时间和目光移动时间。这个例子中就包含了上述两种情况：DVI 塑胶主体本身体积较大，容易抓取且不会变形，所以抓取过程只是"伸手→抓取→移动"，不用看就可以完成；但是抓取端子的情形就不一样了，由于端子针脚多很容易钩绕在一起，拿取时很容易变形而报废，所以必须目视选择，甚至有时还需附加抖动动作将端子分开，并两个动作为同时动作，综合到一起要选取动作复杂时间值较大者为单元时间。

预插端子可以分解为定位（P2）和按压（AP），端子和塑胶主体同为非对称物体（NS），且由于材质较软易轻微变形，每 1 端子上有 8 针脚，定位应归于困难（D），所以该要素中的定位动作的分析式为 P2NSD，时间值为 53.4TMU。

（3）确定各个动作的时间值，并考量是否有其他的动作需要（如检验）。

（4）将所确定的所有时间值求和即为该作业的正常时间，并选择宽放系数，确定标准时间。

7.3 工作抽样

7.3.1 工作抽样的概念与原理

工作抽样又称瞬间观测法，它是通过对现场对象以随机的方式进行瞬时观察，调查各种对象活动事项的发生次数及发生率，进行工时研究，并用统计方法推断观测项目的整体时间构成情况。

工作抽样法是直接对作业进行观测的时间研究方法，比较适合于周期长、重复性较低的作业，如工作地重新规划布置、设备维修、人和设备等待或空闲以及办公室作业等。其用途可归结如下。

（1）作业改善

通过抽样可初步测定操作者或机器的空闲比率以及工作比率，并在此基础上对其可能出现的空闲原因进行项目细分，加以观测记录。并针对问题查找原因，采取相应对策改进作业，提高工作效率。空闲比率与工作比率的计算如下：

$$空闲比率 = \frac{空闲次数}{总观测次数} \times 100\%$$

$$工作比率 = \frac{工作次数}{总观测次数} \times 100\%$$

（2）辅助制定标准作业

利用工作抽样可以初步确定标准时间，计算如下：

$$每件产品标准时间 = \frac{观测总时间}{生产总数量} \times 作业率 \times 评比率 \times (1 + 宽放率)$$

工作抽样具有如下优点：

① 测定效率高，节省时间和费用　据国外资料介绍，工作抽样法的费用只有秒表的 5%～50%，同时一名观测者可承担多个被观测对象的观测。

② 测定随机性强　工作抽样可在多个工作日内间断观测，能减少不同时间的差异影响，可以在任何时间中断或再继续而不会影响其结果。

③ 观测数据失真小，准确性高　工作抽样是随机的，一般作业者不会察觉，不受作业者的态度影响。

④ 观测结果精度易保证　工作抽样是在事先规定的可靠度下进行抽样观测，其观测误差能事先通过观测次数计算出来，所以能确保其观测结果精度。

工作抽样具有如下缺点：

① 对于调查距离较远的观测对象，由于观测者要把许多时间花在走路上，有时也是不经济的，因此用工作抽样必须要很好地安排观测路线。

② 无法将作业细分，对生产周期短或重复性高的作业，不如秒表测时方法方便、精确。

7.3.2 工作抽样的测度

工作抽样是根据数理统计的理论,以概率法则作为基础的方法,即"总体中随机地抽取样本,如果这个样本足够大,则从样本的性质可推断出总体的状态"。由于它不是全数调查,所以就会产生误差,这又取决于抽样的数量(即观测次数)。抽样数越多可靠性就越高;反之,可靠性就越低。但是抽样次数多,人力、物力、财力的消耗将增加。因此就必须考虑可靠度与精度等问题。

(1)可靠度和精度

可靠度是指观测结果的可信程度,也就是子样符合总体状态的程度。

根据概率定理,用工作抽样法处理的情况接近于正态分布曲线。以平均数 $\overline{X}$ 为中线两侧取标准差的 1 倍、2 倍、3 倍(即 1σ、2σ、3σ)时,相应界限范围与正态曲线构成的面积分别为总面积的 68.25%、95.45%、99.73%,见图 7-15。

工作抽样一般取 2σ 的范围,即确定 95%(实际 95.45%)的可靠度,也就是说在抽取的 100 个子样中有 95 个是接近总体状态的;或者说事前预定抽样数据中有 95% 以上落入 2σ 的范围,仅有 5% 的数据可能超出范围。

精确度就是允许的误差,抽样的

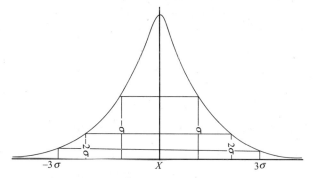

图 7-15 正态分布曲线

精确度分为绝对精确度 E 和相对精确度 S。当可靠度定为 95% 时,绝对精度 $E=2\sigma$。统计学中二项分布标准 σ,在一定条件下为:

$$\sigma=\sqrt{[P(1-P)]/n} \tag{7-14}$$

而

$$E=2\sigma=2\sqrt{[P(1-P)]/n} \tag{7-15}$$

式中,P 为观测事件发生率;n 为观测次数。

相对精度 S 即为绝对精度与观测时间发生率之比:

$$S=E/P=2\sqrt{[P(1-P)]/n}/P \tag{7-16}$$

在工作抽样中,因抽样的不同而确定不同的绝对精度标准,见表 7-30。

表 7-30 绝对精度

抽样目的	绝对精度概略标准
调查停工中断时间等管理上的问题	±(3.6～4.5)
工作改善	±(2.4～3.5)
决定工作地布置等时间的比率	±(1.2～1.4)
制定标准时间	±(1.6～2.4)

相对精度的标准可在 ±(5%～10%) 选择。一般都将可靠度定为 95%,相对精度定为 ±5%。

(2)观测次数

① 计算确定观测次数 观测次数是根据所规定的可靠度和精度要求而定,在可靠度取 95% 时,可计算出所需观测的次数。

绝对精度 E：
$$n=\frac{4P(1-P)}{E^2} \qquad\qquad (7-17)$$

相对精度 S：
$$n=\frac{4(1-P)}{S^2 P} \qquad\qquad (7-18)$$

利用式(7-17)、式(7-18) 时，每一式均有两个未知数（P 和 n），为此可先进行 100 次左右的试测来求 P。例如经过 100 次观察，其设备的开动率为 75％，则按式(7-15)，绝对精度取为 ±3％，则：

$$n=\frac{4P(1-P)}{E^2}=\frac{4\times0.75(1-0.75)}{(0.03)^2}=334（次）$$

表 7-31　不同工作率（P）下的观测次数 n（可靠度为 95％）

P(%)	绝对精度 1%	绝对精度 5%	相对精度 1%	相对精度 5%	P(%)	绝对精度 1%	绝对精度 5%	相对精度 1%	相对精度 5%
1	16	396	3960000	158400	51	400	9996	38431	1537
2	32	784	1960000	78400	52	400	9984	36923	1477
3	47	1164	1293000	51720	53	399	9964	35472	1419
4	62	1536	960000	38400	54	398	9936	34074	1363
5	76	1900	760000	30433	55	397	9900	32727	1309
6	92	2256	626667	25067	56	395	9856	31429	1257
7	102	2604	531429	21257	57	392	9804	30175	1207
8	118	2944	460000	18400	58	390	9744	28966	1159
9	131	3276	404444	16178	59	400	9996	41633	1665
10	144	3600	360000	36000	60	384	9600	26667	1067
11	157	3916	323636	12945	61	381	9516	25574	1023
12	169	4224	293333	11733	62	377	9424	24516	981
13	181	4524	267692	10708	63	373	9323	23492	940
14	193	4816	245714	9829	64	369	9216	22500	900
15	205	5100	226667	9067	65	365	9100	21538	862
16	216	5376	210000	8400	66	360	8976	20606	824
17	266	5644	195294	7812	67	354	8844	19701	788
18	236	5904	182222	7289	68	349	8704	18824	753
19	246	6156	170526	6821	69	343	8556	17971	719
20	256	6400	160000	6400	70	337	8400	17143	686
21	266	6636	150476	6019	71	330	8236	16338	654
22	275	6916	143636	5673	72	323	8064	15556	622
23	284	7084	133913	5357	73	316	7884	14995	592
24	292	7296	126667	5067	74	308	7696	14054	562
25	300	7500	120000	4800	75	300	7500	13333	533
26	308	7696	113846	4554	76	292	7296	12632	505
27	316	7884	108148	4326	77	284	7084	11948	478
28	323	8064	102857	4114	78	275	6864	11282	451
29	330	8236	97931	3917	79	266	6636	10633	425
30	337	8400	93333	3733	80	256	6400	10000	400
31	343	8556	89032	3561	81	246	6156	9383	375
32	349	8704	85000	3400	82	236	5904	8780	351
33	354	8844	81212	3249	83	226	5644	8193	328
34	360	8976	77647	3106	84	216	5376	7619	305
35	365	9100	74286	2917	85	208	5100	7059	282
36	369	9216	71111	2844	86	193	4816	6512	261
37	373	9324	68108	2724	87	181	4524	5977	239
38	377	9424	65263	2611	88	169	4224	5455	218
39	381	9516	62564	2503	89	157	3916	4944	198
40	384	9600	60000	2400	90	144	3600	4444	178
41	387	9676	57561	2302	91	131	3276	3956	158
42	390	9744	55238	2210	92	118	2944	3478	139
43	392	9804	53023	2121	93	102	2604	3011	120
44	395	9856	50909	2036	94	92	2256	2553	102
45	397	9900	48889	1956	95	76	1900	2105	84
46	398	9936	46957	1878	96	62	1536	1667	67
47	399	9964	45106	1804	97	47	1164	1237	50
48	400	9984	43333	1733	98	32	784	816	33
49	400	9996	41633	1665	99	16	396	404	16
50	400	10000	40000	1600					

应该注意的是，按式(7-17)、式(7-18)或表7-31查出观测次数，是指需要得到的抽样数。若以一台机器（或一个人）作为被观测的对象，每次观测只能得到一个抽样，这样算出的或查出的观测次数即为实际应进行观察的次数。若以 X 人（或 X 台机）为每次被观测的对象，则观察一次就可得到 X 个抽样，则实际观测的次数 $K = n/X$，得出实际的应观测次数。然后再除以每日可观测的次数，即得出观察日数。

② 图表法确定观测次数　在作业率（工作率）已知条件下，根据观测目的、观测精度（相对精度或绝对精度）确定观测次数可利用表7-31来确定。

7.3.3　工作抽样的基本过程

7.3.3.1　确立调查目的与范围

调查目的不同，则项目分类、观测次数与方法均不相同。如以设备开动情况为调查目的，则还需明确调查的范围，是一台设备、几台设备，还是车间、全厂的所有设备；如以科室、库房工作人员的工作比率为观测对象，则还需确定是某个科室、库房，还是全厂科室、库房；如果确定某科室为调查观测对象，则还需进一步明确调查范围是该科室的一部分工作人员还是全部等。

7.3.3.2　调查项目分类

根据所确定的目的与范围，就可以对调查对象的活动进行分类，分类的粗细根据抽样的目的而定。如只是单纯调查机器设备的开动率，则观测项目可分为"工作"、"停工"、"闲置"三项。如果进一步了解停工和闲置的原因，则应将可能发生的原因详细分类，以便进一步了解。

抽样项目分类是工作抽样表格设计的基础，也是使抽样结果达到抽样目的的保证，必须结合企业的实际调查目的而制定。

7.3.3.3　决定观测方法

在观测前，首先要绘制被观测的设备及操作者的分布平面图和巡回观测的路线图，然后确定观测的方法，并在图中注明观测的位置。观测的方法并非定式，应适合企业生产现场的实际情况。图7-16为某工厂的机器与操作者的布局和观测图。图中圆圈为观测机器的位置，X为观测操作者的位置，带箭头的线条表示巡回路线。

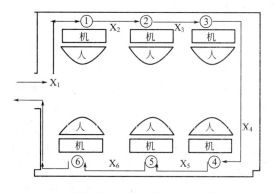

图 7-16　机器和操作者观测位置及巡回路线

7.3.3.4　设计调查表格

调查表格的内容和形式取决于调查的目的和要求，如表7-32所示。其仅能了解机器开动率与操作者的作业率，不能更进一步分析空闲的原因。表7-33是将其空闲项目加以细分的表格形式。

7.3.3.5　向有关人员说明调查目的

为使工作抽样取得成功，必须将抽样的目的、意义与方法向被测对象讲解清楚，以消除不必要的疑虑，并要求操作者一定按平时的状态工作，避免紧张或做作。

表 7-32 空闲时间分析

分 类		操 作 次 数	空 闲 次 数	合 计 次 数	操作率/%
机器	1	36	14	50	72
	2	40	10	50	80
操作人	1	28	22	50	56
	2	34	16	50	68

表 7-33 空闲时间细分

分类		操作	修理	故障	停电	工作中	工作准备	搬运	等零件	等检验	清扫	洗手	作业小计	操作率/%
机器	1	24	8											75
	2	18	2	4					2					69
操作者	1	0	4			6	2	2			1	1		25
	2	14		2			2	3	1	1		1		79

7.3.3.6 试观测，决定观测次数

正式观测前，需进行一定次数的试观测，按照调查的项目分类、观测方法、调查表格等进行。通过试观测，得出观测事项的发生率，然后根据前面介绍过的公式(7-17)、式(7-18)决定正式观测次数以及观测日数。

7.3.3.7 正式观测

正式观测时，还需决定每日每次观测的时刻。

(1) 决定每日的观测时刻

观测时刻的决定必须保证其随机性，这是工作抽样的理论依据，如观测时刻选择不当，将会产生观测偏差。

观测实例：设在某厂的一个车间实施工作抽样。决定观测 5 日，每日观测 20 次，该车间是上午 8 时上班，下午 5 时下班，中间休息 1 小时（中午 12 时至 1 时）。可按下列步骤决定每日观测时刻。

步骤一：做两位数的乱数排列。较简单的方法是：以黄色纸片代表个位，取 10 张，上面分别写 0，1，2，…，9；以 10 张红色纸片代表十位，上机同样分别写 0，1，2，3，…，9。每次从不同颜色的纸片中随机地各抽出一张，记下数字。将抽出的放回，再各抽一张，如此反复抽取，即得乱数排列。设共抽 15 次，乱数排列如下：21，94，62，35，06，64，96，40，85，77，88，63，52，27，75。

步骤二：将此数列中小于 50 的数保留，大于 50 的则减去 50，保留其余额。得出 21，44，12，35，06，14，46，40，35，27，38，13，02，27，25。

步骤三：去掉上述数列中大于 30 的数，得出 21，12，06，14，27，13，27，25。

步骤四：决定第一日的观测时刻。首先决定第一日第一次的观测时刻，取乱数排列的最前面数字 21，因为 8 时上班，所以每一次观测时刻为 8 时 21 分。随后是决定每次观测的时间时隔，每日工作 480 分钟，减去第一次的 21 分钟，再除以每日的观测次数，得出时间间隔为：

$$(480-21)\div20=22.95=23 \text{ 分钟}$$

第二次的观测时刻为：

$$8\ 时\ 21\ 分＋23\ 分＝8\ 时\ 44\ 分$$

第三次的观测时刻为：

$$8\ 时\ 44\ 分＋23\ 分＝9\ 时\ 03\ 分$$

如此类推出第一天的 20 次的观测时刻。

步骤五：决定第二日的观测时刻。首先决定第二日第一次的观测时刻，取乱数排列的第二个数字 12，于是第 2 天第一次的观测时刻为 8 时 12 分。

由于各次观测时间的间隔为 23 分钟，所以第二次的观测时刻为 8 时 35 分，第三次的观测时刻为 8 时 58 分。如此类推出第二天的 20 次观测的时刻。

步骤六：决定第三天到第五天的观测时刻。其方法同前，观测时刻见表 7-34。

表 7-34　观测时刻

观测日		1	2	3	4	5
乱数		21	12	6	14	27
观测起点		8 时 21 分	8 时 12 分	8 时 06 分	8 时 14 分	8 时 27 分
观测间隔/分钟		23	23	23	23	23
观测用户	1	8:21	8:12	8:06	8:14	8:27
	2	8:44	8:35	8:29	8:37	8:50
	3	9:07	8:58	8:52	9:00	9:13
	4	9:30	9:21	9:15	9:23	9:36
	5	9:53	9:44	9:38	9:46	9:59
	6	10:16	10:07	10:01	10:09	10:22
	7	10:39	10:30	10:24	10:32	10:45
	8	11:02	10:53	10:47	10:55	11:08
	9	11:25	11:16	11:10	11:18	11:31
	10	11:48	11:39	11:33	11:41	11:54
	11	13:21	13:12	13:06	13:14	13:27
	12	13:44	13:35	13:29	13:37	13:50
	13	14:07	13:58	13:52	14:00	14:13
	14	14:30	14:21	14:15	14:23	14:36
	15	14:53	14:44	14:38	14:46	14:59
	16	15:16	15:07	15:01	15:09	15:22
	17	15:39	15:30	15:24	15:32	15:45
	18	16:25	15:53	15:47	16:55	16:31
	19	16:02	16:16	16:10	16:18	16:08
	20	16:48	16:30	16:33	16:41	16:54

此法简单、时间间隔相等，利于观测人员掌握。不足之处在于除首次是由随机原理决定的观测时刻外，其余的观测时刻保持相同的时间间隔。

（2）实地观测

观测人员按照既定的观测时刻及预定的抽样调查项目，将观测到的活动状态准确地记录在调查表格上。在记录的过程中切忌主观武断，以表面现象下结论，要求耐心细致，深入现场，了解实质，尽可能准确。

7.3.3.8　整理数据作出结论

全部观测结束后，观测人员必须整理分析记录表，并进行以下工作。

（1）剔除异常值

经过观测记录之后,应根据记录数据绘制控制图,确定管理界限,然后将超过管理界限的异常值去掉。管理界限是根据观测事项发生率,采用下列公式算出:

$$管理界限 = \overline{P} \pm 3 \sqrt{\frac{P(1-\overline{P})}{n}} \qquad (7-19)$$

式中,$\overline{P}$ 为观测事项发生率的平均数;n 为平均每日观察次数。

管理图采用直角坐标图形,横坐标代表日期(或其他),纵坐标代表观测事项发生率。按管理上限和下限分别找出平行于横轴的水平线,然后再将每日观测事项的发生率标注于图上,凡超出管理界限者,即为异常值,应去掉。

现举例说明,设观测结果如表 7-35 所示,即观测 6 个班,每班观测 160 次。

表 7-35　观测结果

观测班次	每班观测次数	工作次数	工作比率/%
1	160	129	80.63
2	160	142	88.75
3	160	124	77.5
4	160	125	78.13
5	160	119	74.38
6	160	120	75
合计	960	759	79.06

将表 7-35 有关数字代入,即得:

$$管理界限 = 0.7906 \pm 3 \sqrt{\frac{0.7906(1-0.7906)}{160}} = 0.7906 \pm 0.0966$$

故:管理上限 $= 0.7906 + 0.0966 = 0.8872$

　　管理下限 $= 0.7903 - 0.0966 = 0.6940$

可以看出,第 2 班的工作比率为 88.75%,越出上管理界限 88.72%,应作为异常值剔除。异常值去掉后,还需再次计算观测事件的平均发生率。新的观测事件平均发生率是否可靠,应根据原来确定的可靠度与精度来考虑。

去掉异常值对应观测事项的次数(异常值去掉时,其相应的观测日数与次数均舍去)之后,余下的观测次数是否可达到观测的总次数。如已达到或超过即可,否则尚需继续观测。

去掉异常值对应观测次数之后,按新的观测事件平均发生率计算的绝对精度与相对精度是否达到原定的精度要求。如已达到或超过,说明此平均发生率是可信的,否则尚须继续观测。为此需按下式计算:

绝对精度:$E = 2 \sqrt{\frac{P(1-\overline{P})}{n}}$

相对精度:$S = 2 \sqrt{\frac{1-\overline{P}}{n}}$

上例中因为第 2 班的工作比率超过上限管理界限,剔除之后,重新计算平均工作比率为:

$$\overline{P} = \frac{129 + 124 + 125 + 119 + 120}{160 \times 5} = 77.13\%$$

去掉异常值后,这种情况下的观测次数为 800 次,而原来决定的观测次数为 400 次。已大大超过规定次数。

计算绝对精度：$E = 2\sqrt{\dfrac{0.7713(1-0.7713)}{160 \times 5}} = \pm 0.0297$

原选择的绝对精度为±3%，证明有效。

计算相对精度：$S = 2\sqrt{\dfrac{1-0.7713}{160 \times 5}} = \pm 0.0388$

原选择的相对精度±5%，故此可以肯定观测有效。

（2）做出结论，改进工作

经过上述步骤，并确认结果可信之后，就可得出结论。如观测对象的工作比率是否合适，负荷是否充分，人员多余还是不足等。做出结论之后，应分析研究原因，有针对性地提出改进方案，达到工作抽样能充分发掘人员与设备的潜力，提高经济效益的目的。

【本节案例】

某罐头厂为了以下几项调查，决定进行工作抽样。

① 橘子分瓣（即橘子剥皮后，把整个橘子分瓣成单片）作业工作是否依照所规定的标准工作方法来工作。

② 皮带运输机是否充分地发挥作用。

③ 分瓣作业与前道剥皮作业工序是否均衡。

分瓣工作地的布置如图7-17所示。图中的圆圈表示工人的工作位置，共有22个工人分两侧来承担分瓣作业，分散抽样的结果如表7-36、表7-37所示。

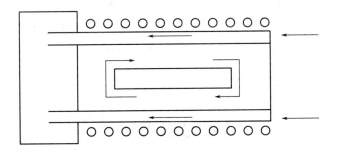

图 7-17　分瓣工作地布置图（现状）

表 7-36　工作抽查的结果（1）

观测日期	全部观测次数	工人空闲次数	$P/\%$
10 月 7 日	100	9	9
10 月 28 日	100	12	12
10 月 29 日	100	6	6
10 月 31 日 ⋮ 11 月 7 日	100	15	15
共计	1200	120	10

由表7-37中的数据可知，分瓣作业的平均工作效率为92.3%，而"收集"、"将多余的橘子放入箱内"、"将腐烂的橘子放入箱内"等工序影响了分瓣作业，应进行分析以便改进。

"收集"工序：因为传送带与工作台间有一定距离，工人工作时需从传送带上收集10个左右的橘子搁置在托盘上，然后放置于工作台以便工作，浪费了时间。

表 7-37 工作抽查的结果（2）

作业工人号码		作业率/%	收集效率/%	放入箱中的多余橘子/%	放入箱中的腐烂橘子/%	合计/%
左	右					
1	2	100	—	—	—	100
3	4	97	3	—	—	100
5	6	98	2	—	—	100
7	8	95	5	—	—	100
9	10	92	4	—	—	100
11	12	96	4	—	—	100
13	14	91	6	—	—	100
15	16	93	5	—	—	100
17	18	97	3	—	—	100
19	20	88	6	6	—	100
21	22	68	—	25	7	100
平均		92.3	3.5	2.8	1.4	100

"将多余的橘子放入箱内"工序：是由于前道工序剥皮作业输入较多的橘子在传送带上，致使分瓣作业超负荷，如不捡取传送带上多余的橘子，将会掉到地板上。21 号及 22 号工人的分瓣作业只有 68%，因为必须将多余的橘子放入箱中，花去了 25%。改进方法是改用回转传送机，使"多余的橘子"在传送带上绕行等待分瓣，不需放入箱中。

"将腐烂的橘子放入箱内"工序：建议腐烂的橘子在剥皮作业中一经发现，即刻随手舍弃。

【复习思考题】

1. 什么是"时间研究"，其具体含义是什么？
2. "时间研究"的程序有哪些？
3. 如何确定"标准时间"？
4. 秒表时间研究前需要做哪些准备工作？
5. 试述在确定标准时间过程中的进行评比和宽放的方法和意义。
6. 请阐述模特法的基本原理和动作分类。
7. 方法时间测定的系统有哪些种类，分别适用于何种领域范围？

3

第 3 篇
工业工程应用与发展

第8章

学习曲线

【开篇案例】

某科研团队通过对浙江省平湖市十几家机织服装生产企业实地调研，发现所有服装企业在生产服装时都有一个共同规律：在生产刚开始时其单台产量较低，随着每台平缝机累计生产总量的增加，其单位时间单台产量会逐渐提高，即每件服装平均所用工时逐渐减少；但当生产持续一定时间后，单位时间的台产量会逐渐趋于稳定，即每件服装平均所用工时基本相等。同时发现，不同款式的服装每件所需的加工工时和加工工时趋于稳定所用时间均不相同。

某工厂面料为全棉牙签条，生产数量为12000件，用80台平缝机每天生产10小时，累计生产13天，工厂实际累计生产数量见表8-1。

表 8-1 工厂实际产量统计表

时间/天	累计产量/件	时间/天	累计产量/件
1	140	8	6662
2	900	9	7752
3	1720	10	8872
4	2610	11	9987
5	3572	12	11092
6	4542	13	12000
7	5582		

通过对调研获得数据进行拟合分析，得到了该数据的基本规律，如图8-1所示。

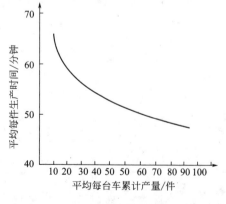

图 8-1 生产时间随生产数量变化规律（引自朱秀丽等，
《服装生产台的产量的学习曲线及应用》，纺织学报。）

【讨论题】

　　1. 在服装生产过程中，平均单件生产时间随生产数量的累积成何种变化规律？
　　2. 形成上述规律的原因有哪些？

【学习目的与要求】

　　学习目的：通过本章的学习，使学生理解学习曲线的概念，领会学习曲线的原理，掌握学习曲线的应用过程。

　　学习难点：学习曲线的测定方法。

　　学习重点：学习曲线的应用。

8.1　学习曲线原理

8.1.1　学习曲线的概念

　　学习曲线（Learning Curve）是在飞机制造业中首先被发现的，它是利用数据和资料为企业经营管理工作提供预测和决策依据的一种方法。美国康乃尔大学的莱特（T. P. Wright）博士通过总结飞机制造经验而得出了学习曲线规律，他认为：每当飞机的产量积累增加 1 倍时，平均单位工时就下降约 20%，即下降到产量加倍前的 80%。莱特将累积平均工时与产量的函数称为"学习曲线"，把产量加倍后与加倍前的累积平均工时之比（80%）称为"学习率"。目前，人们将"学习曲线"概念广泛应用于营销、新工厂的投产以及高度自动化设备的产量成本习性研究中。学习曲线也称为熟练曲线，是指在大批量生产过程中，用来表示单台（件）产品工时消耗和连续累计产量之间关系的一种变化曲线。随着累计产量的增加，操作者生产制造熟练程度的提高，产品单台（件）工时消耗呈现下降趋势，这样就形成了一条工时递减的函数曲线，学习曲线由此而得名。

　　学习曲线可以用学习效果坐标图清晰地展示，横轴表示学习次数或同一产品生产数量，纵轴表示学习效果或单位产品消耗时间或单位产品成本，如图 8-2 所示。学习曲线表示了单位产品的直接生产时间和累计产量之间的变化规律。它包括两个阶段：①学习阶段，单位产品的生产时间随着产品数量的增加而逐渐减少，变化速率逐渐减小；②标准阶段，通过学习阶段的积累，单位产品的生产时间不再发生变化。学习效应可忽略不计，可用标准时间进行生产。

　　当个人或组织重复地做某一个产品时，单位产品所需的时间会随着产品生产累计数量的增加而逐渐减少，然后才趋于稳定，这就是所谓的学习效应。学习效应分为个人学习效应和组织学习效应两种。个人学习效应，是指当一个人重复地做某一个产品时，由于操作逐渐熟练，或者逐渐摸索到一些更有效的作业方法后，做一件产品所需的工作时间（即直接劳动时间）会随着产品累计数量的增加而减少。组织学习效应是把组织作为一个整体看待，组织在产品设计、工艺设计、自动化水平提高、生产组织、人员配合协作以及资本运作等方面也有一个经验积累的过程，也是一个不断改进管理方法、提高人员作业效率的过程，这个过程就是组织学习的过程。图 8-2 所示的曲线，可以是组织学习的结果，也可以是个人学习的结果，还可以是两种学习结果的叠加。

学习曲线通常有狭义和广义两种解释。狭义的学习曲线是指操作人员的个人学习曲线。随着时间的推移，知识和经验得到有效的累积，它反映了个人操作技术熟练程度的提高。广义的学习曲线是生产组织的学习曲线，如工艺学习曲线是指一个生产单位中直接劳动者（操作工）和间接劳动者（设计、制造及管理者）加工制造某种产品时的学习曲线。它除了反映操作者个人操作技术熟练程度外，还包含

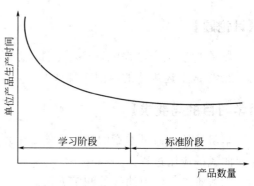

图 8-2　学习曲线

了生产方式、设备的改进、管理的改善与技术创新共同努力的结果。因此广义学习曲线又称为制造进步函数、经验曲线、效率曲线、成本曲线、改进曲线等。更广义的学习曲线是指某一行业或某一产品从引入期、成长期、成熟期以至衰退期的整个学习曲线。

8.1.2　影响学习曲线的因素

学习曲线的影响因素大致有以下几个方面：

① 操作者动作的熟练程度；

② 工装设备及工位器具状况对于提高操作者操作容易度的作用；

③ 产品设计变更对于工时减少的作用；

④ 原材料质量和充足的供应可减少学习中断现象；

⑤ 专业化分工，使每个操作者做简单重复工作；

⑥ 标准作业管理的规范性和改进能力；

⑦ 综合管理的科学化程度。

8.1.3　学习曲线的对数分析

学习曲线的建立基于以下一些基本假设：

① 生产第 $n+1$ 个产品所需的直接劳动时间总是少于第 n 个的；

② 当累积生产数量增加时，所需直接劳动时间按照一个递减的速率减少；

③ 时间的减少服从指数分布。

根据上述假设，为了利于学习曲线进行定量化分析，将时间的变化关系用如下数学解析式表示。

$$K_X = K_1 C^n \tag{8-1}$$

$$X = 2^n \tag{8-2}$$

式中，K_X 为生产第 X 台（件）产品的工时；K_1 为生产第 1 台（件）产品的工时；C 为工时递减率或学习率；X 为累计生产的台（件）数；n 为累计产量增加指数。

对上面两式取对数，可得：

$$\lg K_X = \lg K_1 + n \lg C$$

$$\lg X = n \lg 2$$

设：

$$a = \frac{\lg C}{\lg 2} \tag{8-3}$$

式中，a 为学习系数，学习系数可根据学习率直接查表获取，如表 8-2 所示。由此可得：

$$\lg K_X = \lg K_1 + a \lg X \qquad (8\text{-}4)$$

从而有：

$$K_X = K_1 X^a \qquad (8\text{-}5)$$

式 (8-5) 称为莱特公式，它表示了学习效果即累计平均工时 K_X 随累计产量 X（即学习次数）而变化的情况。

表 8-2　学习率与学习系数对照表

学习率/%	学习系数 a	学习率/%	学习系数 a	学习率/%	学习系数 a
51	−0.9714	68	−0.5564	85	−0.2345
52	−0.9434	69	−0.5553	86	−0.2176
53	−0.9159	70	−0.5146	87	−0.2010
54	−0.8890	71	−0.4941	88	−0.1844
55	−0.8625	72	−0.4739	89	−0.1681
56	−0.8365	73	−0.4540	90	−0.1520
57	−0.8110	74	−0.4344	91	−0.1361
58	−0.7859	75	−0.4150	92	−0.1203
59	−0.7612	76	−0.3959	93	−0.1047
60	−0.7370	77	−0.3771	94	−0.0893
61	−0.7131	78	−0.3585	95	−0.0740
62	−0.6897	79	−0.3801	96	−0.0589
63	−0.6666	80	−0.3219	97	−0.0439
64	−0.6439	81	−0.3040	98	−0.0292
65	−0.6215	82	−0.2863	99	−0.0145
66	−0.6995	83	−0.2688	100	−0.0000
67	−0.5778	84	−0.2515		

【例 8-1】　假定某工厂生产第 1 件产品的生产时间是 1000 小时，学习率为 0.8，求生产第 25 件产品所需要的时间。

解： $k_{25} = k_1 \cdot n^{\lg C/\lg 2} = 1000 \times 25^{\lg 0.8/\lg 2} = 354.8$（小时）

式 (8-1) 是在大批量生产过程中，对整个学习过程都是连续的没有出现中断现象的学习曲线而言的。

在现代激烈竞争的市场环境中，多品种小批量客户化定制生产已成为企业生产的主要方式，因此不同种类产品的面向顾客需求的生产已成为一种必要的趋势。生产同一批产品时，需要同时进行多种产品的生产，这就导致了单类产品的学习过程中断，从而使原来应有的学习效果减退。第二次学习开始时生产原产品所花的时间多于第一次学习结束时继续生产该类产品所花的时间。一种近似的计算方法是：在第一次学习生产第一件产品所需的时间与生产这种产品的标准时间之间连一条直线，并用式 (8-6) 来描述这条直线方程

$$t = K - \frac{K - f}{m} X_1 \qquad (8\text{-}6)$$

式中，t 为中断后恢复学习时，生产第一件产品所需时间；K 为原生产第一件产品所需时间；f 为生产这种产品的标准时间；m 为学习不中断条件下达到标准时间所需要生产此产品的累计数；X_1 为中断学习后再次恢复学习时生产第一件产品的累计数。

8.1.4　学习率的测定方法

由式(8-1)可知，要想求生产第 X 台（件）产品所需工时，必须已知学习系数 a，然而 a 与学习率 C 存在一定关系，即 $a=\dfrac{\lg C}{\lg 2}$。因此，若能确定学习率 C，就可求得学习系数 a。确定学习率的方法常有直接测定法、历史资料法、经验估计法、合成法、方法时间测定法等。本书主要介绍直接测定法。

直接测定法求学习率 a 的原理是，当 K_1 为生产第 1 件产品的工时，可通过实际观测得到，a 为学习系数，是一个参数。对生产情况进行现场观测，求得参数 a 的估计值，再根据 $a=\dfrac{\lg C}{\lg 2}$，从而求得学习率 C。

【例 8-2】　已知某机械厂生产某种机器，生产第 10 台的成本为 3000 元，生产第 50 台的成本为 2000 元，求该产品的学习率。

解：由已知条件可得：

$$K_{10}=K_1 10^a=3000$$
$$K_{30}=K_1 50^a=2000$$
$$\frac{K_{30}}{K_{10}}=\frac{2000}{3000}=\left(\frac{50}{10}\right)^a$$

解得：

$$a=-0.249,\quad C=2^a=0.841$$

故该产品的学习率为 84.1%。

国外学者研究表明，学习率的范围在 50%～100%。当人工作业时间与机器加工时间比率为 1∶1 时，学习率约为 85%；当人工作业时间与机器加工时间比例为 1∶3 时，学习率约为 90%；当机器完全处于高度自动化状态加工零件时，无需人工作业配合，则学习率为 100%。它意味着加工一批零件的第 1 件产品与加工最后 1 件产品的工时相同。

由此可见，人工作业时间所占比例越大，学习率就越低，学习系数就越大；反之则学习率越高，学习系数就越小。工程实际应用中，通常学习率大约在 75%～95%变动。

8.2　学习曲线应用分析

学习曲线在制造行业运用较为广泛，它可辅助制定标准时间，计算产品销售价格，考核质量改进，生产计划制订。另外，在非制造业行业，学习曲线描述发生在每一个工作中的学习过程。员工效率和公司效率的提高是工作经验日益积累的结果，经验增加了员工和公司的知识，并促进了员工和公司的学习。学习曲线的重要性就在于它使人们认识到知识学习能提高效率和效益。

学习曲线的应用是有条件的，它首先满足两个基本假定：一是实际生产过程中确实存在着"学习曲线"现象，对于一些生产周期较长而且工作难度特别大的企业或工种，学习效应不是很明显，"学习曲线"应用并不是十分广泛的；二是学习率的可预测性，否则在实际中就很难应用。另外，学习曲线是否适用，还要考虑它适用于大批量生产企业、劳动力保持稳定的条件，同时，学习曲线适用于企业的规模经济阶段，出现规模不经济时学习曲线的效应不明显。

8.2.1 学习曲线在成本预测和时间预测中的应用

学习效应在生产新产品及劳动密集型企业中表现得很突出。下面主要通过【例 8-3】介绍成本预测。在成本预测中，一般根据基本关系式 $y=a+br$ 进行的（r 为产量），在确定了参数 a、b 之后，就可根据预计产量预测总成本，并考虑"学习曲线"的影响，单位变动成本中的某些成本项目随累计产量的增加而递减，会使成本预测更科学。

【例 8-3】 假定某皮鞋厂开始生产甲产品，计划生产 300 单位此产品，本年计划投产 100 单位，一单位为 100 双。估计全年固定成本 5 万元。据调查，该企业生产甲产品第一单位需材料费 2000 元、需变动管理费用 200 元，需生产工时 400 小时，每生产工时单价 3.00 元。通过产品生产过程统计分析，该企业以往经验确定的 95% 的学习率适用于材料分析，90% 的学习率适用于生产工人工资，85% 的学习率适用于变动管理费用。要求预测本年 100 单位甲产品的总成本和单位成本，并预测第 300 件产品的变动成本。假设甲产品售价为 3000 元/单位，计算甲产品当年的保本销售量、全年预计损益和安全边际。

① 查表 8-2 得出原材料、生产工人工资和变动管理费用的指数，$a_1=-0.074$，$a_2=-0.152$，$a_3=-0.234$。

② 生产 100 件甲产品耗用的原材料、生产工资、变动管理费用和固定成本如下。

可以采用计算总人工时数的公式 $L=y \cdot x=y_1 \cdot x^{(1+a)}$ 来计算（y 为总成本，a 为单位变动成本）：

$$原材料费 = y_1 \cdot x^{(1+a_1)} = 2000 \times 100^{(1-0.074)} = 142242.7$$
$$工人工资 = y_2 \cdot x^{(1+a_2)} = 400 \times 2 \times 100^{(1-0.152)} = 39727.4$$
$$管理费用 = y_3 \cdot x^{(1+a_3)} = 200 \times 100^{(1-0.234)} = 6808.2$$
$$固定成本 = 50000$$

生产 100 单位产品的总费用 $=142242.7+39727.4+6808.2+50000=238778.3$（元）
$$生产 1 单位的平均成本 = 2387.8（元）$$

已知售价 3000 元，可近似求出 $X=78$，即如果销售 78 单位则可收回本钱，这就是当年的保本销售量。在利润等式：

$$A=3000X-2000X^{(1-0.074)}-400 \times 2X^{(1-0.152)}-200X^{(1-0.234)}，$$

将当年预计销售量 $X=100$ 代入等式，可求出当年利润：

$$A=3000 \times 100-238778.3=61221.7（元）$$

【例 8-4】 某厂生产一批产品，生产第一件产品需 10 小时，学习率为 95%，求：

① 生产第 51 件产品的工时为多少？

② 生产前 100 件产品的平均工时为多少？

③ 假设产品的标准时间为 7 小时，要生产多少件产品才能达到标准时间？

④ 操作者需要多长时间才能达到标准？

⑤ 如果标准时间为 7 小时，第一次学习共生产了 50 件产品，中断了两个星期以后又继续生产了 50 件，求第二批开始生产时，生产第一批产品，即累计第 51 件产品的生产时间。

解：

① 计算第 51 件产品的制造工时，由表 8-2 查得，当 $C=95\%$ 时，$a=-0.074$，则：
$K_{51}=K_1 51^{-0.074}=10 \times 0.7475=7.475$（小时）

② 在学习曲线下的一批 m 件产品的生产总工时 K_m 是每台产品工时之和，则：

$$K = \sum_{i=1}^{m} K_i = K_1(1 + 2^a + \cdots + m^a)$$

其中：$a = \lg C / \lg 2$

当产品数量足够大时，可假设 K 为连续函数，有：

$$T = \int_{1}^{m} K X^a \mathrm{d}X = \frac{K}{1+a}(m^{1+a} - 1) \qquad (8\text{-}7)$$

当生产前 100 件产品的总工时为：

$$T = \frac{K}{1+a}(m^{1+a} - 1) = \frac{10}{1-0.074} \times (100^{1+0.074} - 1) = 757 \text{（小时）}$$

生产前 100 件产品的平均工时为：

$$\overline{K} = \frac{K}{m} = \frac{757}{100} = 7.57 \text{（小时）}$$

③ 已知产品的标准时间是 7 小时，$K_1 = 10$ 小时，$a = -0.074$，将它们代入式(8-1) 与式(8-2)，解得，$X = 124$ 件。

因此，需要生产 124 件才能达到标准时间。

④ 因为需要连续生产 124 件才能达到标准时间，所以式(8-7) 可得：

$$K_{124} = \frac{10}{1-0.074}(124^{0.926} - 1) = 926 \text{（小时）}$$

如果一天工作 8 小时，则相当于工作 116 天才可达到标准。

⑤ 已知 $K = 10$ 小时，$m = 124$ 件，$X_1 = 51$ 件，$f = 7$ 小时，代入式(8-6) 中，可得：

累计生产第 51 件产品所需的生产时间为：

$$t = K - \frac{K-f}{m} X_1 = 8.77 \text{（小时）}$$

与前面所求解的在学习不中断情况下，生产第 51 件产品的工时为 7.48 小时相比较可知，由于学习中断使得学习效果发生了减退，从而致使生产第 51 件产品的工时比学习不中断时多了 1.29 小时。

8.2.2 学习曲线在预测产品销售价格时的应用

由于单件产品的制造工时随着累计产品数量的增加而减少，因此单件产品的制造成本也随着产品数量的增加而降低。如果不考虑原材料价格的变动，最佳订购的产品价格总会低于原订购产品的价格，在比较复杂的情况下，可用学习曲线来预测产品销售价格作为确定产品销售价格的参考。

【例 8-5】 设甲方向乙方订购发动机 1000 台，每台销售价格 20000 元，现增加订购 2000 台，决策条件为：

① 乙方准备了 1000000 元的设备费用，在最初的 1000 台订购时已全部折旧。

② 材料在第一次订购时，每台为 5000 元，但现在已涨价为 6000 元。

③ 喷漆费为每台 200 元，此项费用与产量无关，是一个不变的量。

④ 乙方在第一次销售时没有获取利润，在这次追加订货时希望获得 15% 的利润。

⑤ 学习率为 90%。

试求增加的这 2000 台价格应为多少？

解：为了确定追加订货的价格，必须分析第一次订购时产品的单价。为此，要把第一次销售产品的单价分为对学习曲线有影响的项目和对学习曲线没有影响的项目。其中对学习曲线没有影响的项目有：

$$每台设备费用＝1000000/1000＝1000 （元）$$

$$材料费＝5000 （元）$$

$$喷漆费＝200 （元）$$

$$三项费用合计为：1000＋5000＋200＝6200 （元）$$

从而可求出对学习曲线有影响的平均费用为：$20000－6200＝13800$（元）

① 由式(8-7)求出 K_1：

$$13800 \times 1000 = \frac{K_1}{(1-0.152)(1000^{1-0.0152}-1)}$$

解得，$K_1=33531$

② 再求出 3000 台总金额，仍由式(8-7)求得：

$$C_{总} = \frac{33531}{(1-0.152)(3000^{1-0.152}-1)} = 35088683 （元）$$

③ 追加订购 2000 台除去对学习曲线没有影响因素后的总金额为：

$$C_{2000} = C_{总} - C_{1000} = 35088683 - 13800000 = 21288683 （元）$$

④ 计算追加订购 2000 台的销售价格（单价）：

已知设备折旧费在第一次订购的 1000 台中全部转换完，因而这次追加订购 2000 台设备折旧费应为 0；

追加订购时，材料费涨价，材料费为 6000 元；

由题目给出每台发动机的喷漆费不变，仍为 200 元；

除去对学习曲线没有影响的因素后，追加订购 2000 台的累计平均价格为 10644 元/台；

再考虑追加订购 2000 台时希望有 15％的利润。综合以上各项，追加订购的 2000 台发动机每台的销售价格为：

$$(10644＋0＋6000＋200) \times (1＋15％) = 19371 （元/台）$$

此外，学习曲线广泛应用在质量改进、生产计划管理、库存管理和决策以及流程和技术更新等方面。

8.2.3　学习曲线的应用新动向

（1）产品研究开发中的应用

由于市场竞争的加剧，产品生命周期缩短，要求企业缩短产品开发周期。这是基于时间的竞争策略所要求的，因此如何利用学习曲线来有效地提高生产开发速度与降低开发成本是一个值得研究的课题，目前国际上对此仍缺乏系统研究。

（2）企业运作系统中的知识管理

目前企业强调学习型组织，学习有正式的学习与非正式的学习。传统经验性的学习曲线与这种复合的学习环境下的学习曲线显然有区别，如何建立并加以运用这种新型的学习曲线是值得研究的课题。

（3）拓展学习曲线在非制造业中的应用

虽然在制造业的运作管理研究中学习曲线已经得到深入的研究，但是在服务业，这方面的应用研究仍然有很大的空间，因此拓展学习曲线在非制造运作中的应用是一个新的方向。

学习曲线的表达形式是否需要改造，仍是一个值得探讨的问题。虽然传统的一些表达函数已经有很好的应用效果，但是从近年来的一些企业数据模拟情况分析，提出新的函数表达方式或许也是必要的，至少行业之间的表达式是否应有所不同也是值得考虑的。

【本节案例】

在我国城市化进程不断加快的过程中，基建规模不断扩大，如何降低施工成本，提高质量，使建筑业走上可持续发展的道路是当前需要深入研究的课题。在激烈的国际和国内竞争中，要发展就要不断地学习。通过学习曲线在建筑企业降低工程成本及适应工程量清单计价模式的应用取得了良好的效果。

施工企业的收益是企业收入与成本决定的。员工和管理者在管理过程中不断吸收新知识，学习新经验，可不断降低企业生产成本。建筑施工企业应加强员工特别是施工操作人员的学习能力，提高员工的工作素质，由此来降低施工成本，提高施工质量。尤其是在工程量清单计价过程中的应用。工程量清单计价不同于传统的计价方式，采用综合单价计价，包括人工费、材料费和机械费。对于其中约占基本单价的20%～30%的人工费用，若采用学习曲线的方法进行估算，符合科学的学习规律，有利于降低企业的施工成本。

拟投标某住宅小区工程，对于其中砖混结构住宅楼C，应用学习曲线来预测人工费。比较住宅楼的建筑、结构设计，根据企业的历史施工资料：选取类似的民用住宅楼A。A、C均为砖混结构，内外墙体均为240厘米厚承重空心砖砌体，层高2.8米，共6层，但二者建筑面积不同。对于A建筑的砌体工程量和施工所用人数进行统计获得如表8-3所示数据：

表8-3　砌体及人工工作量统计表

住宅楼 A	累积砖体工程量/平方米	人工工日数	单位平方米人工数
1～4 层	3198	894	0.280
1～6 层	4765	1260	0.264

表8-3中数据代入学习曲线公式 $K_X = K_1 X^{-a}$ 中，$(a = \lg C / \lg 2)$，则有：

$0.280 = K_1 \times 3198^{\frac{\lg C}{\lg 2}}$；$0.264 = K_1 \times 4765^{\frac{\lg C}{\lg 2}}$

联立两个方程，求得：$K_1 = 0921$ 工日/平方米，$C = 0.903 = 90.3\%$。

由此获得学习率为90.3%的学习曲线的模型：$K_X = 0.921 \times X^{\frac{\lg 0.903}{\lg 2}}$

住宅楼C的砌体工程量为4500平方米，根据上述模型计算，预测每单位的人工工日为：

$$K_{4.500} = 0.921 \times 4500^{\frac{\lg 0.902}{\lg 2}} = 0.267$$

则住宅C砌筑工人所用人工：4500×0.270＝1215（工作日）

同样，对于其他工序也可通过建立相应的曲线模型来估计需要的相应人工。

因此，为适应工程量清单计价模式，施工企业在投标报价时，应根据市场行情、项目情况和自身实力，对于结构、建筑类的建筑物，可应用这些学习曲线模型估算人工工日，根据人工工日单价，估算得到人工费。同时应用学习曲线制定企业定额，进行项目成本核算，提高企业的管理水平和核心竞争能力。

【讨论题】

① 根据本案例的应用过程概述学习曲线的应用过程。

② 思考学习曲线还可以应用在制造和建筑外的哪些行业?

【复习思考题】

1. 简述学习曲线的原理。
2. 简述学习曲线的影响因素。
3. 简述学习曲线的对数分析过程。
4. 简述学习曲线的分析方法。
5. 简述学习曲线的应用步骤。

第9章

标准作业

在汽车工业界，工厂里有很多实行动作和时间研究的工业工程师。他们测量操作者执行作业的标准时间，分秒计较，试图挤压出哪怕一点点的劳动生产率。那些坦诚地和工业工程师分享工作实务心得的员工很快发现工作的标准提高了，他们的工作更加辛苦，但工资并未提高。于是，员工学聪明了，当工业工程师进行现场研究时，他们就把自己发明的技巧与省力的方法隐藏起来，放慢速度，如此一来，工业工程师们才不会对他们拟定更高的期望。工业工程师们发现了操作员的伎俩，于是，他们会偷偷观察操作员的工作情形。工作效率和时间研究结果往往会改变职务说明与责任，导致工会不满，最终演变为劳资冲突的主要原因。

现在企业使用计算机来准确监视人的动作，立即就知道个别员工的效率。员工知道他们受到监视，于是，他们的工作目标是数量而不管品质。可悲的是，他们变成数字的奴隶，不再重视公司的使命陈述和理念。这使得工业工程的作用受到质疑，但是日本的丰田汽车在运用工作标准化的过程中成功地避免了上述情形。

在丰田汽车公司，制造工作的标准化概念被广泛认同，并非只是操作员工必须遵守的工作步骤。丰田公司前社长张富士夫曾经说过"丰田的标准化工作包含3个基本要素——生产间隔时间（以顾客要求之速度完成一项工作所需时间）、执行工作的步骤程序或流程顺序以及个别操作员为完成此标准化工作，手边需要的存货量。标准工作就是以生产间隔时间、步骤顺序、手边存货量这三项要素来制定的。"

丰田公司将标准化这项工作去芜存菁，原本被视为微效或没有利益的项目，在丰田模式下变得更加有利、有效益，同时建立了管理人员和员工共同合作的团队，而不是劳资双方的冲突的局面。丰田从未刻意地将工作标准化作为强加于员工的一项管理工具。丰田并未实行可能使工作变得刻板或使之降级的僵化标准，而是把工作标准化作为对员工的授权，同时变成员工持续改进的基础。

【讨论题】

1. 与传统的汽车公司实行时间研究的方式比较，丰田公司实行的标准作业有何异同？
2. 丰田公司推广标准作业成功的关键在于什么？

【学习目的与要求】

学习目的：通过本章的学习，理解标准作业的概念，了解标准作业内容，掌握标准作业的制定过程。

学习难点：标准作业的制定过程和步骤。

学习重点：标准作业的制定的内在逻辑关系及对作业要领的掌握。

9.1　标准作业概述

9.1.1　标准作业理念

手动生产方式被大规模的生产方式所代替时，标准化的工作就成为一种必然趋势。现代制造业与作业标准化主要依托于方法研究和时间研究的经典工业工程理论，该原理可以追溯到泰勒的科学管理理论。20 世纪初期，福特汽车公司的创办者亨利·福特（Henry Ford）率先将分工理论应用于生产上，创立了"福特制"。"福特制"的主要内容包括生产自动化和生产标准化两个方面。"福特制"引入的生产标准化包括以下内容：①产品标准化；②零件标准化；③车间专业化；④机器和工具专业化；⑤作业标准化。福特公司通过生产的标准化过程取得了巨大的成功。

亨利福特于 1926 年提出了标准作业的基本概念"先进的标准化是促进未来改善的必要基础，如果你将标准化视为现在你能想到的最佳境界（但是未来可以做到的改善），你就能有所精进；但是，如果把标准化当成设定种种限制，那么，你的流程就会停止。"亨利福特就标准作业意义的阐述成为标准作业的理论基础。

第二次世界大战后，美国在帮助日本重建期间，将标准化的方法传授给日本企业。其中日本的丰田汽车，将这一来源于汽车制造行业的理念充分发挥，形成了自己独特的标准化理念。丰田公司的总裁张富士夫曾经说过"丰田的标准化工作包含 3 个基本要素——生产间隔时间（以顾客要求之速度完成一项工作所需时间）、执行工作的步骤程序或流程程序，以及个别操作员为完成此标准化工作，手边需要的存货量。标准工作就是以生产间隔时间、步骤顺序、手边存货量这三项要素来制定的"。丰田汽车自 20 世纪 70 年代至今取得了巨大的成功；制造行业尤其是汽车制造及其相关行业对丰田模式的学习，也使得标准作业的理念在制造业中广泛地推广开来。

9.1.2　标准作业的前提及其流程观

要实现标准作业首先必须保证生产过程和流程的稳定性，当有连续的生产线停工和速度降低时，就不能按照标准化操作。造成生产过程不稳定的因素包括人员（Man）、机器（Machine）、物料（Material）、方法（Method）等。例如：①人员整体素质偏低，集体流动性过大；②机器故障频发，由此造成的停台过于频繁，以至于不能形成连续的作业过程；③物料不能及时准确地配送到生产线或配送至生产线的零部件存在缺陷，夹具、设备或其他工具不能满足操作者的作业需求；④人员作业环境恶劣，不符合人机工效学布局，事故频发。

在丰田生产方式中，对于以上问题带来的生产流程不稳定性中，机器的稳定性可以通过 5S 方法和 TPM（Total Productive Maintenance）措施解决，质量问题可以通过部分自动化和全面质量控制（TQM）措施保障，物料配送中出现的问题可以通过相应的准时化（Just in Time）生产过程和精细化物流配送技术实现的。这种稳定、高效的生产系统是在标准化作业基础上实现的，同样，标准化作业也是稳定工作流程的重要组成部分。二者是相辅相成的。

制定标准作业是实现稳定生产流程的重要举措。标准作业制定是企业运营十分必要的规范过程，标准作业的实现具有不可估量的意义，是在生产中推进工业工程的首要过程，其重要性在于：

① 标准化作业是保证生产流程清晰明确的重要举措；
② 标准化作业是高效工作方法在现场操作员工中推广的重要保证；
③ 标准化作业是低成本地生产高质量产品的重要方法；
④ 标准化作业是目视化管理的重要途径；
⑤ 标准化作业是持续改善的重要基础和过程保障；
⑥ 标准化作业是消除浪费、持续改善的重要工具。

标准化工作不仅使现场人员的操作可重复并且有效率，而且有助于操作工人工作和管理人员对工作流程的明晰化。清晰稳定的工作流程使得现场工作中存在的问题能够及时的暴露出来，不仅对于保证产品质量具有重要的意义，而且有利于现场的持续改善和流程的不断优化和改进。标准作业就是用来开发、确认和改善流程的工具。流程告诉员工做什么、什么时候做以及按照怎样的顺序完成。

9.1.3　标准作业的概念

标准作业是以人的动作为中心、以没有浪费的操作顺序有效地进行生产的作业方法。它由节拍时间（Takt Time，简称 TT）、作业顺序（Work Process）、标准在制品（In-process Stock）三要素组成。

（1）节拍时间

节拍英文为"Takt"，来源于德文，表示音乐的拍子或步调。节拍用于协调生产速率和销售速率之间的关系。所谓节拍时间，是指应该用多长时间、即几分几秒生产一个或一件产品的目标时间值。它是由市场销售情况决定的，与生产线的实际加工时间、设备能力、作业人数等无关。

例如，如果某生产厂家每天的订单为 1000 件，每天计划生产时间为 22.5 小时，那么该生产厂家的生产节拍应为：

$$T_T = \frac{22.5 \times 3600}{1000} = 81 \text{ 秒}$$

（2）作业顺序

作业顺序指对一个已经给定的生产流程中的工作的活动顺序进行定义。例如，需要完成某种工件的上线的工作过程需要遵照如下工作顺序：

① 双手抓取吊具；
② 移动至预先设定的位置；
③ 操作吊具，准确到达其与工件相应的吊装位置点；
④ 将工件起吊至对应的高度；
⑤ 按照设计好的移动路线返回生产线上线位置；
⑥ 按照目视卡片对工件外观进行检查；

⑦ 将工件放置到生产线托盘；

⑧ 将吊具卸下，并起吊至一定高度；

⑨ 返回作业起始点。

在描述作业顺序过程中，应尽最大的可能将如下活动清晰、简单地展示：

① 正确的作业姿势；

② 手脚应该如何移动；

③ 专用工具的握取位置和方式；

④ 进行此项作业的技巧或应注意的事项；

⑤ 关于重要的质量或安全事项的相关操作。

（3）标准在制品（即标准存货量）

标准在制品，是指能够让生产过程持续平稳进行的最少的中间在制品数量。标准在制品是操作员不会站在那里无所事事而进行合理的持续作业的保证。决定此数目的因素为对应生产流程完成此项工作所需要的相应工件数量，标准在制品数量越少，流程的稳定性越高，但流程的稳定性并非靠在制品数量决定的。例如可对两个工件完成同时加工的数控加工中心可将其标准在制品数量维持在 2 件；单件流的生产线其在制品的数量维持在 1 件，保证操作工人不会有不必要的等待。

9.2　标准作业制定程序

标准作业制定面向的对象一定是按照相同的作业可重复进行的稳定的生产流程。重复的生产流程首先保证足够的时间对相应作业进行研究，其次制定完整的作业指导文件会对即将从事此项作业工作的员工有积极的指导意义。如果每次操作动作都发生极大变化，制定标准作业难度很大；即使制定了标准作业，对于新员工也不会起到实质性的指导作用。

9.2.1　确定节拍时间

节拍时间（TT）是顾客需求最终产品的速率所决定的产品生产的时间间隔，一般通过每天或每班次顾客需求产品的数量与计划工作时间计算获得。节拍时间并不同于周期时间（Cycle Time，简称 CT）。周期时间是操作工人或管理人员完成一个流程实际耗费的时间，这一时间是工业工程师通过现场测定或对作业流程使用预定时间动作标准法进行分析后获取的现场的实际作业时间。

制定标准作业的最终目的是设法使得作业周期时间能够同步于顾客需求的节拍时间。另外通过获取的节拍时间数据与生产周期时间进行对比，可以及时判定生产系统的运转状态是否正常。

由于销售数据通常是以日或周（个别产品按小时）为基本时间计算单位的，顾客的需求数量通常只精确到日需求量甚至周需求量，因此将顾客需求产品的速率通过生产计划转变为实际班次的需要生产数量是十分必要的。实际企业的销售过程中，顾客订单的变化是比较大的，可能无法获得较为稳定的日（周）销售数据，但可以通过以往的产品发送记录来获得实际的顾客需求，将不稳定的顾客需求通过适当的模型转化为稳定的持续的需求过程。

同样需要注意的是由于生产节拍反应的是顾客实际需求产品的速率，因此每班次的工作时间包括机器故障时间、换产时间以及其他非计划内的间歇时间。始终需要明确的是节拍时间计算获得的是"顾客实际需求某产品的速率"。

在获取实际的班次需求数量后，就可以通过班次的有效工作时间计算出生产节拍。

首先需要确定选定的工作流程每班工作时间，该时间需要排除所有的非工作时间，如例行休息时间；其次，可通过已有销售数据或销售预测计算单班顾客需要的产品数量。

通过如下公式计算节拍时间（T_T）：

$$T_T = 每班工作时间(定时) \div 每班生产台数(顾客需求的必要数量)$$

或者：

实际 $T_T = [每班工作时间(定时) + 许可的加班时间] \div 顾客需求必要数量(每班生产台数)$

例如，某公司实行两班制（8 小时 ×2），每班会有两次 10 分钟的休息过程，根据以往销售数据确定，公司一班需完成的生产数量为 460 个产品生产，则生产节拍确定如下：

每班工作时间 $= 8 \times 3600 - 20 \times 60 = 27600$（秒）

$T_T = 27600/460 = 60$（秒）

因此，该产品流程生产节拍为 60（秒）。

节拍时间的获取对于标准作业的制定是非常重要的，标准作业的制定过程中将始终以该时间为依据作业流程进行划分，建立作业工艺。当操作人员根据作业工艺进行实际操作后，工业工程人员要据此测定工人实际作业时间，即获取周期时间。

9.2.2　标准作业顺序的确定

在确定该项内容时需要获得工程师和专家的支持，对于标准的作业顺序可以通过研究已有的加工或装配工艺获取；若不存在现成的加工或装配工艺，则可以通过观察经验丰富的操作人员的作业过程，确定需要制定标准作业的工位的实际作业顺序。对于作业顺序确定过程需要考虑人、设备、物料、作业方法等各个方面的因素：

① 人　操作流程既要充分符合人机工程的要求，又要保证操作人员劳动负荷能达到节拍水平；

② 设备　作业顺序要充分考虑设备布置，尤其是专用设备对于作业流程的限制；

③ 物料　在合理的物料托盘布局情况下，作业顺序要尽量使得取物料过程简单、舒畅；

④ 作业方法　作业顺序设定时要充分考虑作业流程是否满足工艺要求，作业流程能否满足质量要求。

例如，对于发动机罩板转移工位，其作业顺序确定后如下：

① 工件沿传动皮带移动时，目视工件是否有缺陷标记，将其装在返修夹具或合格夹具上；

② 操作者抓取工件"1 位置"（将工件划分成几个位置区域，"1 位置"和"2 位置"分别为某一区域）将工件取起；

③ 然后另一只手抓取工件"2 位置"；

④ 转身对准工位器具架的限位，每放 10 件，操作者推工件"2 位置"，将零件推入限位底部，同时摆正工件；

⑤ 装满 10 件后，将限位放下，以免工件滑出；

⑥ 当器具架装满后，提示叉车司机将装满工件的器具架运走。

在作业顺序制定过程中，考虑了传送带与发动机罩板专用托架之间的位置关系；将质量检查纳入到作业顺序过程中，为避免产生潜在的质量缺陷，在作业顺序中规定了手持发动机罩板抓取位置；关于抓取位置的选择也考虑避免人员划伤的人机工程学因素；在将发动机罩板放入专用托盘中时，规定了操作的具体细节以避免潜在的不安定因素带来的损伤和破坏，同时利于工件的转移和运输。

9.2.3 观测时间（人的纯作业时间，设备加工时间）

① 通过现场仔细观察，掌握现场的实际作业顺序和作业方法，确定作业项目。在现场仔细观察某个作业的整个流程时，可以观察到每一个操作者都在进行一系列很具体的细微工作步骤，称之为"工作要素"。它们是完成整个循环作业必不可少的。工作要素的划分可参照作业测定中工作单元的划分进行。

② 把作业项目填写在时间观测纸上，熟悉实际项目表和实际作业时间的对应关系。

③ 时间观测 选定合适的观测点，能够完整的观测整个作业过程。时间观测过程中不能停表，将各项作业结束时间数字如实地填在时间观测纸上；如表 9-1 所示，每个作业项目划分为多个工作要素，纵向的工作要素组成一个完整的循环过程。

表 9-1 发动机照搬转移作业时间观测表

作业研究表			工位:发送机罩板转移		观察者:	日期	第 页，共 页
作业名称	操作者				重复次数最多最短时间	机器循环时间	备注
	NO.	工作要素		观察时间			
发动机罩板转移作业	1	工件沿传输皮带机移动时,目视工件上是否有缺陷标记,判断装在返修器具或合格器具上					
	2	操作者抓住工件 1 部位将工件抬起					
	3	然后另一只手抓住工件 2 位置					
	4	转身对准工位器具架的限位,每 10 件,操作者推工件 2 位置,将零件推入限位底部,同时摆正工件					
	5	装满后,将限位放下,以免工件划出					
	6	按工位器具收容数装满后,提示叉车司机将满的工位器具叉走					
	总计						

观测过程中，每次循环各作业要素对应的时间观测值填写实际对应秒表读数。每个工作项目的观测 10 次左右。需要注意的是：观测时间作业过程中，例外的作业内容、事件发生，观测过程出现意外时注意记录；注意将人、机器作业时间分别记录。

（1）整理计算每个循环的时间

作业周期时间（CT）指一个人在工作流程中完成全部动作进入下一循环的时间（包括

步行时间，但不包括空手等待时间）。

循环发生的检测、换刀、处理空箱等作业的时间，不纳入 CT 计算。根据记录数据计算每次作业项目循环的时间值。

在实际作业过程中，作业周期时间（CT）与节拍时间（TT）并不是完全相同的。

当周期时间＜节拍时间时，实际作业速度小于顾客需求速度，在设定的流水线节拍下会产生操作者的等待现象；非流水线作业情况下容易产生在制品库存，造成工序间的产品积压。造成这种现象的原因可能是作业划分不彻底或操作者过多等。然而，合理的设计作业周期时间与节拍时间之间的比例，使得作业周期时间略短于节拍时间，对于缓解两班次或三班次生产的企业在物料供应中断或设备故障的情况下产品需求的压力是十分有效的。

当周期时间＞节拍时间时，实际作业速度大于顾客需求的速度，工序间发生作业延迟现象。上道工序的作业延迟导致下道工序机器、操作者出现不同程度的等待现象，这使得工序间在制品库存量不得不维持在较高的水平。

当周期时间＝节拍时间时，实际作业时间完全符合顾客的需求速度，是合适的作业方式。经过初步划分并经过观测的作业要素累加构成的循环时间可能与节拍时间有较大差别，通过后续的标准作业组合表使得作业周期时间与节拍时间近似相等。

（2）决定作业项目的循环时间

该时间并非取 10 次测量结果的平均值，而是重复次数最多的最短时间。这反映了工人进行此项作业时的实际水平。

（3）确定各工作要素的作业时间

根据测量数据获取各循环过程中各个工作要素的作业时间，同时根据"选取重复次数最多的最短时间"的原则确定各工作要素的拟定作业时间。各要素时间计算完成后，相加并与先前确定的作业项目循环时间进行比较验证，保证二者相等。

9.2.4　制定工序能力表

"工序能力"指生产系统内部各个工序制造生产过程中，各工序及生产线或生产设备加工零件的生产能力。"工序能力表"中包含操作者手工操作时间、机械的自动加工时间以及包括交换刀具在内的不同产品之间的换产时间等。通过作业观测已经对作业项目进行分解并观测获得其详细的作业时间，将不同作业项目的时间填入表 9-2，并分别计算其加工能力。

$$每班加工能力 = \frac{每班的工作时间}{完成一个完整作业流程时间 + 换产时间平均值}$$

$$换产时间的平均值 = \frac{每个班次的该项作业的总换产时间}{每个班次该项作业所需要进行的数目}$$

换产时间（Setup Time）是指机器从生产一种产品到向生产另一种产品转换所要耗费的时间。例如装配生产线换产时间可能要包括专用工具的更换、备品备件的更换时间；冲压设备的换产时间包括更换模具、调整程序的时间。对于某钻床的加工能力如表 9-2 所示。

计算表中列举的攻螺纹作业流程的加工能力，计算过程如下：

每班操作时间 = 460 分钟 = 27600 秒

加工时间 = 14 秒

表 9-2　工序能力表

科长	工长	工序生产能力表		品号	17111-38010	型式	22R	部门	姓名
				品名	进气歧管	个数	1		

序号	工序名称	设备编号	基本时间						切换作业		加工能力	备注
			手动时间		机器时间		完成时间		切换个数	切换时间		
			分钟	秒	分钟	秒	分钟	秒				
1	附加面加工	MIR1764		3		25		28	100	60 秒	965	
2	钻螺栓孔	DR2424		3		21		24	1000	30 秒	1148	
3	攻螺纹	TP1101		3		11		14	1000	30 秒	1967	
4	质量检查（螺纹螺距）			5				5			5520	
	合计			14								

注：表中数据引自丰田公司内部资料。

替换丝锥的时间＝30 秒

调整间隔＝967 件

$$设备加工能力 = \frac{27600}{\left(14 + \frac{30}{967}\right)} = 1967.1\ 件$$

所以攻螺纹设备 TP1101 的单班加工能力为 1967 件。

9.2.5　制定标准作业组合票（表）

初步确定标准作业顺序后，在已测量获得作业周期时间，同时核算得到生产节拍时间后，可以开始着手编制标准作业组合表。可以直观地看到操作者和机器工作的时间过程，明确各工序手工作业时间以及步行时间，用于考察节拍时间内一个操作者能承担的工序范围是多大。如果分配的作业时间刚好等于节拍时间（即操作者周期时间＝节拍时间）则是较为合理的过程。

通过操作者经过一次循环作业，返回到起始点的作业时间是否与循环时间相吻合，来判断该作业组合是否合理。

标准作业组合票填写步骤如下：

① 在作业时间的时间轴上用红色笔画上节拍时间（TT）时间值的线；

② 估计一个人承担的作业范围；从工序能力表的手动合计栏中的时间值将步行时间也加进去，与 TT 比较，来估计操作者的作业范围；

③ 按步骤②估计的作业范围，在作业组合票中的作业内容栏中将手工作业的内容逐项填写上；

④ 在时间栏里填写上手动作业时间、设备自动加工时间和步行时间，数据从时间观测表实际记录值中获取；

⑤ 决定作业内容，手动作业用实线、设备自动加工时间用点划线、步行时间用波折线在时间轴上依次画出。作业、步行和机器运转三类活动可能是同时进行的。在同一个表格上

有多种不同的作业内容表示形式，为便于认识，可以将不同的作业内容表示线用不同的颜色表示；

⑥ 检查作业组合的可行性，决定作业顺序。根据组合后的作业周期时间与节拍时间的关系，反复对作业进行重新组合，最终保证作业组合的循环时间与节拍时间相等。

标准作业组合票的实例如表 9-3 所示：

表 9-3　标准作业组合票示例

品名		标准作业组合票			日期	产量/
生产线					部门	节拍

作业顺序	作业内容	时间 手	时间 机	时间 步	作业时间
1	取工件	2		2	
2	C7620装卸工件、自检	6	14	2	
3	CJK6432装卸工件、自检	6	12	4	
4	放卸工件，返回C7620				
	合计	14	26	8	

作业时间刻度：5　10　15　20　25　30　35（步、装卸工作、自检、机械加工、返回作业开始位置）

9.2.6　制定标准作业票（或标准作业卡）

"标准作业组合票"将测定事件的作业项目的内容重新组合，在理论上实现了作业周期时间可以与节拍时间相吻合。标准作业内容的组合转化为操作人员实际作业过程，需要建立作业指导文件来指导工人的实际操作，即"标准作业卡"。标准作业卡的编制，是用来记录作业内容、作业顺序和作业时间，同时根据作业顺序中的走动步骤，用实线表明操作者的作业路线，通过在现场进行目视，记录每个操作者的作业范围。

标准作业卡对于管理者来说是现场管理的工具，对于操作者则起到了发现工位问题点和指导操作的作用。标准作业卡以图的形式表示每个操作者的作业范围。其中包括整个生产线设备配置、操作者的作业周期时间、作业节拍、作业顺序、标准中间在制品库存、物流方向、检查品质频度、注意安全等内容。标准作业卡制作完成后，将其挂在作业工位的明显之处，能让员工了解生产线的作业状况，并作为改善的工具、管理的工具、指导的手段。另外，管理人员能够通过标准作业卡直观地评价和监督现场人员。标准作业应该由生产现场的监督者制定、维护，标准作业反映了监督者的意图。标准作业不是固定不变的，随着产量的增减、作业改善或设备改善，标准作业要相应变化，以达到持续改善的效果。

标准作业卡的基本事宜如表 9-4 所示。

标准作业组合票和标准作业卡也可以组合为一个图表的形式，清楚地标识具体作业过程。如表 9-5 所示。

表 9-4 标准作业卡示例

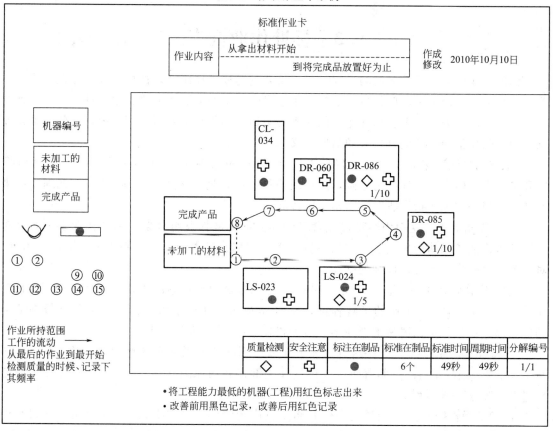

- 将工程能力最低的机器(工程)用红色标志出来
- 改善前用黑色记录，改善后用红色记录

表 9-5 标准作业组合票和标准作业卡结合

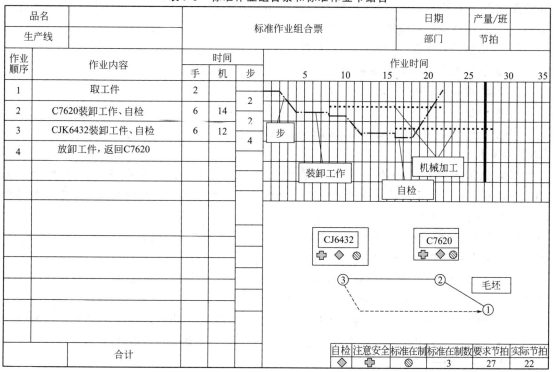

9.3　标准作业推广

　　标准作业建立并不是最终的目标，更为重要的是使工作团队掌握这一标准作业方式。在稳定的环境中培训员工，使得员工清楚地了解身体和手的姿势如何摆、零部件应放在何种位置、需要注意的关键点等。标准作业的理念在丰田得到长足的发展，而丰田创立的标准作业推广的"工作指导法"也有极大的借鉴意义。

　　"工作指导法"来源于美国的督导人训练（Training With Industry，TWI），以培训资料和培训方法两个主要程序为基础，运用戴明提出的计划——→执行——→检查——→处理流程来实施。下面是"工作指导法"的基本实施步骤。

　　① 工作指导卡。这项内容不仅包含已经建立的标准作业组合票、标准作业票；而且对与该项工作能够成功的关键点（包括质量、生产效率、成本和安全）必须清楚表明；另外，对于关键点操作原因必须详细的阐述。

　　② 标准作业培训方法。a. 选定学员；b. 消除学员的紧张感；c. 说明工作（用标准化工作单）；d. 查明学员对工作的了解程度；e. 让学员对工作产生兴趣；f. 将学员安排在适当的位置以确保学员可以清楚地看清培训者的操作；g. 讲解运营现状。

　　③ 将操作展示三次。a. 一次性展示并解释一项因素及其主要步骤（第一次）；b. 强调每个关键点（第二次）；c. 解释每个关键点和关键步骤的原因（第三次）；d. 清楚完整耐心地讲解；e. 获得实验结果。

　　④ 学员操作四次。a. 让学员操作并纠正自己的错误（第一次）；b. 让学员操作过程中向你解释每个因素和主要步骤（第二次）；c. 让学员在再一次的操作过程中向你解释所做工作的关键点（第三次）；d. 让学员解释原因（第四次）；继续操作，直到学员完全掌握这些工作；e. 跟踪检验学习成果。

　　⑤ 让学员独自工作，但不是没人照看。

　　⑥ 为学员指定可以寻求帮助的人。

　　⑦ 经常检查学员的工作。

　　⑧ 鼓励提问。

　　⑨ 给予任何必须的额外指导，逐渐停止跟随。

【本节案例】

　　某型号齿轮齿形加工过程经过作业要素划分为如下工序：①取毛坯；②粗切齿加工；③切齿面端角；④切齿前进断面精加工；⑤切齿后退断面精加工；⑥齿高检测；⑦将成品送到产成品区域。

　　该作业过程的各加工工序的加工中心被设置为 U 形加工线，毛坯进入加工线一个周期，就可完成整个零件的加工过程。

　　① 在对整个加工过程的作业过程的工作业要素进行分析后，通过作业测定获得了各作业要素的详细时间，如表 9-6 所示。

　　② 对该加工企业的需求信息、制造系统信息进行调查，计算获得节拍时间、班次生产时间等信息，综合表 9-6 数据对这些信息进行处理，获取了该型号齿轮加工工序加工能力计算表，如表 9-7 所示。

表 9-6　工位作业研究表

作业研究表		工位:齿轮齿形加工工位											观察者:张某		日期 20101101	第 1 页, 共 1 页
作业名称	操作者													平均时间/秒	机器循环时间/秒	备注
	NO.	工作要素	观察时间/秒													
齿轮齿形加工	1	粗切齿加工	5	6	4	7	5	5	5	6	5	5		5	38	
	2	切齿端面倒角	5	6	6	7	5	6	6	6	7	6		6	7	
	3	切齿前进端面精加工	6	6	6	5	6	6	7	6	6	6		6	42	
	4	切齿后退端面精加工	6	5	5	6	6	7	6	5	6	6		6	30	
	5	齿高检测	7	8	7	6	7	7	7	8	8	7		7	3	
		总计	29	31	28	31	29	30	32	32	32	30		30	120	

注：平均时间应酌情剔除异常值后再计算。平均时间取整数。

表 9-7　工序能力计算表

									新改　年　月 日			

科长	工长	某新型号齿轮工序生产能力表		品号		型式		部门	姓名
				品名		个数			

序号	工序名称	设备编号	基本时间						切换作业		加工能力/件	备注
			手动时间		机器时间		完成时间		切换个数	切换时间/秒		
			分钟	秒	分钟	秒	分钟	秒				
1	粗切齿加工	GC614		5		38		43	300	150	634	
2	切齿端面倒角	CH228		6		7		13	2000	60	2090	
3	切齿前进端面精加工	GC1444		6		42		48	300	150	569	
4	切齿后退端面精加工	GC1445		6		30		36	300	150	756	
5	齿高检测	TS1100		7		3		10	—	—	2760	
	合计			30		0		0				

注:每天 2 班,每班工作时间 7 小时 40 分钟

每班生产数量 600 件

计算:节拍时间＝46 秒　　　每班加工能力＝634 件

①取毛坯、放完成品的手动作业时间分别为 1 秒；　②操作工的步行时间分别为 2 秒

③ 各工序加工能力表完成后，对作业内容进行整理形成标准作业组合表，同时将标准作业卡整合到标准作业组合票中，获取了实际的作业周期时间与操作人员的实际作业顺序，如表 9-8 所示。

表 9-8 标准作业组合表和标准作业卡

品名				标准作业组合表	日期		产量/班
生产线					部门		节拍

作业顺序	作业内容	时间/秒			作业时间/秒
		手	机	步	5　10　15　20　25　30　35　40　45
1	取毛坯	1			
2	GC614安装工件，粗切齿加工，卸工件	5	38	2	
3	CH228安装工件，切齿端面倒角，卸工件	6	7	2	
4	GC1444安装工件，切齿前进端面精加工。卸工件	6	42	2	
5	GC1445安装工件，切齿后退端面精加工。卸工件	6	30	2	
6	TS1100安装工件，齿高检测。卸工件	7	3	2	
7	放成品	1		2	

图中标注：
- 步行
- 手工装卸工件
- 机械作业时间
- 返回作业开始位置

标准作业指导书

CH228　GC614

GC1444　　　毛坯

操作者作业顺序　完成品

GC1445　TS1100

自检	注意安全	标准在制	标准在制数	要求节拍	实际节拍
◇	✚	◎	1	46秒	44秒

【复习思考题】

1. 简述制定标准作业的目的。
2. 陈述标准作业的概念。
3. 简述标准作业制定的基本步骤。
4. 简述作业时间测定的基本步骤和注意事项。
5. 简述标准作业组合票制定的基本程序。

第 10 章

生产线平衡与持续改善

【开篇案例】

　　某手机贴片生产线当前生产线平衡率为 72%，由于各种意外（设备故障、产品质量缺陷、员工疏忽等）每周生产线会停台 1~2 次，每次约 1 小时（即修复时间为 1 小时）。

　　经过 IE 系统知识培训，新入职员工小李打算将学到的知识运用到实践中。面对贴片线平衡率仅 72% 和每周都出现停台的现状，他决定着手改善。通过现场观察后，小李决定设置生产线平衡率目标为 95%，并对生产设备布局、员工劳动范围重新进行调整。说干就干，改善后发现实际生产线平衡率只有 75%，更为失望的是停台次数由每周 1~2 次恶化到每天 1~2 次，每次停台时间依旧为 1 小时左右。员工抱怨他瞎干给自己工作带来干扰，一线主管看到生产线实际运作状况恶化，对他的改善表示不满。几经周折，生产线又重新回到原来的状态。

　　小李感到很懊恼，开始对生产线平衡理论表示怀疑。小李反复思考着相关问题：难道 72% 是该生产工艺决定的最高线平衡率？平衡率究竟能够达到多少？在某次改善经验交流会上，他有幸遇到改善经验丰富的老王，老王听了他的情况只是简单地说了几句：一步一步来，要相信 IE 的理念"改善是没有最好，只有更好"。

　　在同事老王的鼓励下，他决心振作起来，心怀"持续渐进"的理念，仔细观察，着力改善贴片线。首先，他运用工作研究的程序分析法研究流程的合理性，其次用操作分析法研究员工操作的合理性，再次用动作分析法研究员工的动作合理性。他对员工的每个操作逐一练习，与员工共同探讨更好的方法，在实践中补充理论的不足。经对一年多来的停台报告分析，找到导致停台的深层次原因主要在于 TPM（Total Productive Maintenance）体系不够完善，设备的周期维修导致生产线波动，进而导致停线。于是，小李与设备维护人员一道分析导致停台的主要因素，观察、参与停台修复，逐步建立适合贴片线的 TPM 体系。

　　在小李和生产设备相关人员共同努力下，半年后，统计数据发现，生产线平衡率稳步提升到 83%，停台次数稳定在每周不超过一次，修复时间也降至 20 分钟内。

【讨论题】

　　1. 生产线平衡率是唯一追求指标吗？为何生产线平衡率的理论值与实际值差异如此之大？

　　2. 停台次数增加是正常现象还是不正常现象？

　　3. 通过此案例你得到什么启示？

【学习目的与要求】

学习目的：通过本章的学习，了解生产线平衡的概念、特点，理解节拍的概念和计算方法，掌握生产线平衡的方法；掌握持续改善的步骤与方法。

学习难点：生产线平衡的方法，持续改善的步骤与方法。

学习重点：生产线平衡的方法，持续改善的步骤与方法。

10.1　生产线平衡

福特汽车公司 1913 年创建流水线生产模式，从汽车的总装车间逐步扩大到公司所有生产领域，其思想也逐步扩大到公司所有领域。流水线生产的生产效率是单件手工生产的几倍甚至几十倍。它帮助福特公司脱颖而出，一举成为世界上规模最大的汽车公司。二战期间，福特公司采用流水线生产方式生产大量的飞机、坦克、火炮等同盟国亟需的军事战略武器，其高效的生产为同盟国的胜利提供了强大的物质保障，同时也使以福特为代表的大规模流水线生产达到登峰造极的地步。流水线生产方式已深入生产生活的点点滴滴，如今，大到汽车、坦克制造，小到食堂买饭、碗筷清洗都广泛地采用流水线生产方式。

10.1.1　生产线的定义与特点

生产线（流水式生产线）是指生产对象按照一定的工艺路线顺序通过各个工作地，并按照统一的生产速度（节拍）完成工艺所需作业（加工、检验等）的连续、重复的生产过程。生产线的特点如下。

① 工作的高度专业化　该生产线上在一定时期内固定生产一种或者几种产品（同时生产的几种产品往往具有高度相似的工艺），分工很细，每个工作地仅仅需要完成固定的一项或者几项工作；高度专业化往往意味着重复生产。如汽车总装车间车轮安装工位，工人只需要按照节拍为各种型号的汽车安装车轮。

② 工艺过程的封闭性　劳动对象从进入生产线到流出生产线接受连续的加工，不接受线外加工。

③ 生产线按照工艺的顺序排列，生产对象在各工作地间单向流动。

④ 各工作地间由传动装置连接　通过传动装置（自动或者手动，多为自动），产品如流水般从一个工作地流向下一个工作地，最大程度地减少劳动对象等待加工的时间。

⑤ 生产同步化　各生产单位按照同一节拍生产。早期的福特流水线只是总装车间实现了流水线生产，其他部分实质是随便流，由于没有实现整个公司生产的同步化，导致了各工序、各生产单位间在制品量异常庞大，差别计件工资制度更加剧了局部产能过剩，生产的只可能是库存，而不是客户需要的产品。以丰田汽车公司为代表的精益生产方式，在某种意义上是整个生产服务系统的同步化过程，整个生产服务系统都按照一定的节拍生产，各单元间库存趋近于零（实际中为了保证生产平稳性，各个生产单元间有很少的库存作为缓冲，例如焊装到涂装，涂装到总装，多备有 0.5～1 小时的库存；大的节点间库存较多，如生产到销售环节，整车成品库存可能长达半个月到一个月的产量）。因此，以丰田为代表的日本汽车在与美国汽车的竞争中优势日益明显。

10.1.2　生产线平衡概述

（1）节拍的计算

节拍是指生产线上前后产出两个相同产品的时间间隔。当生产线的运输批量为 1 时（一般意义上说的节拍均指运输批量为 1），节拍计算公式为：

$$C = \frac{F_e}{N} \tag{10-1}$$

式中，C 为生产线（流水式生产线）节拍；F_e 为计算期有效工作时间；N 为计划期应该完成的产量。

为了实现均衡生产，实际生产速度通常不等于顾客的需求速度，节拍往往是离散变化的；节拍制定为多少，需要根据企业战略规划进行决策，还需要考虑企业自身技术能力、工艺约束、厂房结构与空间等诸多因素，因此制定节拍（特别是主生产线的节拍）是一件复杂的系统工程，往往需要高层集体决策。节拍也不是越快越好，成熟的行业通过多年摸索也有经济节拍范围，为满足市场需求的节拍如果超出经济节拍范围，就应该新建生产线。在柔性设计的思想指导下，当前的生产服务系统的节拍往往是可以变化的，而实际生产中的节拍变化往往受瓶颈工位（瓶颈工位即作业时间最长的工位）影响，若要提升节拍首先需要改善瓶颈工序。按照第 9 章所述，瓶颈工位的时间就是实际节拍时间（Cycle Time，简称 CT），CT 与 TT 谁大谁小，因企业所处的经营管理环境不同而不同。CT 大于 TT 则说明产能不足，需要降低瓶颈时间提升产能；CT 小于 TT 则说明产能过剩，需要通过合并工位等少人化措施来降低产量，从而防止过量生产；CT 等于 TT 是理想状态。

有效工作时间计算公式如下：

$$F_e = T\eta \tag{10-2}$$

式中，T 为工作时间（不含休息时间）；η 为工时利用率。

工时利用率是每天有效工作时间（除去停台、维修、等待等非工作时间后剩下的工作时间，每个行业或企业的计算范围可能有所差异）除以工作时间而得到的比例。不同公司、不同车间、不同时期的工时利用率均不相同，具有动态性，因此需要长期统计积累，是反映企业生产能力的重要指标。以汽车行业为例，丰田汽车公司冲压、焊装、涂装、总装车间的工时利用率分别可达 98%、98%、95%、99% 左右。作为国内较为优秀的汽车企业，一汽轿车股份有限公司通过多年努力，四大车间工时利用率从 80% 左右提升至 92% 左右，仅仅几个百分点之间的差异，对企业的盈利能力却影响极大。此外，当前很多企业（特别是中小型企业）在制订生产计划时没有考虑工时利用率（有的企业根本就没有统计，甚至没有这个意识），导致制订的计划总是无法按期完成，企业对自身生产能力也没有清晰的认识。

例如，设计一条玩具小车装配生产线，规划日产量为 1000 辆，每天工作时间 8 小时（不含午餐及午休的 1 小时），其中早会、晚会各 10 分钟，上午和下午时段分别休息 15 分钟，考虑企业技术能力与员工操作水平，工时利用率为 80%。其生产节拍为：

$$C = \frac{F_e}{N} = \frac{T\eta}{N} = \frac{(8 \times 60 - 2 \times 10 - 2 \times 15) \times 60 \times 80\%}{1000} = 20.64 \text{ 秒}$$

对于按照批量运输的生产线，其生产节拍为：

$$C_{\text{批}} = CQ \tag{10-3}$$

式中，Q 为运输批量。

（2）最小工作地计算

首先介绍工位和工序的概念和关系。

工位是指在一次装夹后，工件和夹具或设备的可动部分一起相对于刀具或者设备的固定部分所占据的每一个位置，也就是工作地的概念。在一个工位上往往完成多个操作，可能只需一个人，也可能有多个人。

工序是指工作对象从到达一个工作地到离开该工作地所完成的加工作业。即工作对象通过各道工序，由一个或者一组工人对同一个（如安装一台空调）或者多个工作对象（如对一批工件进行热处理）连续加工最终成为成品。一道工序往往能使工作对象发生物理、化学变化，物理位置变化等。

工位和工序范围的大小根据企业生产实际的不同而不同。可能一道工序内有若干工位，例如冲压某箱体，需要前后使用四个冲压机，一道冲压工序包含四个工位；也可能一个工位内能够完成若干工序，例如某加工中心完成车、铣、刨、磨四道工序，即一个工位完成四道工序。总体来说，通常意义上的一道工序往往包含多个工位。

在确定生产线工位数（也称工作地数量）时，无论是设计阶段，还是优化阶段，往往需要先计算最小工位数。最少工位数的计算公式为：

$$S_{\min} = \left[\frac{W}{C} \right] \tag{10-4}$$

式中，W 为总工作时间，$W = \sum t_j$，t_j 为各工序的加工时间；C 为生产节拍；$\left[\dfrac{W}{C} \right]$ 表示大于或者等于 W/C 的最小整数。

（3）生产线平衡率

生产线平衡率计算公式：

$$E = \frac{W}{SC} \tag{10-5}$$

式中，E 为生产线平衡率；W 为总工作时间；C 为生产节拍；S 为实际工作地数。

通常来说，对于节拍时间较长的生产线，抵御波动能力更强，生产线平衡率会更高；节拍较短的生产线抵御波动能力较弱，生产线平衡率略低。当然，也会有节拍时间短、生产线平衡率高的高水平生产线。不能仅仅用生产线平衡率一项指标比较不同种类生产线能力的强弱，也不能够盲目地追求高平衡率，需要根据生产实际逐步提升。

（4）生产线平衡的定义

生产线平衡是指通过调整各工位的作业负荷，使生产的全部工序、工位均衡化，保证各工作地能够同步生产。

福特公司正是在逐步消除了生产过程各环节（最初为总装车间）的不平衡性之后，才发明了流水线生产方式。流水线生产方式诞生的过程就是与生产线不平衡做斗争的过程。生产过程中各个工位的作业时间在理论和实际上都不可能完全相同，这不仅造成无谓的工时浪费，还产生大量的在制品，降低了企业盈利能力，均衡后才能够使生产系统发挥更大的效应。同时，随着市场由卖方市场变为买方市场，企业为了生存和发展，需要不断地调整生产服务系统，以便于更好地满足客户的需求，调整的过程中各个工作地的不平衡现象更为普遍，需要不断解决生产线不平衡的问题。

（5）生产线平衡的意义

生产线平衡的意义在于：①提高人员和设备的利用率，消除各种不必要的等待；②减少在制品数量，实现"一个流"生产（平衡率达到 100％；对于不同行业"一个流"的标准不一样，对于大部分行业，生产线平衡率达到 85％即认为已经实现"一个流"）；③通过平衡生产线可以综合运用程序分析、操作分析、动作分析、作业测定、设备布局、物流配送等知识，提高员工综合能力。

10.1.3　生产线平衡的步骤和主要方法

生产线平衡的主要步骤：①对当前生产线各工作地进行作业测定，寻找当前的瓶颈工位或工序；

② 使用各种方法消除当前瓶颈工位或工序，提高生产线平衡率；

③ 发现新的瓶颈，持续改善。

生产线平衡的主要方法如下。

（1）分担转移法

将瓶颈工位或工序的任务分配到其他工位或工序，削峰填谷、简单易行，如图 10-1 所示，改善前工位 1 是整个作业过程的瓶颈工位。工位 1 制约了整个生产线的生产效率，可以将工位 1 的一部分任务转移到工位 2 中，加快了整个生产节拍，使整体平衡率得到提升。

（2）改善压缩法

有些任务无法移动，或由于时间太长且无法分割。若整体移动到其他工位会导致整个生产线的不平衡性加剧，此时采用增加辅助工具、优化操作、改善操作的方法来减少作业时间，提高生产线平衡率，如图 10-2 所示，通过改善工位 2，使操作时间缩短、生产节拍加快、生产线平衡率提高。

（3）加人法

有时瓶颈工位工作量太大，操作人员忙不过来，可以直接增加操作人员，由多人分摊原来的工作量，消除原有的瓶颈。如图 10-3 所示，在瓶颈工位 3 处增加一名操作人员，消除了瓶颈。

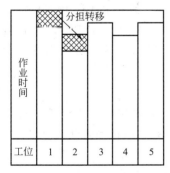 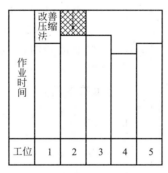 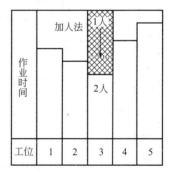

图 10-1　分担转移法　　　图 10-2　作业改善压缩法　　　图 10-3　加人法

（4）拆解移动法

当作业过程中的某道工位的工作时间特别少时，可以干脆将这道工位拆解后，重新分配到其他工位中去，这样就能有效地提高生产线的平衡率。如图 10-4 所示，将工位 4 拆解，重新分别地分配到工位 1、2 和 5 中去完成。

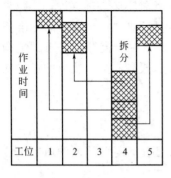

图 10-4　拆解移动法

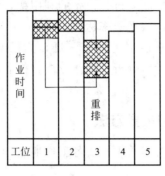

图 10-5　重排法

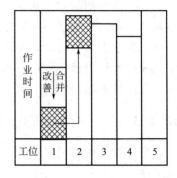

图 10-6　改善后合并法

（5）重排法

将其他工位的一部分作业分别分配到作业时间较少的工位之中，从而大大提高了整体的平衡率。如图 10-5 所示，将作业时间较长的工位 1 和 2 的部分作业分别分配到作业时间较短的工位 3 中，从而大大提升整条生产线的平衡率。

（6）改善后合并法

当用前面几种方法改善工位流程后，重新思考新的工位之间是否还存在着合并的可能。将可以合并的工位尽最大可能地合并和简化，这样，整条生产线的瓶颈自然也相应地越来越少，平衡率和效率也能有效地得到持续的提升，如图 10-6 所示。

在实际运用中这六种方法通常综合使用以满足实际生产需要，平衡生产线的过程中往往还会采用大量工业工程的技术和其他领域的技术。特别需要注意的是实际生产中的生产线平衡率不一定等于理想生产线平衡率，由于实际节拍的波动性，生产线平衡率也有一定的波动性，若没有考虑波动性，一味追求理论平衡率会导致工位间的等待时间反而增加（若为强制节拍则会导致时常停线）。比如焊接汽车车门的生产线，由于焊枪周期性打磨，假如每加工 5 件产品打磨一次，打磨时间为 10 秒，实际计算单件周期时间为加工时间（焊接等操作，假如为 290 秒）加上打磨均分的 10 秒钟，节拍为 300 秒。当在焊接第一个车门期间打磨电极耗时 50 秒，故超节拍 40 秒，但加工第二个车门时累计只超节拍 30 秒，第三个车门累计超节拍 20 秒，第五辆车时累计正好在节拍内。当然打磨一次电极耗时时间如此之长，是亟需攻克的一个难题。

【本节案例】

随着国内轿车市场快速发展，某轿车公司计划提升产量，生产节拍由 144 秒提升为 101 秒，焊装车间调整线响应企业需求，开展了历时 5 个月的改善，最终完成节拍提升，现将改善历程简要描述如下。

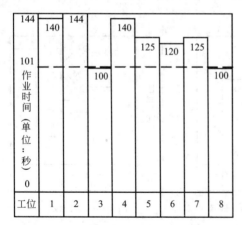

图 10-7　改善前生产线各工位时间分布图

改善前调整线各工位（本案例中基本上是一个工位完成一道工序）时间如表 10-1 所示，各工位时间分布图如图 10-7 所示。

通过分析发现当前生产线平衡率为 86.28％（在汽车行业不算很高），而且满足 101 秒节拍的只有打磨、调整翼子板两个工位，其他工位均需要改善。

表 10-1　调整线各工位时间表（改善前）

工位	1	2	3	4	5	6	7	8
工位内容	点焊	CO_2 焊	打磨	擦车	安装前后盖	安装前后门	装翼子板	调整翼子板
操作时间/秒	140	144	100	140	125	120	125	100

（1）改善点焊工位

采用拆解移动法、改善压缩法，具体措施是改善焊接的工艺分布，将部分焊点移动至机器人自动焊装线。改善后电焊工位少用两把焊枪，移除的两把焊枪如图 10-8 所示；同时利用程序分析改善点焊布局、优化焊接顺序，用操作分析优化联合操作的配合、双手配合，用动作分析优化焊枪放置位置并尽量采用弹簧绳悬挂、改善焊接动作，优化后的点焊布局如图 10-9 所示。逐步改关后时间由 140 秒降低至 100 秒。

图 10-8　改善后移走的两把焊枪

图 10-9　改善后点焊布局图

（2）改善二氧化碳焊工位

通过分析发现导致该工位操作时间长达 144 秒的主要原因是不良率高、修复时间长；不断用 5WIH 提问后发现，根源在于员工边走边焊接，容易出现质量问题。员工自己设计并动手制作了随行踏台（如图 10-10 所示），使得员工一心焊接而无须走动，品质得到保障，补焊修复比例大幅降低，操作时间由 144 秒降低至 98 秒。

图 10-10　二氧化碳焊接随行踏台

图 10-11　改善后两台吸尘器布局图

（3）改善擦车工位

擦车工位中一个重要的环节是吸尘，改善前只有一台吸尘器，本改善采用加人法（这里是增加设备），增加一台吸尘器，两台吸尘器分别放置于车身两侧（如图 10-11 所示）同时工作。改善后擦车操作时间由 140 降低至 93 秒。

（4）改善其他工位

通过对整个调整线进行分析，发现员工来回走动取料时间很长，改善装具小车，让装具小车与生产线随行（如图 10-12 所示），减少人员来回走动的时间，同时减少工件磕碰伤的可能性。通过不断改善，安装车门、前后盖、翼子板三个工序的操作时间也控制在 101 秒内。

图 10-12 前后盖、翼子板随动小车

改善后调整线各工位时间表如表 10-2 所示，生产线平衡分析图如图 10-13 所示。

表 10-2 调整线各工位时间表（改善后）

工位	1	2	3	4	5	6	7	8
工位内容	点焊	CO_2 焊	打磨	擦车	安装前后盖	安装前后门	装翼子板	调整翼子板
操作时间/秒	100	98	100	93	101	94	96	100

在实际改善中这几个改善是同时进行的，改善后一方面达到了节拍需求，同时质量稳中有升，生产线平衡率提高，达到 96.78% 的高度平衡（这与该公司多年工业工程技术方法的积累有关，对其他改善切忌盲目追求高平衡率）。同时减少工作地面积 11 平方米，减少工位器具 4 台，减少在制品 80 件，减少人员 8 人（按照原有生产模式提升节拍需要增加员工 8 人，通过改善没有增加员工），每台车经过调整线的时间缩短了 212 秒；改善工具均由员工

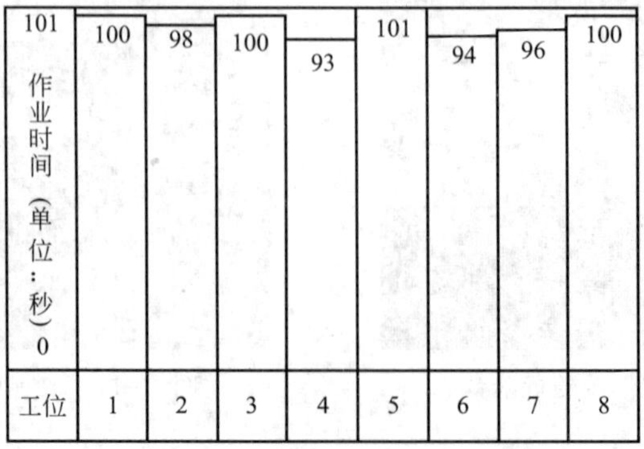

图 10-13 生产线平衡分析图

自己动手制作，成本低，而且自己量身打造的工具使用方便、舒适。

随着市场需求的逐步增加，该公司不断提升产量，并通过工厂的持续改善，目前，节拍时间已经降至 65 秒。

10.2　持续改善

10.2.1　持续改善概述

生产线平衡改善，是基于现场问题和现场环境，需要现场员工的积极参与、理解和支持。离开员工的参与，现场改善难以推进，更难以获得成功。鼓励员工参与现场改善，并逐步使之成为改善的主体，需要加强与员工的有效沟通。

首先，改善的基础是真实数据的采集，所以在作业测定阶段，需要员工的配合。在实际改善中，经常遇到因沟通不畅，员工认为改善后会增加他们的劳动量，而故意放慢动作，原本 4 分钟能够完成的任务，拖延至 8~10 分钟才能够完成，导致采集数据无效。

其次，所有的改善方案首先要得到一线员工和班组长的认可，然后通过质量、工艺和成本部门的审核。

再次，改善执行前往往需要试验或实验，这些仍然需要得到班组成员的大力支持。

工业工程师的核心使命是提高生产效率。为了提高效率就需要解决生产服务系统的各种问题，这些问题往往难以一步实现，而且"总有更好的方法"是工业工程师的基本理念，这就需要对现有的生产服务系统逐一改善，螺旋上升式推进，即持续改善。

现场改善和持续改善，主要是通过应用工作研究技术和方法，与现场具体问题相结合，以工业工程师为纽带，在一线员工与技术和管理问题之间形成连接纽带，让一线员工与管理人员、技术人员一道参与到问题分析与改善中。在实际现场生产线平衡改善中，往往建立 4~6 人的改善小组，并有自己的小组名称。小组成员在工业工程师的培训和指导下，通过小组成员通过分工合作，对问题展开分类细致分析，设定改善目标，建立解决办法，通过试验或实验，将有效地方法标准化，最终达到改善的目标。

10.2.2　持续改善的步骤与方法

在建立持续改善小组后，就需要按照工业工程师制定的改善步骤与方法对现有问题进行改善，其步骤与方法如下。

（1）发现当前问题，明确改善目标，同时制订计划

主要是从质量、成本、效率三个方面寻找当前存在的问题：质量如何提升，如何减少浪费、降低成本，如何提高劳动效率，此外还要考虑交货期、安全（人员安全和设备安全）等。往往利用 5WIH 提问技术、头脑风暴法、查询统计数据来发现当前存在的问题，在寻找问题时一定要深入现场，掌握生产服务系统的一手资料。

从重要性、紧迫性、可行性、经济性、能够全员参与等方面筛选需要改善的问题，通过帕累托图、模糊综合评价法、层次分析法等方法（这些方法在其他课程中会深入学习，本书不做展开）明确改善问题和目标，针对目标制订改善的大致计划。

（2）分析原因

从人、机、料、法、环、测（测量）等方面全面分析导致当前问题的各种原因，常用的工具有帕累托图、鱼骨图等。

（3）制订改善措施和具体执行计划

往往通过程序分析、操作分析、动作分析、TRIZ 理论找到改善方向，为了达到改善目的往往需要设计新工具（原则上尽量少购买，自己动手设计或改造）、使用新的操作顺序、新的工艺布局、新的操作方法、新的人机匹配关系。此外还可以运用实验设计的方法帮助选择合适的参数（广泛运用于机床加工参数设定）。

（4）实施

按照制定的改善措施逐一实施。信息时代的今天，尤其是对重大改善，往往先进行仿真，通过仿真检验之前制定的改善方法是否合理，提早发现不足。通过仿真，一方面能减少改错的损失，另一方面加速改善历程。故工业工程师需要能够熟练运用一到两个仿真工具。

（5）效果确认

根据实施效果的统计，判定是否解决了存在的问题或者是否达到了原先制定的目标，如果没有达到应该重新设计改善措施然后再次验证。效果确认需要通过统计产品数量和质量、对新操作方法进行工时测定，了解员工劳动负荷是否增强、是否产生新的质量问题等，从而确认改善是否成功。

计算改善成果，从效率、人员、成本、质量等方面进行总结，工业工程师对各改善小组改善效果评定时，在成本节约方面建议少算无形成本，毕竟无形成本难以核算，如果过分强调无形成本会促使作用浮夸，让改善活动变味，从而难以有效地持续进行。

（6）巩固、标准化

通过标准作业指导书的形式固化已有改善，并通过宣传教育（本小组成员通过改善往往都明确了新方法，宣传教育的对象往往是新员工）使大家都按照新标准、新方法操作，对新方法、新工具、新标准作业要收集整理、归档，作为宝贵的财富来保管。

（7）总结，继续改善

总结改善利弊得失，分析还有哪些待提高的方面，为下一次改善进行准备。

此外，在持续改善活动的每一阶段完成后，需要举办成果发布会，为了体现团队合作精神，发表人员应该 2~3 名，轮流发表；在发表环节中应该增加员工介绍、改善部分的工艺或工作流程介绍等环节。通过发布会促进各改善小组的交流，选取优秀改善小组给予物质和精神上的奖励，对改善小组起到激励作用。发布过程中应让员工感受到成就感和自豪感，并体现团队合作的重要性，同时也应该向大家介绍改善工作的具体流程，让更多的人掌握持续改善的理念和方法。

【本节案例】

电泳打磨工具自主改善案例：

（1）底漆打磨线简介

底漆打磨线总长 36 米，共分 10 个工作地。底漆打磨线主要任务是：

① 消除电泳后车身内、外表面的漆膜缺陷（远不如法律意义的缺陷严重，是客户与制造商共同认可的产品不足之处）；

② 消除底涂、PVC 工序中产生的密封及漆膜缺陷；

③ 联控并消除焊装车间遗留的车身钣金缺陷。

电泳打磨工序在涂装工艺中至关重要，控制电泳涂层的漆膜缺陷可为整个车身涂装质量提供保障。

（2）当前问题及改善目标

根据市场需求，公司决定将三个月后将节拍由当前的 101 秒调至 85 秒，而当前每个工位操作时间均在 85 秒以上；由于场地位置有限，无法通过增加工作地数分解任务，只能够缩减每个工位的操作时间。目标是让每个工位都能够在 85 秒内完成任务。

通过调查发现造成底漆打磨线时间长的主要原因是修复各种缺陷的时间长，而且修复时间长的缺陷比例如果增加（缺陷种类和数量均是随机的）就会导致修复时间更长。通过统计分析，绘制车身质量缺陷修复操作各环节时间帕累托图（如图 10-14 所示），内板特殊部位修复所用的时间高达 40 秒，所占比例为 39.6%，同时常规部位操作时间也较长。

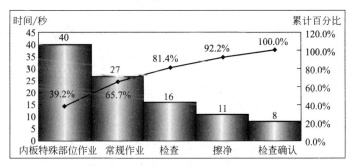

图 10-14　车身质量缺陷修复操作各环节时间帕累托图

对内板特殊部位进行再次调查，通过查阅统计发现，所谓的特殊部位共 6 处，每处发生缺陷的概率如表 10-3 所示，前后盖流水槽与 B 柱下方出现缺陷的比例很高，修复难度较大。

表 10-3　内板特殊部位发生缺陷的概率表

部位	前盖流水槽	B 柱下方	后盖流水槽	门框聚氨酯处	门 R 角	门梯台
发生概率	85%	80%	70%	20%	10%	6%

特殊部位产生的缺陷多数为高硬度漆膜缺陷，在作业中采用"先用刮刀将缺陷刮平，再使用砂纸打磨"的方法消除。但目前生产中我们使用的工具——"刮刀"只有一种形状，即直板平面形刮刀。而内板缺陷多、形状复杂，且部位凹陷、狭小，平板刮刀在处理这些特殊部位如门 R 角处［如图 10-15(a) 所示］、弧度较大处［如图 10-15(b) 所示］效率低、效果差。更致命的是这种刮刀容易破坏电泳漆膜，影响车身防腐性能。若不使用刮刀，纯粹使用

(a) 门 R 角处

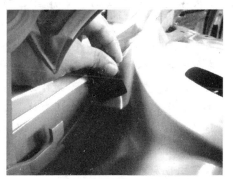

(b) 弧度较大处

图 10-15　内板特殊部位缺陷

砂纸，会使打磨作业时间更长。

为了达到 85 秒的目标，必须降低特殊部位处理时间，于是设定目标：将特殊部位操作时间由 40 秒降低至 20 秒，并制订四个月的改善计划。

（3）分析原因

利用头脑风暴法让小组成员列出导致特殊部位打磨时间长的主要原因，并用鱼骨图进行分类分析，导致特殊部位打磨时间长的主要原因如图 10-16 所示。

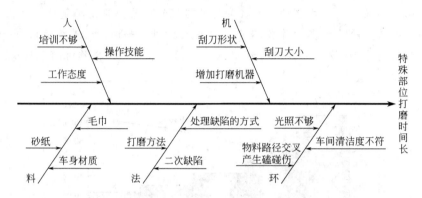

图 10-16 特殊部位打磨时间长鱼骨分析图

要详细分析人、机、料、法、环究竟哪一个是主要原因，往往采用模糊综合评价法（在其他课程中会学习，本书不做介绍），通过打分评价，选择主要原因。通过对鱼骨图列出的主要问题详细分析后，认为刮刀大小不合适是导致特殊部位打磨时间长的主要原因。

（4）制定改善措施

先用头脑风暴法讨论改善思路，具体讨论情况如下。

组长：问题已经清楚了，主要是因为刮刀不能完全适应特殊部位的操作要求。

甲：是啊，咱们用的刮刀处理平面还行，处理有角度的部位就不行了。

乙：刮刀要是能带弧度的就好了。

丙：你想把咱们使用的刮刀给磨出一个弧度？

丁：是呀，把刮刀磨出一个弧度不就能处理特殊部位的缺陷了吗！

组长：这个办法在其他生产线早就用过了，效果还不错。但咱们使用的刮刀一经处理（加工成各种形状的刀具），使用的寿命就缩短了，浪费太大，而且刮刀材质非常坚硬，很难磨出弧度。大家想一想，我们能不能自己制作一些合适、顺手的工具来消除特殊部位的缺陷？

甲：说的容易，但根据什么做呀？

乙：我们能不能根据车身内板特殊部位的形状制作不同的仿形工具呢？

丙：这个想法非常好，可自己制作仿形工具难度很大呀！

丁：困难肯定会有，但我们必须尝试一下。如果仿形工具制作成功，就可以解决特殊部位操作问题了。我们需要请教技术部门，要他们协助我们制作仿形刮刀。

组长：方案有了，那我们还等什么，说做就做。

按照人因工程原理设计七种刮刀，替代原来用砂纸打磨的办法，四种为常用工具：前盖刮刀（两种，如图 10-17 所示）、后盖刮刀（如图 10-18 所示）、B柱下方刮刀（如图 10-19 所示，下角为改善后使用的刮刀）。

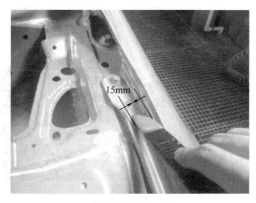

(a) A车型前盖刮刀

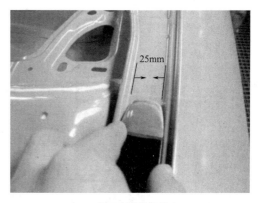

(b) B车型前盖刮刀

图 10-17　前盖刮刀

图 10-18　后盖刮刀

图 10-19　B柱下方刮刀

针对偶发项，设计门 R 角刮刀（图 10-20）、门梯台刮刀（图 10-21）和门框聚氨酯处刮刀（图 10-22）共三种工具；为了便于携带、悬挂，设计便于定置管理、美观的工具包（图 10-23）。

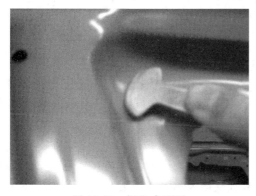

图 10-20　门 R 角刮刀

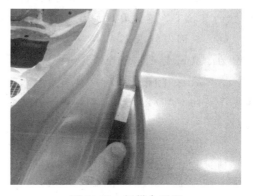

图 10-21　门梯台刮刀

（5）效果验证

从理论上计算（只考虑发生概率较高的四种缺陷）：

前盖流水槽处节约时间 10 秒，发生频次为 85%，单车节省时间为 $10 \times 85\% = 8.5$（秒）；

图 10-22 门框聚氨酯处刮刀

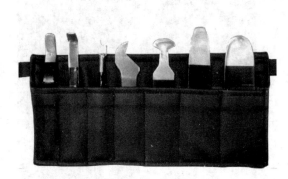

图 10-23 工具包

后盖流水槽处节约时间 8 秒，发生频次为 70%，单车节省时间为 $8×70\%=5.6$（秒）；

B 柱下方门槛处节约时间 9 秒，发生频次为 80%，单车节省时间为 $9×80\%=7.2$（秒）；

单车节省时间为 $7.2+5.6+8.5=21.3$（秒）。

实际中随着各种缺陷比例的变化，特殊部位打磨时间会略有差异。1 月份设计工具，2 月份开始验证，同时对工具进行改良，3~4 月份进行验证；从表 10-4 可以看到改善后特殊部位打磨时间和 DPU（Defects Per Unit）值均稳中有降，改善目标实现。

表 10-4 改善后特殊部位打磨时间和 DPU 的变化

项 目	1月	2月	3月	4月
特殊部位打磨时间/秒	40	20	18	19
DPU	33	23	21	21

改善后，按照当月产量推算全年产量，一年可节约 320#、216u 型砂纸费用与高纤维毛巾费用共计 16.9 万元，折合到每辆车，降低单车费用 0.94 元，而设计、制造这几种工具及工具包的费用不足千元，可以忽略不计。

改善后，由于特殊部位打磨时间缩短，通过再次人机联合操作分析，重新分配人员，在 85 秒的节拍下，不需要增加员工。

（6）巩固与标准化

为了巩固成果，更新标准作业指导书（如图 10-24 所示，为标准作业指导书的部分截图，有删减），对底漆线所有员工进行教育，并存档交给工业工程科保管；同时保留各种刀具电子版的 CAD 图纸，UG 文档，保留制造仿形工具的方法、窍门，为日后改善设计积累资料。

（7）总结、持续改善

通过改善，持续改善小组所有成员改善能力大幅提升，改善后显著的效果也激励成员开展下一次改善。在设计七种工具时运用了工业工程领域的人因工程、实验设计（设计合适的倒角、打磨次数）的思想和方法，在选择合适的工具时运用层次分析、模糊综合评价等分析工具。

同时发现还存在一些问题：改善后的 4 月，特殊部位打磨时间居然较 3 月份增加一秒，实际缩短时间少于理论时间，可能是作业测定方法不对或者漏掉了某些环节，或是工具存在

直属涂装作业要领书	工序	班组/工段	车型	作业名称	工艺要求	班长	生产主管	标准作业主管
		底漆打磨乙	J56系列 \C301 \J61 \B131	后盖内板打磨	漆面平整光滑.无过深的打磨痕.不许打磨露底			

安全注意事项	劳保用品		工具		技术员	工艺员	工业工程
铁板边缘毛刺划伤手 地面链压伤脚	静电服		320砂纸	刮刀			
	工作帽		600砂纸				
	劳保鞋		打磨机				

安全	№	作业顺序	作业要领	要点（规格/技巧）	重点质控要求
砸伤头	1	打磨左侧前盖："S"检查后盖外表面，并消除缺陷.（图12）	1点状缺陷用320砂纸进行点打磨；印痕、成片颗粒针	1 使用砂纸消除点状缺陷时要潮湿圆打磨，用力要平稳	无打磨痕
地面链压脚			缩孔等面状缺陷用320砂缩孔等面状缺陷用320砂	禁止用手指垫砂纸在同一位置反复打磨造成手指沟，造	无刮刀痕
			纸进行面打磨 .严重缺陷可使用打磨机.	二次缺陷.	无打磨露底
	2	安装后盖支架：打开前盖，将工艺支架安装在上下两支	2.安装牢靠.防止前盖落下伤人.前盖支架的两个安装	2 在使用刮刀消除缺陷时，应注意将刮刀放平，避免	
		上下两支点上.将前盖支起.（图4）	点必须安装到A,B两个点上	刮伤车身，产生刮刀痕.同时保证刮刀在使用时状态，刀	
	3	打磨左侧后盖内扳：检查前盖内扳是否有PVC胶条和焊装缺	3.后盖内板电泳流痕等严重缺陷应先用铲刀铲掉，再用砂	刃不能太锋利，刮刀刃不能有崩刃现象.	
		陷及后盖内板流水槽是否有电泳流痕.（图3.图4）	纸打磨，发现胶条缺陷及时通知细密封班组，消除缺陷。	3 使用打磨机时要注意防止磨伤车身.打磨机放平稳，	
	4	打磨后擦净	2.擦净为"S"形操作，打磨后部位不许有磨浆残留.	不可翘边打磨，保证打磨机平稳运行.	
	5	对消除缺陷工位进行自检确认	检查作业"S"操作，手到眼到，防止缺陷流出.	4擦净时视毛巾的污染程度随时更换，清洗.	
				5 消除缺陷时要彻底，防止缺陷流入下道工序	

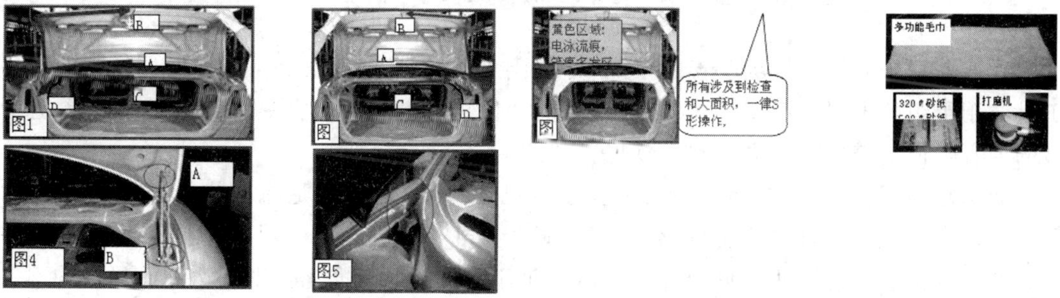

№	修订内容	修订理由	年月日	修订者	主管	股长	技术	工艺	标准作业主管
1									
2									
3									

图 10-24　改善后标准作业要领书

有待改善之处，需要寻找原因并改善；底漆线的打磨手托不太合适，需要改善。

【复习思考题】

1. 简述生产线的定义和特点。

2. 简述生产线平衡的概念、意义。

3. 简述生产线平衡的步骤、方法。

4. 某长途客车司机每天早上 8 点上班，晚上 7 点下班，往返于城市 A 和 B 之间，到达 A 城市或 B 城市均需在客运站候车半小时，每天候车时间为 4 小时，每天需要加油 1 次，耗时 10 分钟，前往洗车店洗车 25 分钟，午餐时间 25 分钟，每天中午司机自己保养汽车半小时，求司机的工时利用率为多少？

5. 某鼠标装配线有 5 个工位，1～5 工位加工时间分别为 10 秒、14 秒、11 秒、13 秒、13 秒。请问该生产线节拍为多少？生产线平衡率为多少？

6. 简述持续改善的思想与持续改善的步骤。

第 11 章

现场管理

在迪斯尼乐园里，现场改善的氛围一向很活跃，而且做得很好。在迪斯尼乐园的现场员工是位于组织的上层。沃特·迪斯尼曾说过："你可以梦想、创造、设计和建造世界上最美妙的地方，但它需要有人去使这个梦想实现。"

迪斯尼乐园，从 1955 年在加州成立至今已 42 年。在迪斯尼乐园中，员工被称为"卡司"成员，而顾客则被称之为宾客。第一线"卡司"成员，在公司里仍扮演着最重要的角色；宾客的满意，乃是迪斯尼的首要目标，而环境维持与标准化，则是达到此目标的不二法门。许多游客总会为迪斯尼的洁净与安全的环境而印象深刻。

仔细地观察，宾客会发现在园里，到处巧妙的设置垃圾桶。沃特·迪斯尼相信，没有一位宾客会走上超出 2～5 步去丢弃他的垃圾。而这些垃圾桶也被设计成能巧妙地融入到宾客的周遭环境里。在下午，当米老鼠与她的伙伴们，在主题大街游行时，你发现有许多宾客，斜靠着垃圾桶，或傍依而坐，有些甚至坐在上面，咀嚼着美味的零食等。

在正常的时段里，垃圾桶内的箱子，常被快速而有效的方法更换掉。另有一部载运空箱的车及时到达现场，并将空箱放入桶内。一组卡司成员，每 10 或 15 分钟，带着加长型的扫把及畚斗，巡回在街上，从板凳下以及灌木丛里捡垃圾。任何一位沃特·迪斯尼乐园的卡司成员，当他走过园里随时发现有垃圾时，都会立即去捡拾。

另一个宾客执著再访迪斯尼的理由，是卡司成员的友善态度和良好的教养。沃特·迪斯尼的梦想，乃在于提供不但合乎宾客满意，而且更要持续不断地超乎宾客满意的服务。卡司们必须注意到安全与清洁，且随时穿着合适的装束。任何一位新进的卡司，包括兼职的卡司，必须经过两星期的新环境的认识课程，教导他们迪斯尼的理念、公司的历史和工作的细节等。卡司成员包含全职人员、兼职工和季节工，他们工作的种类，约有 1500 种不同的类别，每一种工作，都有它的工作说明和标准作业程序（Standard Operating Procedure，以下简称 SOP）。而园内的 37000 名工作人员，都被期望能完全依此标准行事。

在大门进口处的售票卡司，也被告知他们的工作不只是售票，还要与宾客沟通。在迪斯尼，当卡司成员见宾客时，这些售票员即被教导须用眼光接触、微笑欢迎宾客。一位贩卖气球的卡司也被要求能跪下来，以期使她（或他）的眼睛能与小朋友的眼睛在同一高度。肢体语言则能展示出友善与亲近。当一位卡司发现有宾客正在为其他的宾客朋友拍照时，卡司即应立即自愿代为这群宾客做拍照服务。

从事环境维持的男、女服务员，也有他们的工作说明及 SOP。他们经常被提醒：他们是在舞台上让宾客愉快的主要角色；清扫工作反倒是次要的责任。为避免不优雅地弯腰去捡垃圾，卡司们使用长手柄的畚斗和扫帚，或顶端附有勺子的棒子，以能优雅地将碎屑扫入畚斗。管理阶层也会时常提供此类的训练。通常，负责环境维持的卡司成员，会很自然混入在群众中，因此，宾客们大抵不会特别注意到他们的存在。

【讨论题】

1. 迪斯尼的现场管理包括几方面的内容？
2. 对于服务业，现场管理的主要作用是什么？

【学习目的与要求】

学习目的：通过本章的学习，使学生了解现场管理的概念、内容和方法，领会现场管理的重要意义，掌握定置管理、目视管理、6S 管理的主要方法。

学习难点：现场管理的系统性及其对生产管理的重要意义。

学习重点：掌握定置管理、目视管理和 6S 管理的主要方法。

本章内容与工作研究有较为紧密的联系，涉及的生产管理和应用实践的知识较多，一些内容可能学生尚无法深入领会，这需要主讲教师多结合实例进行讲解。

11.1　目　视　管　理

11.1.1　目视管理概念

目视管理也称一目了然的管理，是现场管理主要工具之一。目视管理是利用形象、直观、色彩适宜的各种视觉感知信息（系统）来组织现场生产活动，达到提高劳动生产率的一种管理手段和科学方法。目视管理将现场的系统结构、状态、品质、能力、问题等基本信息通过直观的形式表达出来，使得现场操作人员和管理者能通过目视化方式及时了解现场状况，做出相应的判断和措施。

在日常活动中，我们是通过"五感"（视觉、嗅觉、听觉、触觉、味觉）来感知事物的。其中，最常用的是视觉。统计表明，人的行动的 60％以上是从视觉感知开始的。在企业管理中，现场运行状态大部分可以通过视觉和其他感官辅助识别，这种方式不需要专业工具的辅助，是非常直观、便利、及时和经济有效的管理方式。如果能够对现场设施、设备、物料、人员、工具、位置、照明、温度、湿度、路径和生产过程的质量、成本、效率、安全等状态信息进行科学的规划、设计、实施和利用，就可以打造一个人人参与、人人受益的工作现场。因此，目视管理是构造一个"易学"、"易懂"、"易用"、"易于遵守"的一目了然的工作环境。目视管理的优点概括如下。

（1）形象直观，利于识别和使用

现场是产品生产与价值创造力的核心场所，是所有生产资源输入、转化、输出的中心，与产品生产有关的所有信息无一例外地在要在现场产生、发布、传递、收集、加工和利用。目视管理就是基于这种需求而在现场建立各种信息识别系统，是管理者和员工实现信息传递、信息沟通和信息控制的方法。可以使用的现场视觉信息系统包括颜色、数字、线条、图表、标识、信号灯等。

（2）透明度高，便于考核与激励

实行目视管理，生产目标、标准、过程、结果信息可以做到公开化。干什么、怎样干、干多少、什么时间干、在何处干等问题一目了然，有利于自我管理、自觉监督和量化评比，管理者可以对照标准对结果做出评价，采取措施及时纠正错误，也便于对成绩突出的员工予以奖励。

（3）有利于产生良好的生理和心理效应

目视管理也是一门学问，它十分重视综合运用工程学、管理学、生理学、心理学和社会学等多学科的成果，能够比较科学地改善同现场人员视觉感知有关的环境因素，使之既符合现代技术发展要求，又适应人们生理和心理特点，这样，就会产生良好的生理和心理效应，调动并保护工人的生产积极性。

目视管理客观上是通过对生产环境的设计和改善，使生产设施和生产过程清晰化、有序化、规范化、安全化，对人员的身体健康提供良好的环境保障，使现场员工以轻松、愉悦的心情完成各自任务。同时，由于人员、设备、物料和工具之间有明确的对应关系，操作规程标准化，减少操作错误的几率，对提高产品质量、降低生产成本和提高效率均有良好保障，员工也因此获得更多褒奖，自主管理和自主控制能力不断提升，促进个人发展和取得工作成果的有机结合。如在员工操作工位悬挂标准作业卡，清晰指明操作顺序、节拍、在制品存量和质量、安全要求，当员工按照标准作业卡要求进行操作，就可以多、快、好、省地达成工作目标。

（4）直观地暴露问题，减少浪费

结合现场管理的综合需要，目视化管理与6S管理、定置管理、安全管理等紧密结合，清楚地表明什么是对、什么是错，应该如何做和做到什么程度等问题。如按照标识，某类物料应按照标准定量置在指定位置，既可以判断放置位置、方向正确与否，还可以判定物料量的多少以及物料的装运工具是否符合要求等。因此，目视管理是现场管理规范化、标准化的重要工具，有利于暴露现场的各种问题，消除现场中不符合标准的浪费现象。

（5）促进班组建设和企业文化建设

目视管理，首先在现场推行了一种先进的管理理念，进而形成现场作业规范和管理制度，发挥对员工行为养成的重要作用。通过目视管理，现场管理者和员工都能从中受益，从而逐渐推动员工自我管理、团队合作和协调配合的工作氛围，对促进基层班组管理和建设有直接的推动作用。在现场管理中，通过激发员工提出合理化建议以及通过合理化建议的讨论、评审、展示和奖励，将十分有助于现场管理氛围和管理状况的实质性转变，从而极大地促进良性企业文化的发展。如根据不同车间和工种的特点，规定穿戴不同的工作服和工作帽，很容易使擅离职守、串岗聊天员工处于众目睽睽之下，督促其自我约束，逐渐养成良好习惯。

11.1.2　目视管理主要内容

（1）规章制度与工作标准的公开化

为维护统一的组织和严格的纪律，保持企业生产所要求的连续性、比例性和节奏性，提高劳动生产率，实现安全生产和文明生产，凡是与现场工人密切相关的规章制度、标准、定额等，都需要公布于众；与岗位工人作业直接有关的信息，应分别展示在岗位上，如岗位责任制、操作程序图、工艺卡片等，并要始终保持完整、正确和洁净。

对于现场作业的工人，应编写较为详尽的作业指导书。作业指导书应包括：①该作业工程配置图，标示该作业的基本配置及部件、设备、器具的摆放位置；②作业顺序及每一项的作业方法、作业内容；③管理重点，按作业顺序逐项指出作业要领和注意事项。

（2）生产管理流程图表化

在现场，凡是需要员工共同完成的任务都应公布于众。生产计划指标要定期层层分解，落实到车间、班组和个人，并列表张贴在墙上或公示板上。生产实际完成情况也要相应地按期公布，并用作图法形象地表示和概要分析，如使用控制图、柱状图、饼状图等，使大家了解各项计划指标完成中出现的问题和发展的趋势，促使集体和个人都能按质、按量、按期完成任务。

现场常用的图表主要有生产工艺流程图、标准作业指示图、生产管理板、物流（搬运）线路图。生产管理板应包括生产计划情况、完成情况、未完成原因、是否加班等。物流线路图是指在一块板上形象地画出各种零件取送的数量、时间间隔、路线、目的地、工具种类及其存放地点和数量以及运送车辆类别等。物流线路图可以用来表示生产现场与有关取、送零件单位之间的整个物流平衡状况，在毛坯、半成品、协作件库房管理中比较常见。

逐步建立生产现场指挥的目视管理系统，包括在生产线上设置自动指示信号灯和在生产调度室设置电控数字和信号指示屏，以显示生产线的工作运转情况。

（3）与定置管理相结合，建立视觉信息标准化

在定置管理中，为了消除物品混放和误置，必须有完善而准确的信息显示，包括定置图、标志线、标志牌和标志色。因此，目视管理在这里便自然而然地与定置管理融为一体，按定置管理的要求，采用清晰的、标准化的信息显示符号，将各种区域、通道，各种辅助工具（如料架、工具箱、工位器具、生活柜等）均应运用标准颜色，不得任意涂抹。

其中比较主要的标识包括安全生产标记牌及信号显示装置、标准岗位板、零件箱信息卡、库存对照板、成品库储备显示板等。标准岗位板上标明零件号、零件名称、标准储备定额、工具的零件数、工具的定额存放数、取送零件批量等，以方便生产管理人员根据目视板上标记的项目内容核对实物。库存对照板是将企业库存积压的产品及各种零部件做分类标记，按时间排序，从而防止领错或发放出错。成品库储备显示板标明了成品库存的所有零部件的零部件号、名称、最低和最高储备额、工具容量、发送单位、实物库存数量等信息。

对于物品码放和运送要实行标准化，实行"定容、定位、定量"的三定原则。各类工位器具，包括箱、盒、盘、小车等，均应按规定的标准数量盛装，这样，操作、搬运和检验人员点数时既方便又准确。

（4）生产作业控制手段形象化

为了有效地进行生产作业控制，使每个生产环节，每道工序能严格按照标准进行生产，杜绝过量生产、过量储备，要采用与现场工作状况相适应的、简便实用的标识传送信号，以便在后道工序发生故障或由于其他原因停止生产，不需要前道工序供应制品时，操作人员能及时停止投入。"看板"就是一种能起到这种作用的信息传送手段。

各生产环节和工种之间的联络，也要设立方便实用的信息传送信号系统，以尽量减少工时损失，提高生产的连续性。例如，在机器设备上安装红灯，在流水线上配置工位故障显示屏，一旦发生停机，即可发出信号，巡回检修工就会及时前来修理。

生产作业控制除了期量控制外，还要有质量和成本控制，也要实行目视管理。例如，质量控制，在各质量控制点，要有质量控制图，以便清楚地显示质量波动情况，及时发现异

常，及时处理。车间要利用板报形式，将"不良品统计日报"公布于众，当天出现的废品要陈列在展示台上，由有关人员会诊分析，确定改进措施，防止再度发生。

(5) 现场人员着装的统一化与实行挂牌制度

现场人员的着装不仅起到劳动保护的作用，在机器生产条件下，也是正规化、标准化的内容之一。它可以体现职工队伍的优良素养，显示企业内部不同单位、工种和职务之间的区别，因而还具有一定的心理作用，使人产生归属感、荣誉感、责任心等，对于组织指挥生产，也可创造一定的方便条件。

挂牌制度包括单位挂牌和个人佩戴标志。按照企业内部各种检查评比制度，将那些与实现企业战略任务和目标有重要关系的考评项目的结果，以形象、直观的方式给单位挂牌，能够激励先进单位更上一层楼，鞭策后进单位奋起直追。个人佩戴标志，如胸章、胸标、臂章等，其作用同着装类似。另外，还可同考评相结合，给人以压力和动力，达到催人进取、推动工作的目的。

(6) 提醒板和异常信号灯

提醒板，用于防止遗漏。健忘是人的本性，不可能杜绝，只有通过一些自主管理的方法来最大限度地减少遗漏或遗忘。比如有的车间内的进出口处，有一块板子，今天有多少产品要在何时送到何处，或者什么产品一定要在何时生产完毕，这些都统称为提醒板。一般来说，用纵轴表示时间，横轴表示日期，纵轴的时间间隔通常为 1 小时，一天用 8 小时来区分，每一小时就记录和显示每一个时间段正常、不良或者是次品的情况，让作业者自己记录。提醒板一个月统计一次，必要时可以一周统计一次，在每个月的例会中总结，与上个月进行比较，看是否有进步，并确定下个月的目录，这是提醒板的另一个作用。

异常信号灯用于产品质量不良及作业异常等异常发生场合，通常安装在大型工厂较长的生产线和装配流水线。

一般设置红、黄两种信号灯，或红、黄、绿三种信号灯，由员工来控制。当发生物料短缺或出现不良品及机器的故障等异常时，员工马上按下红灯的按钮，生产管理人员和厂长都要停下手中的工作，马上前往现场，予以调查处理。异常被排除以后，管理人员就可以把这个信号灯关掉，然后继续维持作业和生产。黄灯一般用于生产处于临时停滞状态的显示。

除以上所列举的内容外，还有样品展示，反面教材警示等。

11.1.3　目视管理的工具

目视管理工具有很多种，可以概括为两类，一类是色彩，另一类是管理看板。

(1) 色彩

色彩是现场管理中常用的一种视觉信号，目视管理要求科学、合理、巧妙地运用色彩，并实现统一的标准化管理，不允许随意涂抹。这是因为使用色彩受多种因素制约。

① 技术因素　不同色彩有不同的物理指标，如波长、反射系数等。强光照射的设备，多涂成蓝灰色，是因为其反射系数适度，不会过分刺激眼睛。危险信号多用红色，这既是传统习惯，也是因其穿透力强、信号鲜明的缘故。

② 生理和心理因素　不同色彩会给人以不同的重量感、空间感、冷暖感、软硬感、清洁感等情感效应。例如，高温车间的涂色应以浅蓝、蓝绿、白色等冷色为基调，可给人以清爽舒心之感；低温车间则相反，适宜用红、橙、黄等暖色，使人感觉温暖。热处理设备多用属冷色的铅灰色，能起到降低"心理温度"的作用。家具厂整天看到的是属暖色的木质颜

色，木料加工设备则宜涂浅绿色，可缓解操作者被暖色包围所涌起的烦躁之感。从生理上看，长时间受一种或几种杂乱的颜色刺激，会产生视觉疲劳，因此，就要讲究工人休息室的色彩。如纺织工人的休息室宜用暖色；冶炼工人的休息室宜用冷色。这样，有利于消除职业疲劳。

③ 社会因素　不同国家、地区和民族，都有不同的色彩偏好。例如，我国人民普遍喜欢绿色，因为它是生命、青春的象征；而日本人则认为绿色是不吉祥的。

总之，色彩包含着丰富的内涵，现场中凡是需要用到色彩的，都应有标准化的要求。

（2）管理看板

看板（Kanban）在日语中是卡片、信号的意思，是现场管理的重要工具。在现场，可以广泛运用看板体现现场管理的功能，因此，将这种看板称为管理看板。管理看板是发现问题、解决问题的非常有效且直观的手段，是优秀的现场管理必不可少的工具之一，全面而有效的使用管理看板，可在六个方面产生良好的影响：

① 展示改善成绩，让参与者有成就感、自豪感；

② 营造竞争的氛围；

③ 营造现场活力的强有力手段；

④ 明确管理状况，营造有形及无形的压力，有利于工作的推进；

⑤ 树立良好的企业形象；

⑥ 展示改善的过程，让大家都能学到好的方法及技巧。

管理看板对数据、情报等状况通过各种形式（如标语、现况板、图表、电子屏等）把文件上、脑子里或现场等隐藏的情报揭示出来，以便任何人都可以及时掌握管理现状和必要的信息，从而能够快速制定并实施应对措施。

按照责任主管的不同，一般可以分为公司管理看板、部门车间管理看板、班组管理看板三类，其中比较常见的管理看板有以下几种。

① 设备计划保全日历。设备计划保全日历是指设备预防保全计划，包括定期检查、定期加油及大修的日程，以日历的形式预先制订好，并按日程实施。优点是像查看日历一样方便，而且日历上已经记载了必须做的事项，等完成后做好标记。

② 区域分担图。区域分担图也叫责任看板，是将部门所在的区域（包括设备等）划分给不同的班组，由其负责清扫点检等日常管理工作。这种看板的优点是从全局考虑，不会遗漏某区域或设备，是彻底落实责任制的有效方法。

③ 安全无灾害板。安全无灾害板的目的是为了预防安全事故发生而开展的每日提醒活动，包括安全无灾害持续天数、安全每日一句、安全教育资料与信息。一般设置在大门口员工出入或集中的地方。

④ 班组管理现况板。班组管理现况板是集合部门目标、出勤管理、业务联络、通讯、资料、合理化建议、信箱等内容的班组的日常管理看板，一般设置在休息室或早会的地方。

⑤ TPM（全面生产管理）诊断现况板。TPM 诊断现况板是为了持续推进 TPM 活动而进行的分阶段的企业内部认证用记录板，体现小组活动水平的高低。

看板最初是丰田汽车公司于 20 世纪 50 年代从超级市场的运行机制中得到启示，作为一种生产、搬运指令的传递工具而被创造出来的。经过近 50 年的发展和完善，目前已经在很多方面都发挥着重要的机能。管理看板是从早期的生产看板中派生出来的一种应用功能。生产看板有以下四个重要功能。

① 生产及搬运指令。生产及搬运指令是看板最基本的作用。公司总部的生产管理部根据市场预测及订货而制定的生产指令只下达到总装配线，各道前工序的生产都根据看板来进行。看板中记载着生产和运送的数量、时间、目的地、放置场所、搬运工具等信息，从装配工序逐次向前工序追溯。

在装配线将所使用的零部件上所带的看板取下，以此再去前一道工序领取。前工序则只生产被这些看板所领走的量，"后工序领取"及"适时适量生产"就是通过看板来实现的。

② 防止过量生产和过量搬运。看板必须按照既定的运用规则来使用。其中的规则之一是没有看板不能生产，也不能搬运。根据这一规则，各工序如果没有看板，则既不进行生产，也不进行运送；看板数量减少，则生产量也相应减少。由于看板所标示的只是必要的量，因此运用看板能够做到自动防止过量生产、过量搬运。

③ 目视管理工具。看板的另一条运用规则是"看板必须附在实物上存放"、"前工序按照看板取下的顺序进行生产"。根据这一规则，作业现场的管理人员对生产的优先顺序能够一目了然，很容易管理。只要通过看板所表示的信息，就可知道后工序作业进展情况、本工序的生产能力利用情况、库存情况以及人员配置情况等。

④ 工作改善的工具。看板的改善功能主要通过减少看板的数量来实现。看板数量的减少意味着工序间在制品库存量的减少。如果在制品存量较高，即使设备出现故障、不良产品数目增加，也不会影响到后工序的生产，所以容易掩盖问题。在准时化（Just in Time，简称 JIT）生产方式中，通过不断减少看板数量来减少在制品库存，就使得上述问题逐渐得到解决。

生产管理看板是 JIT 生产方式中独具特色的管理工具，看板的操作必须严格符合规范。简言之，看板操作过程中应遵循六个使用原则：

① 没有看板不能生产也不能搬运；
② 看板只能来自后工序；
③ 前工序只能生产后工序取走的部分（品种和数量）；
④ 前工序按接收到看板的顺序进行生产；
⑤ 看板必须和实物一起使用；
⑥ 不把不良品交给后工序。

生产管理看板的本质是在需要的时间，按需要的数量对所需零部件发出生产指令的一种标识体，实现这一功能的形式可以是多样的。看板总体上分为三大类：传送看板、生产看板（图 11-1）和临时看板。传送看板用于工序间传递生产信息；生产看板用于在本工序内标示生产信息。

（零部件示意图）		工序	前工序——本工序	
			热处理	机加1#
		名称	A233—3670B（联接机芯辅助芯）	
管理号	M—3	箱内数	20	发行张数	2/5

图 11-1　生产看板示例

11.1.4　推行目视管理的基本要求

目视管理的效果可以从三方面来判断：

① 有明确标准，无论是谁都能判明是好是坏（异常）；

② 视觉感强烈，能迅速判断，精度高；

③ 判断结果不会因人而异。

推行目视管理，要防止搞形式主义，一定要从企业实际出发，有重点、有计划地逐步展开。在这个过程中，应做到的基本要求是：统一、简约、鲜明、实用、严格。

统一，即目视管理要实行标准化，消除五花八门的杂乱现象。

简约，即各种视觉显示信号应易懂，一目了然。

鲜明，即各种视觉显示信号要清晰，位置适宜，现场人员都能看得见、看得清。

实用，即不摆花架子，少花钱、多办事，讲究实效。

严格，即现场所有人员都必须严格遵守和执行有关规定，有错必纠，赏罚分明。

【本节案例】

安东系统（Andon）最早被丰田汽车公司采用作为生产管理的实现工具，又称"定点生产线停止系统"，以达到持续高品质的生产汽车。在汽车生产的各大车间都可以看到不同的"安东"设计和应用。例如汽车总装厂的冲压、焊接、总装车间的各条生产线；发动机厂机加车间汽缸体、汽缸盖、曲轴、连杆、凸轮轴生产线；装配车间的分装线。安东系统在任何地方都发挥着极为重要的安全警示和品质管理作用。当生产线上存货量少于需求量，或生产过程产生拥堵，或一旦发生产品质量缺陷，安东系统就会亮起红灯，同时发出警报，生产线同步停机，表示需要协助解决问题。

安东系统主要由五部分组成。

① 灯箱盘，悬挂在生产线上方，按照不同的颜色区分其功能。黄色区域灯亮表示生产处于求助状态；红色区域灯亮表示生产线上某个工位或几个工位已经超时，生产需要暂停；其他颜色（多为绿色）表示生产线处于工作状态。每条生产线，不管是主线还是辅线都必须设立单独的灯箱，以便于管理者掌握每条线的生产状况。

② 按钮开关箱，设置在操作工位旁，工人可以触手可及的地方。一般情况下设置暂停按钮，切换式的求助按钮。

③ 音箱或喇叭，设置在灯箱盘之上，表示生产节拍状况或特殊信号的提示声。

④ 蜂鸣器、拉线，该设置悬挂在需的工位旁，提示管理者解除异常信号的作用。

⑤ 计时钟，记录作业延迟状况。

某汽车制造车型为非承重式中型客车，每年需求量为 5000 台，其设置了安东系统用于警示生产线异常和生产线管理。

该汽车总装线设有 7 个工位，其中 1 个上线工位，5 个装配工位，1 个下线工位。

其安东系统设置如下：灯箱标底高为 3.5 米，生产线开始端，即上线处设置 1 个车身欠按钮开关箱，1 个底盘车身欠按钮开关箱，在正常的生产线上每个工位设若干个求助暂停开关箱；在生产线末端即下线处设 1 个车身满按钮开关箱，1 个定位解除按钮开关箱。

现举例说明解释安东系统运行过程。

（1）正常生产时

① 操作者按下总装启动按钮，安东"牵引开始"亮灯；

② 工人作业；

③ "定位"灯亮且蜂鸣5秒，总装线暂停，"牵引开始灯"熄灭；

④ 整车下线后，按下定位解除按钮；

⑤ 总装线启动，安东"牵引开始"亮灯，"定位"灯熄灭。

（2）作业延迟时

① 判断作业即将延时时，按下工位旁的"求助"按钮；

② 此时"安东"黄色区相应工位灯亮，并蜂鸣；

③ 求助成功，作业没有延迟的话，关闭"求助"按钮，"安东"黄色区域工位灯熄灭；

④ 作业延迟的话，按下"暂停"按钮；

⑤ 总装线暂停，停止时刻开始计时；

⑥ "安东"红色区域灯亮；

⑦ 作业完成后，解除"暂停"按钮，"安东"红色区域灯相应熄灭；

⑧ 总装线计时钟停止计时，总装线启动。

（3）异常时

① 总装线出现异常时，按下总装线控制柜上的"紧急"按钮；

② 总装线停止，"安东"红色区域灯亮；

③ 排除异常状态后，解除"紧急"按钮；

④ 按下启动按钮；

⑤ 总装线启动，"安东"红色"非常"灯熄灭，计时停止。

简单的安东系统在实际生产过程中起着至关重要的作用。当生产线上某一工位出现问题，操作工人会按下求助按钮，这时安东上相应的信号灯亮起黄灯，但生产线依旧作业。此时，管理者必须马上做出反应，派出援助人员，帮助其在规定的节拍内完成任务。否则，生产线会暂停下来。

11.2 定置管理

11.2.1 定置管理概述

定置管理也称定置工程学，起源于日本的"整理整顿活动"，由日本青木能率（工业工程）研究所的青木龟男先生始创。他从20世纪50年代开始，根据日本企业生产现场管理实践，经过潜心钻研，提出定置管理的概念，后来由日本企业管理专家清水千里先生在应用的基础上把定置管理总结和提炼为一种科学的管理方法，并于1982年出版了《定置管理入门》一书。此后，这一方法在日本许多公司的应用中都取得明显的效果。

定置管理是对生产现场中的人、物、场所三者之间的关系进行科学地分析研究，使之达到最佳结合状态的一门科学管理方法，它以物在场所的科学定置为前提，以完整的信息系统为媒介，以实现人和物的有效结合为目的，通过对工作场所的整理、整顿，把生产中不需要的物品清除掉，把需要的物品放在规定位置上，使其随手可得，促进生产现场管理文明化、科学化，达到高效生产、优质生产、安全生产。以下论述中，主要以生产现场情况为主，其他工作环境下的定置管理可类比推广。

定置管理是现场管理的重要组成部分，是各项专业管理在现场得到有效落实的保证，其作用主要表现在以下几方面。

① 提高工作效率　通过物品的固定存放，减少了寻找时间；合理的人、物关系的考虑，消除不合理的动作，提高作业效率。科学的定置还能促使工作过程中物流的合理化，缩短搬运时间。

② 提高产品质量，降低成本　定置管理有助于防止混料、碰伤、锈蚀等现象的发生，保证产品质量；有助于减少企业管理费用，避免物品的丢失和长期积压，减少浪费，降低生产成本。

③ 有利于安全作业，为员工创造良好的工作环境　整洁、舒适的工作环境，会使员工心情舒畅，工作效率提高，并促使员工养成良好的文明生产习惯。

④ 有助于树立企业的良好形象　企业的生产现场是一个有力的宣传橱窗，同时也是企业管理的综合标志，它全面地反映出企业的素质、产品质量水平和员工的精神面貌。

11.2.2　定置管理的内容

定置管理以现场各类物品的科学合理放置为重点，主要包括划分定置区域、作业场地定置管理、生产要素定置管理和管理部门定置管理。

（1）划分定置区域

按照不同作业对象和作业内容划分区域，使各生产要素的定置做到集中、统一、协调。区域划分应尽量做到每个区域都有比较完整的作业内容，具有相对独立的作业场地，有比较明显的地域界限，以防止因区域划分不明确带来责任不清的后果（图 11-2）。

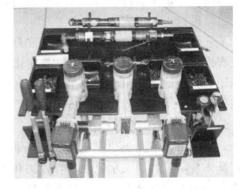

图 11-2　定置区域实例　　　　　　　　图 11-3　作业场所定置管理实例

（2）作业场地定置管理

作业场地定置管理指在定置区域内，对各个作业场地及各种设施的定置管理的要求。如生产场地和车间、工段卫生责任区的划分，通道的安全设置，工具箱定置摆放，废品、垃圾的回收及存放位置的确定（图 11-3）。

（3）生产要素的定置管理

生产要素的定置管理主要包括：设备定置管理，工具、器具、仪表定置管理，原材料、在制品、成品定置管理，库房定置管理，人员定置管理，信息定置管理等（图 11-4）。

（4）管理部门定置管理

主要指办公室、办公桌、文件柜等的定置管理，还包括设计各类文件资料流程，卫生及生活用品摆放，急办文件、信息特殊定置，座椅定置等（图 11-5）。

图 11-4　生产要素存放定置管理实例

图 11-5　办公场所定置管理实例

11.2.3　定置管理的实施

定置管理的实施涉及面广，具有全员性、实践性特点，因此首先要帮助管理人员和全体员工掌握定置管理的基本思想和方法。企业可以通过编印学习材料、举办讲座、对员工培训，使他们掌握知识、提高认识。特别是要培养一批骨干，为定置管理的实施奠定思想基础和组织基础。

为加强对推行定置管理的领导，企业应该成立领导小组，可由负责生产的领导担任组长，企业管理、生产技术部门的负责人担任副组长。各车间、行政科室也相应成立领导小组，具体组织定置管理的实施工作。之后，可以按照以下三个步骤进行。

（1）进行工艺研究

工艺研究是定置管理开展程序的起点，它是对生产现场现有的加工方法、机器设备、工艺流程进行详细研究，确定工艺在技术水平上的先进性和经济上的合理性，分析是否需要和可能用更先进的工艺手段及加工方法，从而确定生产现场产品制造的工艺路线和搬运路线。工艺研究是一个提出问题、分析问题和解决问题的过程，包括以下三个步骤。

① 对现场进行调查，详细记录现行方法。查阅资料、现场观察，对现行方法进行详细记录，是为工艺研究提供基础资料，所以，要求记录详尽准确。由于现代工业生产工序繁多，操作复杂，如用文字记录现行方法和工艺流程，势必显得冗长繁琐。在调查过程中运用工业工程中工艺程序分析、流程程序分析的标准符号和图表来记录，则可一目了然。

② 分析记录的事实，寻找存在的问题。对经过调查记录下来的事实，运用工业工程中的方法研究和时间研究的方法，对现有的工艺流程及搬运路线等进行分析，找出存在的问题及其影响因素，提出改进方向。比如以下这些问题：人、物是不是结合，现场的物流是不是很通畅，现场物料、制品、器具的状况是不是很清晰，现场质量能否保障，空间的利用是不是可以增大。

③ 拟定改进方案，提出改进方向后，定置管理人员要对新的改进方案作具体的技术经济分析，并和旧的工作方法、工艺流程和搬运线路作对比。在确认是比较理想的方案后，才可作为标准化的方法实施。

（2）对人、物、场所结合的状态分析

① 在生产过程中只有人与物的结合才能有效开展工作。而工作效果如何，则需要根据人与物的结合状态来定。人与物的结合是定置管理的本质和核心。定置管理要在生产现场实

现人、物、场所三者最佳结合，首先应解决人与物的有效结合问题，这就必须对人、物结合状态进行分析。

在生产现场，人与物的结合有两种形式，即直接结合和间接结合。直接结合是指需要的东西能立即拿到手，不存在由于寻找物品而发生时间的耗费。如加工的原材料、半成品就在自己岗位周围，工、检、量具，贮存容器就在自己的工作台上或工作地周围，随手可得。间接结合是指人与物呈分离状态，为使其结合则需要标识的指引。标识的全面性和准确可靠程度影响着人和物结合的效果。例如，通过档案索引，文员可以找到以前存档的文件。很明显，对于经常使用的物品，应使其处于直接结合状态，不常使用的物品，应有明确的标示和索引。

按照人与物有效结合的程度，可将人与物的结合归纳为 A、B、C 三种基本状态。

A 状态：表现为人与物处于能够立即结合并发挥效能的状态。例如，操作者使用的各种工具，由于摆放地点合理、固定并且处于完好状态，当操作者需要时能立即拿到或做到得心应手。

B 状态：表现为人与物处于寻找状态或尚不能很好发挥效能的状态。例如，一个操作者加工一个零件，需要使用某种工具，但由于现场杂乱或忘记了这一工具放在何处，结果因寻找而浪费了时间；又如，由于半成品堆放不合理，散放在地上，加工时每次都需弯腰，一个个地拣起来，既影响了工时，又增加疲劳程度。

C 状态：是指人与物没有联系的状态。这种物品与生产无关，不需要人去同该物结合。例如，生产现场中存在的已报废的设备、工具、模具，生产中产生的垃圾、废品、切屑等。这些物品放在现场，必将占用作业面积，而且影响操作者的工作效率和安全。

因此，定置管理就是要通过相应的设计、改进和控制，消除 C 状态，改进 B 状态，使之接近 A 状态，并长期保持下去。

② 物与场所的结合是根据场所的状态以及生产工艺的要求，把物品按其具有的特性，科学地固定在场所的特定位置上，促进人与物的最佳结合。

场所的状态指场所的基本职业卫生和安全条件及其具备的基本生产功能，它有良好、一般、较差三种状态。良好状态指场所的作业面积、工艺布局、通风设施、光照、噪音、温湿度、粉尘等都能够满足物品存放与流动要求，符合人的生理及作业安全要求。一般状态只能满足某个方面的要求。较差状态既不能满足生产要求，也不符合卫生和安全要求，需要彻底改造。

场所还可以划分为永久性场所、半永久性场所、流动性场所和临时性场所。永久性场所如生产车间、库房、原材料堆放场等，常用坐标表示；半永久性场所指不经常移动的场所，如货架、工具箱等，常用编号表示；流动性场所如移动性工位器具、运货小车等，一般按顺序编号；临时性场所如临时货场等要用围栏、绳索围起来，必须有明确标示。

实现物与场所的结合，要根据物流的运动规律，科学地确定物品位置，基本定置方法有三种基本形式：固定位置、自由位置、半自由位置。

固定位置指物品的场所固定、存放位置固定、标识固定。这种定置形式适用于周期性巡回流动和重复使用的物品，如操作工具、容器、运输器械、图纸等。采用固定位置便于场地合理布局，取放便利，但场地利用率低。

自由位置一般是在几个场所内有多种物品存放，每一种物品的存放场所和位置要根据生产情况和一定规则确定，适用于不回归、不重复使用的物品。如原材料、零部件、成品等。

这些物品的特点就是按工艺流程的顺序规定，不停地从上一道工序供需到与它相连的下一道工序供需的流动，一直到最后生产出成品出厂。这些物品的定制标识可以采用可移动的牌架或可更换的插牌标识。

半自由位置指物品存放区域固定，具体的存放位置不固定，适用于品种较多的物品定置。

物品在存放时要重点考虑安全、质量保证、空间利用率、方便取出、搬运等因素。

③ 开展对信息流的分析，标识就是人与物、物与场所合理结合过程中起指导、控制和确认等作用的信息载体。由于生产中使用的物品品种多、规格杂，它们不可能都放置在操作者的手边，如何找到各种物品，需要有一定的信息来指引；为了便于寻找和避免混放物品，也需要有信息来确认，因此，在定置管理中，完善而准确的标识是很重要的，它影响到人、物、场所的有效结合程度。

人与物的结合，需要有四种标识：第一种是标识位置项目表，它表明"该物在何处"，通过查看位置项目表，可以了解所需物品的存放场所；第二种标识是平面布置图，它表明"该处在哪里"，在平面布置图上可以看到物品存放场所的具体位置。第三种标识是场所标志，它表明"这儿就是该处"。它是指物品存放场所的标志，通常用名称、图示、编号等表示。第四种标识是物品标志，它表明"此物即该物"，它是物品的自我标示，一般用各种标牌表示，标牌上有货物本身的名称及有关事项。

在寻找物品的过程中，人们通过第一种、第二种标识，被引导到目的场所。因此，也称第一种、第二种标识为引导标识。再通过第三种、第四种标识来确认需要结合的物品。因此，也称第三种、第四种标识为确认标识。人与物结合的这四种标识缺一不可。

建立人与物之间的连接信息，是定置管理这一管理技术的特色。是否能按照定置管理的要求，认真地建立、健全连接信息系统，并形成通畅的信息流，有效地引导和控制物流，是推行定置管理成败的关键。

（3）定置管理设计

定置管理设计，就是对各种场地（厂区、车间、仓库）及物品（机器、货架、箱柜、工位器具等）如何科学、合理定置的统筹安排。

定置管理设计可以分为物品定置设计、区域定置设计、人员定置设计。物品定置设计可按物品状态分为 A、B、C 三类进行设计，也可按存放状态，考虑物品形状、重量、安全要求、质量要求，确定物品摆放状态及是否需要容器、支架、垫板等。区域定置设计可分为厂区、车间、工段、班组、库房等定置设计，划分责任区，绘制定置图，明确标示。人员定置主要是要求作业人员现场位置相对稳定，按规定时间工作，按规定道路通行。

定置管理设计时应遵循的基本准则如下。

① 整体性与相关性原则　要按照工艺要求的内在规律，从整体和全局观念来协调各定置内容之间的关系，使定置功能达到最优化程度。

② 适应性和灵活性原则　环境是变化的，要研究定置的适应环境变化能力。

③ 最大的操作便利和最小的不愉快原则　以减轻操作者的疲劳程序、保证其旺盛的精力、愉快的工作情绪，大大提高生产效率。

定置管理设计工作主要包括定置图设计和标识设计。

① 定置图设计。定置图是对生产现场所在物进行标示，并通过调整物品来改善场所中人与物、人与场所、物与场所相互关系的综合反映图。其种类有室外区域定置图，车间定置

图，各作业区定置图，仓库、资料室、工具室、计量室、办公室等定置图和特殊要求定置图（如工作台面及对安全、质量有特殊要求的物品定置图）。

定置图绘制的原则有：

a. 现场中的所有物均应绘制在图上；

b. 定置图绘制以简明、扼要、完整为原则，物形为大概轮廓、尺寸按比例，相对位置要准确，区域划分清晰鲜明；

c. 生产现场暂时没有，但已定置并决定制作的物品，也应在图上表示出来，准备清理的无用之物不得在图上出现；

d. 定置物可用标准信息符号或自定信息符号进行标注，并在图上加以说明；

e. 定置图应按定置管理标准的要求绘制，但应随着定置关系的变化而进行修改。

定置图的具体要求有：

f. 各生产车间的定置图应放置在车间入口处，在定置图中应标明生产车间的状态、机床的位置、通道和已定置物品的区域；

g. 定置图内的区域划分要有明确的标志，对于不适合用定置图标明的，可规定若干位置，在定置图中标明，不应该出现死角；

h. 定置图绘制的机器设备一律用虚线，应定置的物品如料架、柜子、工具箱以及流动物品如电焊机、运输车辆等一律用实线，定置区域用双点线；

i. 定置图应在说明栏中注明图例的含义以及工作区、机床、仓库或料架、柜子、工具箱等各类区域的数量；

j. 定置图中应标明设计人、审核人、日期以及批准人的签章。

② 标识设计。标识设计包括信息符号设计和看板图、标牌设计。在推行定置管理中，进行工艺研究、各类物品停放布置、场所区域划分等都要运用各种信息符号表示，以便形象地、直观地分析问题和实现目视管理，各个企业应根据实际情况设计和应用有关信息符号，并纳入定置管理标准。在信息符号设计时，如有国家规定的（如安全、环保、搬运、消防、交通等）应直接采用国家标准。其他符号，企业应根据行业特点、产品特点、生产特点进行设计。设计符号应简明、形象、美观。

定置看板图是现场定置情况的综合信息标志，它是定置图的艺术表现和反映。标牌是指示定置物所处状态、标志区域、指示定置类型的标志，包括建筑物标牌，货架、货柜标牌，原材料、在制品、成品标牌等。它们都是实现目视管理的手段。各生产现场、库房、办公室及其他场所都应悬挂看板图和标牌，看板图中内容应与蓝图一致。看板图和标牌的底色宜选用淡色调，图面应清洁、醒目且不易脱落。各类定置物、区（点）应分类规定颜色标准。

11.2.4　定置实施

定置实施是理论付诸实践的阶段，也是定置管理工作的重点。其包括以下三个步骤。

（1）清除与生产无关之物

生产现场中凡与生产无关的物，都要清除干净。清除与生产无关的物品应本着"双增双节"精神，能转变利用便转变利用，不能转变利用时，可以变卖，化为资金。

（2）按定置图实施定置

各车间、部门都应按照定置图的要求，将生产现场、器具等物品进行分类、搬、转、调整并予以定位。定置的物要与图相符，位置要正确，摆放要整齐，贮存要有器具。可移动物,如推车、电动车等也要定置到适当位置。

(3) 放置标准信息名牌

放置标准信息名牌要做到牌、物、图相符,设专人管理,不得随意挪动。要以醒目和不妨碍生产操作为原则。

总之,定置实施必须做到:有图必有物,有物必有区,有区必挂牌,有牌必分类;按图定置,按类存放,图物一致。

11. 2. 5 定置检查与考核

定置管理的一条重要原则就是持之以恒。只有这样,才能巩固定置成果,并使之不断发展。因此,必须建立定置管理的检查、考核制度,制定检查与考核办法,并按标准进行奖罚,以实现定置管理的长期化、制度化和标准化。

定置管理的检查与考核一般分为两种情况:一是定置后的验收检查,检查不合格的不予通过,必须重新定置,直到合格为止。二是定期对定置管理进行检查与考核。这是要长期进行的工作,它比定置后的验收检查工作更为复杂,更为重要。

定置考核的基本指标是定置率,它表明生产现场中必须定置的物品已经实现定置的程度。其计算公式是:

定置率=实际定置的物品个数(种数)/定置图规定的定置物品个数(种数)×100%。

例如:检查车间的三个定置区域,其中合格品摆放 15 种零件,有 1 种没有定置;待检区摆放 20 种零件,其中有 2 种没有定置;返修区摆放 3 种零件,其中有 1 种没有定置。则该场所的定置率为:

$$定置率=\frac{(15+20+3)-(1+2+1)}{15+20+3}\times100\%=89\%$$

【本节案例】

某矿业集团为提高矿井的科学管理水平,使生产现场的人、物和场所之间的关系不断协调而推行了定置管理。在将定制管理付诸实践过程中,该公司秉行"有图必有物,有物必在区,有区必挂牌,有牌必分类;按图定置,按类存放,图物一致"的原则按定置实施的三个步骤执行。

在推行过程中,该公司建立了定置管理的检查和考核制度,并按标准化进行赏罚,以期实现定置的长期化、制度化和标准化。公司分两种情况对定置管理进行考核和检查:一是定置完成后检查,检查不合格不予通过,必须重新定置,直到合格为止;二是对定置管理作业进行定期的检查与考核。

在煤矿管理中,安全是永久的话题。定置技术管理应用于煤矿管理,必须服务于煤矿的安全管理,因此需要重点研究煤矿的定置安全管理技术。考核过程中该公司的主要指标为定置率。

此外还包括:目视信息到位率、物流受控率、设备点检率、危险源点监控率、有害作业点达标率、"6S"整顿率,人员防护率和岗位定置率等。定置管理目标建立后,公司按照 PDCA 循环法制订计划并实施。依托于管理人员的同时,充分发动群众,依靠车间、班组作业人员共同参与。前期广泛的宣传和培训,让群众理解定置管理的原理和方法,并结合生产现场的实际,才能真正地解决"定置管理易,保持难"的问题。实施阶段是取得成效的关键环节,应制订严密的实施计划和措施,并把安全定置管理纳入安全生产责任制,把它化为现场生产各班组和职工个人的具体任务、职责。目标实施过程中和完成后，都要对各项目的完成的情况来检查。检查是评价、考评的前提，是实现目标的手段。检查方式有自我检查和上级检查两种。自我检查可随时进行，上级检查一般是在目标完成后，结合安全检查活动进行。检查要做到依据目标标准，坚持原则，为以后的目标评价打下实事求是的基础。对目标执行情况进行检查和评价，是发挥目标管理激励作用的最终体现。一个循环周期的结束，必须对执行结果进行评价，总结经验教训，提出改进措施，向更高的目标努力，不断推进安全定置管理，使生产现场的安全状况得到持续改善。

经过实践与探索，定置管理技术已在该煤矿初步实施，得到了全体员工的一致认可，取得了一定的成效，不但进一步规范了员工的行为，提高了职工队伍的整体素质，创造了安全舒适的工作环境，更为主要的是有效地促进了企业的健康发展，取得了良好的经济效益和社会效益。

① 提高了职工队伍的整体素质。按照定置管理要求，对岗位培训进行了系统规划。同时，创新培训思路，定期进行脱产培训，实现了理论与实践相结合，收到了事半功倍的效果，提高了员工队伍的综合素质。

② 刷新矿井上下环境，提升矿井文明形象，为创建本质安全型矿井提出了创建"两大工程"，确保"一个实现"（即实现安全质量精细化考核）的目标，打造了"井上是花园，井下是工厂"的花园式单位。

③ 施行定置安全生产专项整治，消除了各类事故隐患为认真贯彻落实《全省煤矿安全整治方案》，把集团公司确定的"个人无违章，班组无轻伤，区队无重伤"的安全生产目标落到实处，加强对人、物、环境的控制，在全矿施行了安全定置管理专项整治，消除了各类事故隐患，实现了安全生产。

④ 践行定置管理技术，取得了良好的经济效益和社会效益。2006 年以来该煤矿原煤产量按核定能力完成任务。2005～2007 年连续被评为安全程度评估 A 级矿井，2005 年被评为全国工业企业文化示范煤矿；2006 年被授予省煤炭行业"十佳煤矿"荣誉称号。

思考题：

1. 定置管理在该企业的应用过程中主要采用了哪些技术？
2. 请根据该公司的应用实践，简述定置管理的推行程序。
3. 简述定置管理的原则。

11.3　"6S"管理

11.3.1　"6S"管理概述

试想在一个灯光昏暗、设施方位不一、办公桌上的文件和文具随意摆放的场所办公，员工的工作效率能高吗？如果机器设备缺乏保养，原料、成品、待修品、报废品、工具随意放置，物品运送通道拐弯抹角，工人能有高昂的士气吗？

"6S"是在整理（Seiri）、整顿（Seiton）、清扫（Seiso）、清洁（Seiketsu）和素养（Shitsuke）的"5S"基础上增加了安全（Safety）要素而产生的。5S 最早起源于日本，在 20 世纪 70、80 年代逐步完善，形成现在的现场管理体系。6S 管理就是通过整理、整顿、清扫、清洁的渐次改善活动，将现场管理提升到令人满意的阶段，并通过有效的保持使员工养成优良的行为习惯（即素养），从而获得安全、稳定、文明的工作环境，达到规范化管理和不断降低生产成本、提升生产效率、提高产品质量的目的。6S 活动贯穿于现场管理全过程，是生产管理的最基础工作和生产效果的根本保障。

6S 管理中六项内容不是各自独立，而是渐次递进、相辅相成的关系。整理是整顿的基础，整顿又是整理的巩固，清扫是显现整理、整顿的效果，通过清洁和修养，则使企业形成一个所谓整体的改善气氛，而安全是以上 5S 的基本前提和保障。6S 各管理要素的含义概要如表 11-1 所示。

表 11-1　6S 含义表

中　　文	日语罗马拼音	英　　文	典 型 例 子
整理	Seiri	Sort	倒掉垃圾，长期不用的东西放仓库
整顿	Seiton	Set in order	30 秒内就可找到要找的东西
清扫	Seiso	Shine	谁使用谁负责清洁（管理）
清洁	Seiketsu	Standardize	管理的公开化、透明化
素养	Shitsuke	Sustain	严守标准、团队精神
安全		Safety	劳动卫生，事故预防

推行 6S 活动可以达到以下目的：

① 改善和提高企业形象　整齐、清洁的工作环境，容易吸引客户，使顾客有信心，从而提高企业的威望。

② 改善员工的精神面貌，增强组织活力　推行 6S 可以明显改善员工的精神面貌，增强员工的归宿感和成就感，容易带动员工改善的意愿，使之对工作更尽心、更耐心。

③ 创造安全环境　工作场所宽敞、明亮，通道畅通，地上不随意摆放不该放置的物品，工作有条不紊，意外事件的发生几率就会大大降低，安全也就有了保障。

④ 提高效率　良好的工作环境和有序的工作方法，摆放有序的物品，良好保养的设备，高素养的工作伙伴，都会促进工作效率的提高。

⑤ 减少浪费，降低成本　通过推行 6S 活动，可以减少人员、设备、物料、场所、时间的浪费，从而降低成本。

⑥ 保障品质　对于生产企业来说，优良的品质来自优良的工作环境。不断地净化环境，才能有效地避免污损产品或损坏机器，维持设备的高效率，提高生产品质。

6S 活动与一般企业的环境改善工作不同，它不热衷于口号、标语、文件宣传以及短暂的运动，而是与日常工作相结合，各项活动环环相扣、层层推进，具有很好的操作性，对工作、生产管理具有明显的促进作用。

11.3.2　"6S" 的内容和要点

（1）整理

定义：将工作场所的任何物品区分为必要的与不必要的，保留必要的，清除不必要的。

目的：腾出空间，活用空间，防止误用、误送，营造清爽的工作环境。

推行要点：①指定必要品和非必要品的判别标准，制定必要品和非必要品的标准表，经开会决议实行。判断非必要品时必须把握的是物品现在有没有使用价值，而不是原来的购买价值，也就是使用价值大于购买价值。如表 11-2 所示。②全面检查，根据标准表，对工作场所全面检查，所有物品逐一判别。③决定处理方式，调查物品的使用频率，决定其处理方式，在对物品进行整理过程中可以遵循一个基本原则"如果有疑问，就放弃它"，如表11-3。④制定废弃物的处理方法。⑤每日自我检查。

表 11-2　必要品和非必要品的标准表

必　要　品	非　必　要　品
正常的设备、机器或电气装置 附属设备（滑台、工作台、料架） 台车、推车、堆高机 正常使用中的工具 正常的工作椅、板凳 尚有使用价值的消耗用品	地板上的 废纸、灰尘、杂物、烟蒂、油污 不再使用的设备、工夹具、模具 不再使用的办公用品、垃圾筒 破垫板、纸箱、抹布 呆料或过期样品
原材料、半成品、成品 尚有利用价值的边料 垫板、塑胶框、防尘用品 使用中的垃圾桶、垃圾袋 使用中的样品	桌子或橱柜上的 破旧的书籍、报纸 私人物品 过时的报表、资料 损耗的工具、余料、样品
办公用品、文具 使用中的清洁用品 美化用的海报、看板 推行中的活动海报、看板 有用的书稿、杂志、报表	墙壁上的 蜘蛛网 过期的海报、标语 无用的意见箱、卡片箱 过时的月历、损坏的时钟
其他（私人用品）	空中的 不再使用的老吊扇 不再使用的各种配线、配管 无效的标牌、指示牌 不再使用的各种挂具

表 11-3　"整理"标准表范例

使　用　频　率	处　理　方　式
不能用或不再使用	废弃/放入暂存仓库
也许要使用的物品	放在工作场所附近集中摆放（储存室）
三个月使用一次的物品	
一星期使用一次的物品	放在作业现场
三天使用一次的物品	放在不要移动就可以取到的地方或随身携带

整理实例如图 11-6 所示：

（2）整顿

定义：不用的清理掉后，留下的有限物品再加以定点、定位放置，明确数量，明确标示。

目的：不浪费时间找东西，工作场所一目了然，创造整齐的环境。

推行要点：

① 定位　规划放置场所及位置，部门或员工首先应对个人责任范围作整体规划，一般区域划分为：作业区、通道区、存放区。

物品放置位置可考虑最短距离原则、流程化原则、立体原则等，并进行电脑模拟或沙盘推演。经常使用的物品由个人保管或直接挂于机器设备的旁边，高度则应在肩膀与手肘之

(a) 整理前　　　　　　　　　　　　　　　　(b) 整理后

图 11-6　整理效果对比

间，以利拿取及归位方便。私人物品应设计柜子或架子统一集中存放，避免置放于椅背或地上。物品放置要特别注意安全，危险品应在特定的场所保管。堆高一般为 120 厘米，高度超过 120 厘米的物料，应置于易取放的墙边。不良容器应及时清除，纸类物品不可放在潮湿的场所。

② 方法　　根据物品的类别和形态来决定物品的放置方法，原则为平行、直角。尽量立体放置，提高收容率。尽可能按先进先出的方法放置。

③ 标识　　标识是为了快速找到物品，因此放置场所和物品原则上要一对一标识。标识要活用颜色、容易变更。区域也要以不同颜色进行区分，一般黄线表示通道或区域线，代表着警示作用，不要在通道区工作或置放物品；白色表示工作区域；绿色表示料区、成品区；红色表示不良品区警告、安全管制。

（3）清扫

定义：将工作场所彻底打扫干净，并杜绝污染源。

目的：消除脏污，保持工作场所干净、明亮。

推行要点：

① 清扫准备工作，主要是进行安全和机器设备基本常识教育，对可能发生的事故，包括触电、刷伤、捅伤、油漆的腐蚀、尘埃附落的扎伤、灼伤等不安全因素进行警示。另外，对于设备的耐用培训，比如用什么方法可以减少人为裂化，从而避免过早因老化而出现故障，如何减少损失、提高效率等。

② 划分责任区域，明确标示，每日清扫。作业人员要自己动手清扫，清除常年堆积的灰尘污垢，不留死角，将地板、墙壁、天花板、甚至灯罩的里边都要打扫干净。机器设备要有专人保管，建立责任保养制度，要定期检查润滑系统、油压系统、空压系统、电气系统等。

③ 调查污染源，予以杜绝。一般而言，造成工作环境的污染物有灰尘、油、碎屑、切削液、纸屑、残余物等，能杜绝的要杜绝，不能杜绝的要有效收集。对清扫中发现的问题，要及时进行整修。如地板的凹凸不平，搬运的车辆走在上面会让产品摇晃甚至碰撞，导致发生问题，这样的地板就要及时地整修。

④ 建立清扫标准、作业规范。

表 11-4 是一份清扫清单的例子，规定了例行清扫的内容，具体责任人。

表 11-4　清扫清单

6S	责任人	值日检查内容
电脑区		机器是否干净、无灰尘
检查区		作业台、作业场所是否整齐
计测区		计测器摆放是否整齐柜面保持十净
休息区		地面无杂物，休息凳是否整齐
工具区		工具是否摆放整齐、干净
不良区		地面无杂物
零件柜		柜内零件是否摆放整齐、标识明确
文件柜及其他		文件柜内是否干净，物品摆放整齐

备注：1. 此表的 6S 由担当者每天进行实施。

2. 班前 15 分钟开始。

3. 其他区域包括清洁器具，放置柜，门窗玻璃。

（4）清洁

定义：将上面 3S 实施的做法制度化、规范化，维持其成果。

目的：通过制度化来维持成果。

推行要点：①进一步落实前 3S 工作：整理、整顿、清扫；②标准化的制定，特别是目视管理；③制定稽核方法；④制定奖惩制度，加强执行；⑤高阶主管经常带头巡查，带动全员重视 5S 活动。

（5）素养

定义：通过整理、整顿、清扫、清洁等合理化的改善活动，培养上下一体的共同管理语言，使全体员工养成守标准、守规定的习惯，进而促成全面管理水平的提升，形成良好的企业文化。即所谓思想改变行动，行动改变习惯。

目的：提升员工的品质，使之成为对任何工作都讲究认真的人。

推行要点：①持续推行前 4S 至习惯化；②制定公司有关规则、规定，制定礼仪守则。每一个员工，衣着要得体。正确的佩戴厂牌或工作证，待人接物诚恳、礼貌；③教育训练，特别是新进人员要加强；④推动各种激励活动；⑤实现永远的 5S。

（6）安全

定义：从人员劳动保护、设备管理、环境等方面入手，解决生产过程中的安全问题，预防伤亡事故和经济损失。

目的：安全生产，劳动保护。

推行要点：

① 了解事故预防，加强安全意识　生产过程中事故的发生一般可分为直接原因和间接原因。直接原因如违反安全操作规程，未使用个体防护用品，半成品放置、堆垛不当等。间接原因如作业现场照明不良，设备设计有缺陷，缺乏安全知识等。总的来说，可以分成人员、设备、环境三个方面。

② 建立安全保障体系　对员工的思想宣传、培训教育、加强劳动纪律是生产安全的基础。在此之上，由安全、保卫部门负责安全、警卫、环境保护、劳动保护的预防监督体系，

检查安全规章制度的执行，督促处理安全隐患；由工艺、设备、科技等管理人员负责从设计、施工、生产到修理的全过程的安全技术工作。

③ 提高安全卫生意识，加强现场劳动保护　我国的相关标准对体力劳动强度、安全帽、噪声、有毒物质、粉尘等都做了规定。

④ 改善现场环境　常见的一些安全规范有：生产区域道路要满足卫生、防火、防爆、防震等要求，门窗开关必须灵活，安全通道畅通无阻；照明、温度、湿度符合工业企业设计标准和卫生标准；生产设备、过道等使用安全标志和安全色等。

⑤ 生产设备安全化　设备防护应做到"六有"、"六必"，即有轮必有罩、有轴必有套、有台必有栏、有洞必有盖、有轧点必有挡板、有特危必有连锁。加工过程中如产生过冷或过热现象，必须配置防接触装置。

⑥ 对于异常情况或灾害，根据状况可立即采取有效措施。

11.3.3 "6S"实施战略流程

日本著名的顾问师隋冶芝先生，曾经对6S推进做过一个归纳总结，提出了推进6S的八大要诀，经过多年的运行实践，证明了这八个要诀是一个非常系统的方法，一直沿袭到今天，很多企业在推动6S时都用这八个要诀来教育所有的员工。八个要诀内容是：①全员参与，其乐无穷；②培训6S大气候；③领导挂帅；④理解6S精神；⑤立竿见影的方法；⑥领导巡视现场；⑦上下一心，彻底推进；⑧6S为改善的桥梁。

在具体推行、实施时，首先是成立推进组织，制订工作计划，然后是完善体系文件，进行宣传、教育，在推广过程中，要坚持现场巡查，经常总结，最后形成评鉴制度，全面展开。"6S"实施架构如图11-7所示。

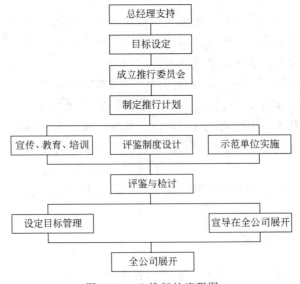

图 11-7　6S推行的流程图

（1）6S推行的一般流程

首先要成立推行委员会，一般由主任委员、执行秘书和委员组成。委员负责拟定活动办法，推行活动计划，进行活动指导，定期检查，完成诊断表、评价表，然后制订出推行计划，列出时间进度表。活动的初期要加强各种宣传、教育、培训工作，制定推行手册。6S

活动中评鉴是非常重要的，应先制定评分标准表，活动初期频率应较高，一日一次或两次，每月汇总。上级主管要巡回诊断，制定出改善措施。下面列出了 5S 活动的一般检查表（表11-5 至表 11-9）。具体评分可以考虑不同部门予以加权，并制定奖惩制度。

表 11-5　整理检查表

项次	检查项目	得分	检 查 状 况
1	通道状况	0	有很多东西,或脏乱
		1	虽能通行,但要避开,台车不能过去
		2	堆放物品超出通道
		3	堆放物品超出通道,但有警示牌
		4	畅通,整洁
2	工作场所的设备、材料	0	一个月以上未用物品杂乱的放着
		1	角落放置不必要的东西
		2	放半个月以后用的东西,杂乱
		3	一周内要用的东西,且整齐
		4	物品三天内使用,且整齐
3	办公桌(作业台)上、下及抽屉	0	有不使用的物品,杂乱
		1	有半个月才用一次的物品
		2	物品一周内要用,但过量
		3	物品当日使用,但杂乱
		4	桌面及抽屉内均最低限度地存放物品,且整齐
4	料架状况	0	杂乱存放不使用的物品
		1	料架破旧,缺乏整理
		2	摆放不使用的物品,但整齐
		3	料架上的物品整齐摆放
		4	摆放为近日使用物品,很整齐
5	仓库	0	塞满东西,人不易行走
		1	东西杂乱摆放
		2	有定位规定,没有严格执行
		3	有定位,也在管理状态,但进出不方便
		4	任何人均易了解,退还也简单
小计			

表 11-6　整顿检查表

项次	检查项目	得分	检 查 状 况
1	设备、机器、仪器	0	破损不堪,不能使用,杂乱放置
		1	不能使用的集中在一起
		2	能使用,但脏乱
		3	能使用,有保养,但不整齐
		4	摆放整齐、干净,最佳状态

续表

项次	检查项目	得分	检 查 状 况
2	工具	0	不能用的工具杂放
		1	勉强可以用的工具多
		2	均为可用工具,缺乏保养
		3	工具有保养,有定位放置
		4	工具采用目视管理
3	零件	0	不良品与良品杂放在一起
		1	不良品虽没有及时处理,但有区分与标示
		2	只有良品,但保管方法不好
		3	保管有定位标示
		4	保管有定位,有图示,任何人均很清楚
4	图纸、作业标示书	0	过期与使用的杂放在一起
		1	不是最新的,随意摆放
		2	是最新的,但随意摆放
		3	有卷宗夹保管,但无次序
		4	有目录、有次序且整齐,任何人很快能拿到
5	文件、档案	0	零乱放置,使用时没法找
		1	虽然零乱,但可以找到
		2	共同文件被定位,集中保管
		3	以事物机动处理而容易检索
		4	明确定位,使用目视管理,任何人能随便拿到
小计			

表 11-7 清扫检查表

项次	检查项目	得分	检 查 状 况
1	通道	0	有烟蒂、纸屑、铁屑其他杂物
		1	虽无杂物,但地面不平整
		2	水渍、灰尘不干净
		3	早上有清扫
		4	使用拖把,并定期打蜡,很光亮
2	作业场所	0	有烟蒂、纸屑、铁屑其他杂物
		1	虽无杂物,但地面不平整
		2	水渍、灰尘不干净
		3	零件、材料、包装材料存放不妥
		4	使用拖把,并定期打蜡,很光亮
3	办公桌、作业台	0	文件、工具、零件很脏乱
		1	桌面、作业台面满布灰尘
		2	桌面、作业台面虽干净,但破旧未修
		3	桌面、台面很干净整齐
		4	桌面、椅子及四周均干净亮丽

项次	检查项目	得分	检 查 状 况
4	窗、墙板、天花板	0	破烂
		1	破烂,应急简单处理
		2	乱贴挂不必要的东西
		3	还算干净
		4	干净亮丽
5	设备、工具、仪器	0	有生锈
		1	虽无生锈,但有油污
		2	有轻微灰尘
		3	保持干净
		4	有防污措施,并随时清理
小计			

表 11-8　清洁检查表

项次	检查项目	得分	检 查 状 况
1	通道和作业区	0	没有划分
		1	有划分,但不流畅
		2	划线感觉尚可
		3	划线清楚,地面有清扫
		4	通道与作业区感觉很舒畅
2	地面	0	有油或水
		1	油渍或水渍显得不干净
		2	不是很平
		3	经常清理,没有脏物
		4	干净亮丽,感觉舒服
3	办公桌、作业台、椅子、架子、会议室	0	很脏乱
		1	偶尔清理
		2	虽有清理,但还是显得脏乱
		3	自己感觉很好
		4	任何人都会感觉很舒服
4	洗手台、厕所	0	容器或设备脏乱
		1	破损未修补
		2	有清理但还是有异味
		3	经常清理没有异味
		4	干净亮丽,还加以装饰,感觉舒服
5	储藏室	0	阴暗潮湿
		1	阴暗潮湿,但加有通风
		2	照明不足
		3	照明适度,通风好,感觉舒服
		4	干净,整齐,感觉舒服
小计			

表 11-9 素养检查表

项次	检查项目	得分	检 查 状 况
1	日常 5S 活动	0	没有活动
		1	虽有清洁清扫工作,但非 5S 计划工作
		2	开会有对 5S 宣导
		3	平常做能够做得到
		4	活动热烈,大家均有感受
2	服装	0	穿着脏,破损未修补
		1	不整洁
		2	纽扣或鞋带未弄好
		3	厂服识别证依规定
		4	穿着依规定,并感觉有活力
3	仪容	0	不修边幅
		1	头发、胡须过长
		2	上两项,其中一项有缺点
		3	均依规定整理
		4	感觉精神有活力
4	行为规范	0	举止粗暴
		1	衣衫不整,不讲卫生
		2	自己的事可做好,但缺乏团队精神
		3	公司规则均能遵守
		4	有主动精神,团队精神
5	时间观念	0	大部分人缺乏时间观念
		1	稍有时间观念,但开会迟到的很多
		2	不愿时间约束,但会尽力去做
		3	约定时间会全力去完成
		4	约定时间会提早去做好
小计			

（2）"6S"推行的辅助方法

① 红标作战　所谓红标作战,就是使用醒目的红色标签或标牌,对急需整理的地方进行标示,指出改进要点和标准,凝聚所有员工的共识,共同来加以改善。因此红标作战,是做好整理、整顿工作最主要的工具。

一般实施步骤是：红标作战出台→决定挂红标的对象→明确判定标准→红标发行→红标改善、对策。

挂红标的对象应该是物,不能是人,可分为：库（原材料、半成品、成品等）、设备（含工装、夹具、模具等）、储运物（货架、车辆等）。判定标准主要是区分必需品和非必需品。红标应以醒目为原则,尺寸根据实际需要制作。贴红标时,需先摒弃"所有东西都是有用的"观念,对于有疑问或模棱两可的物品,先贴上红标。注意不要由该部门的委员贴自己部门的物品。

② 定点拍照　所谓定点拍照指对问题改善前后的状况进行拍照以便清晰地对比前后状况的现场改善方法（图 11-8）。

(a) 改善前　　　　　　　　　　　　　　　　　(b) 改善后

图 11-8　某钢厂车间区 "6S" 项目推广前后定点拍照对比

定点拍照要尽量做到：拍照者站在同一位置，面向同一方向，照片上最好有拍照日期。将改善前后两张照片贴在一起，并对改善前后的状况进行必要的说明，对于好的事例可以展示在板报上，以增强员工的成就感，培养员工的问题意识。

（3）"6S" 推行的注意事项

① 消除意识障碍　6S 容易做，却不易彻底或持久，究其原因，主要是 "人" 的认识问题，往往存在不当思想。如不了解的人认为 6S 太简单，芝麻小事没什么意义；虽然工作上问题很多，但与 6S 无关；工作已经够忙的了，哪有时间去做 6S；现在比以前已经好多了，何必浪费时间；做好了也没自己什么好处等。这一系列的意识障碍，是推行 6S 的主要阻力，首先要通过必要的教育、培训和现场例证予以消除。

② 6S 标准化　6S 推行是顺序递进过程，在初期阶段主要解决环境状况问题，不会直接带来明显的经济效益，但当推行到清洁和素养阶段，现场面貌定会焕然一新，现场管理者和员工的认识和行为已经发生改变，这时已实现了质的飞跃。所以，推行 6S 要超越形式化，进入为一定目标而努力的自主行为阶段（行事化），进而达成一个高阶成果的固化阶段，即标准化阶段。但是，这并不意味着完全实现了现场管理的目标，取得的成果需要维持和进一步提升，因此，持续改善和永远的 6S 是 6S 管理的重要原则。

【本节案例】

K 公司是一家印刷企业，两年前应用了一套 "印刷管理信息系统"。K 公司与香港某公司洽谈合资项目，在 K 公司引进新的数字印刷设备和工艺，改造公司的印刷信息系统。

然而，与港商合资谈判进行得并不顺利。对方对 K 公司的工厂管理提出很多看来太过 "挑剔" 的意见：比如仓库和车间里的纸张、油墨、工具的摆放不够整齐；地面不够清洁、印刷机上油污多得 "无法忍受"；工人的工作服也 "令人不满" 等。

后来，在合资条款里，投资者执意将 "引入现代生产企业现场管理的 6S 方法" 作为必要条件写进合同文本。刚开始的时候，K 公司管理层觉得港方有点 "小题大做"。"不就是做做卫生，把环境搞得优美一些"，与现代管理、信息化管理简直不沾边。

几天后，港方派来指导 6S 实施的 Mark 先生，通过实地调查，用大量现场照片和调查材料，让 K 公司的领导和员工受到了一次强烈的震撼。

Mark 发现，印制车间的地面上总是堆放着不同类型的纸张，里面有现在用的，也有"不知道谁搬过来的"；废弃的油墨和拆下来的辊筒、丝网，躺在车间的一个角落里，沾满了油污；工人使用的工具都没有醒目的标记，要找一件合适的工具费很大周折。

仓库里，堆放纸张、油墨和配件的货架与成品货架之间只有一个窄窄的、没有隔离的通道，货号和货品不相符合的情况随处可见。

Mark 先生还检查了 K 公司引以为荣的 MIS 系统，查看了摆放在计划科、销售科、采购科的几台电脑，发现硬盘上的文件同样混乱不堪。到处是随意建立的子目录和文件。

在 K 公司里，长久以来大家对这样一些现象习以为常：想要的东西，总是找不着；不要的东西又没有及时丢掉，好像随时都在"碍手碍脚"；车间里、办公桌上、文件柜里和计算机里，到处都是这样一些不知道是谁的，不知道是什么时候放在，不知道是否有用，不知道该不该清除掉，不知道这到底有多少物品或文件。

"在这种情况下"，Mark 先生直率地问 K 公司经理，"你如何确保产品的质量？如何确信电脑里的数据是真实的？如何增强员工的荣誉感和使命感？"最后一个问题，Mark 指的是墙上贴的一个落着灰尘的标语，"视用户为上帝，视质量为生命"。

Mark 把推进 6S 的工作分为两大步骤，首先是推进前三个"S"，即清理、整顿、清扫。

清理，就是把混在好材料、好工具、好配件、好文件中间的残次品、非必需品挑选出来，该处理的就地处理，该舍弃的毫不吝惜，特别是"电子垃圾"。

整顿，就是要对每个清理出来"有用"的物品、工具、材料、电子文件，有序地进行标识和区分，按照工作空间合理布局，按照工作需要摆放在"伸手可及"、"醒目"的地方。

"一般来说，时间、版本、工作性质、文件所有者，都可以成为文件分类的关键因素"，Mark 结合自己的体会，向大家详细介绍了"什么是电子化的办公"。对一个逐步使用电脑、网络进行生产过程管理和日常事务处理的公司而言，如何处理好纸质文件和电子文件的关系，是养成良好的"电子化办公"习惯的重要内容。

"清扫"的落脚点在于"发现垃圾的源头"。用 Mark 的话说，就是"在进行清洁工作的同时进行检查、检点、检视"。

随着 3S（清理、整顿、清洁）的逐步深入，车间和办公室的窗户擦干净了，卫生死角也清理出来的，库房、文件柜、电脑硬盘上的文件目录、各种表单台账等"重点整治对象"，也有了全新的面貌。但是，所有人都没有觉得 Mark 先生引进的"灵丹妙药"有什么特别之处。

不过，大家的精神面貌还是有了一些微妙的变化：人们的心情似乎比过去好多了，一些"不拘小节"人的散漫习惯多少也有了收敛；报送上来的统计数据不再是过去那种经不住问的"糊涂账"；工作台面和办公环境的确清爽多了。

这当然不是 6S 管理的全部。Mark 先生结合前一阶段整治的成果，向 K 公司经理进言："6S 管理的要点或者说难点，并非仅仅是纠正某处错误，或者打扫某处垃圾，而是要通过持续有效的改善活动，塑造一丝不苟的敬业精神，培养勤奋、节俭、务实、守纪的职业素养。"

按 Mark 的建议，公司开始了推进 6S 管理的第二步——推行后三个"S"。

Mark 进一步说明道："后三个'S'其实是公司文化的集中体现。很难想象，客户会对一个到处是垃圾、灰尘的公司产生信任感；也很难想象，员工会在一个纪律松弛、环境不佳、浪费随处可见的工作环境中，产生巨大的责任心，并确保生产质量和劳动效率；此外，更不用说在一个"脏、乱、差"的企业中，信息系统竟然会发挥巨大的作用。"

若干个月后，又是一个春光明媚的日子。当 K 公司的经理，带领新的客户参观自己的数字印刷车间的时候，在他心底里涌动着一种强烈的自豪感。车间布局整齐有序，货物码放井井有条，印刷设备光亮可鉴，各类标识完整、醒目。

公司的电脑网络和 MIS 系统，在没有增加新投资的情况下，也好像"焕发了青春"，带给来的是一系列"零报告"：发货差错率为零、设备故障率为零、事故率为零、客户投诉率为零、员工缺勤率为零、浪费为零等。

思考：

1. "6S"的运用对于该公司具体有哪些能力的提升？
2. 请根据该公司的应用实践，简述"6S"推行程序。

【复习思考题】

1. 什么是现场？什么是现场管理？
2. 目视管理的要点包括哪些？
3. 目视管理的发展阶段及各阶段的特点是什么？
4. 目视管理的内容主要包括哪些？
5. 简述"6S"活动的内容。
6. 列举"6S"活动的主要工具及其作用。
7. 对定置管理的理论进行系统的阐述。
8. 简述定置实施的步骤及其评价标准。

参考文献

REFERENCE

[1]　汪应洛. 工业工程手册. 沈阳：东北大学出版社，1999.

[2]　汪应洛. 工业工程导论. 北京：中国科学技术出版社，2004.

[3]　袁宝华等. 中国企业管理百科全书. 北京：中国企业管理出版社，1984.

[4]　杨永德，齐二石等. 工业工程学. 天津：天津科学技术出版社，1993.

[5]　刘胜军. 精益生产现代 IE. 深圳：海天出版社，2005.

[6]　文放怀. IE 入门. 广州：广东经济出版社，2006.

[7]　石渡淳一，加藤贤一郎，高柳昭、原政治. 最新现场 IE 管理. 深圳：海天出版社，2004.

[8]　潘林岭. 现场管理实践. 广州：广东经济出版社，2003.

[9]　范中治，张树武，孙义敏. 基础工业工程. 北京：机械工业出版社，1997.

[10]　易树平，郭伏. 基础工业工程. 北京：机械工业出版社，2007.

[11]　孙爱东等. 定制管理技术在煤矿安全生产中的应用实践. 管理观察，2008，（23）.

[12]　陈思等. 无处不在的安东系统——看丰田生产方式“安东”系统在生产中的应用. 汽车工艺与材料，2007，（3）.

[13]　梁卫东. 对轿车零件制造开始到装入整车全过程时间研究的探讨. 世界汽车，2000.

[14]　张睿. 基于模特法的企业劳动定额制定与改善. 统计与决策，2009，（16）.